全国高职高专应用型规划教材·汽车类

机动车辆保险与理赔

主　编　王福忠
副主编　孙慧芝　彭　莹　纪世才

内 容 简 介

"机动车辆保险与理赔"作为汽车类、金融类专业的一门专业课,在人才培养体系中占有十分重要的地位。本书系统地介绍了机动车辆保险概述、机动车辆保险产品、机动车辆保险投保实务、机动车辆保险承保实务、机动车辆保险理赔实务、机动车辆保险损失评估、汽车消费贷款保证保险和机动车辆保险理赔案例精选等内容,符合财产保险公司机动车辆保险查勘、定损、核赔、核保等工作岗位的实际需要。

通过本课程的学习,培养学生基本的保险意识,使学生熟悉机动车辆保险产品,把握保险公司承担责任的界限以及免赔的规定;熟悉承保、理赔的基本流程;掌握机动车辆保险责任事故的查勘定损流程、损失评估原则及方法、识别欺诈的基本常识等。

图书在版编目(CIP)数据

机动车辆保险与理赔/王福忠主编. —北京:北京大学出版社,2012.3
(全国高职高专应用型规划教材·汽车类)
ISBN 978-7-301-20200-5

Ⅰ. 机… Ⅱ. 王… Ⅲ. ①汽车保险－中国－高等职业教育－教材②汽车保险－理赔－中国－高等职业教育－教材 Ⅳ. F842.63

中国版本图书馆 CIP 数据核字(2012)第 022023 号

书　　　名:	机动车辆保险与理赔
著作责任者:	王福忠　主编
策 划 编 辑:	傅　莉
责 任 编 辑:	周　伟
标 准 书 号:	ISBN 978-7-301-20200-5/U·0071
出 版 者:	北京大学出版社
地　　　址:	北京市海淀区成府路 205 号　100871
电　　　话:	邮购部 62752015　发行部 62750672　编辑部 62754934　出版部 62754962
网　　　址:	http://www.pup.cn
电 子 信 箱:	zyjy@pup.cn
印 刷 者:	三河市博文印刷有限公司
发 行 者:	北京大学出版社
经 销 者:	新华书店
	787 毫米×1092 毫米　16 开本　13 印张　304 千字
	2012 年 3 月第 1 版　2016 年 12 月第 2 次印刷
定　　　价:	26.00 元

未经许可,不得以任何方式复制或抄袭本书之部分或全部内容。

版权所有,侵权必究

举报电话: 010－62752024;电子信箱: fd@pup.pku.edu.cn

目 录

第1章 机动车辆保险概述 1

1.1 机动车辆保险市场 1
  1.1.1 机动车辆保险的含义与特点 1
  1.1.2 机动车辆保险市场概述 3
  1.1.3 机动车辆保险市场营销的模式 8

1.2 机动车辆保险的经营现状 10
  1.2.1 我国机动车辆保险的经营现状 11
  1.2.2 机动车辆保险的发展方向 11

1.3 机动车辆保险的基本原则 14
  1.3.1 保险利益原则 14
  1.3.2 最大诚信原则 16
  1.3.3 近因原则 18
  1.3.4 损失补偿原则 19
  1.3.5 代位追偿原则 20
  1.3.6 分摊原则 22

复习题 23

第2章 机动车辆保险产品 24

2.1 机动车交通事故责任强制保险与费率 24
  2.1.1 国外机动车强制保险概述 24
  2.1.2 我国交强险概述 26
  2.1.3 交强险的保险费率 30

2.2 机动车商业保险险种与费率 36
  2.2.1 机动车商业保险险种概况 36
  2.2.2 车损险 39
  2.2.3 商业机动车第三者责任保险 44
  2.2.4 机动车车上人员责任险 47
  2.2.5 全车盗抢险 48
  2.2.6 附加险 49
  2.2.7 机动车商业保险费率 51

复习题 60

第3章 机动车辆保险投保实务 61

3.1 机动车辆保险的选择 61

3.1.1 保险公司的选择 61
  3.1.2 投保险种的选择 62
  3.1.3 投保方式的选择 62
 3.2 机动车辆保险的投保 63
  3.2.1 机动车辆保险的投保流程 63
  3.2.2 机动车辆保险的投保准备 64
  3.2.3 正确填写投保单 65
  3.2.4 投保后的注意事项 73
 复习题 74

第 4 章 机动车辆保险承保实务 75

 4.1 机动车辆保险承保流程 75
 4.2 保险展业 76
  4.2.1 展业准备 76
  4.2.2 展业宣传 77
  4.2.3 制订保险方案 77
  4.2.4 检验投保车辆和有关证件 77
  4.2.5 计算保险费 78
 4.3 核保 79
  4.3.1 核保的原理 79
  4.3.2 核保的运作 81
  4.3.3 核保实务 83
 4.4 缮制和签发保险单证 84
  4.4.1 缮制保险单 84
  4.4.2 复核保险单 86
  4.4.3 收取保费 87
  4.4.4 签发保险单证 87
  4.4.5 清分单证 88
  4.4.6 单证归档 89
 4.5 保险合同的变更 89
  4.5.1 交强险保险合同变更事项 89
  4.5.2 商业险保险合同变更事项 89
  4.5.3 批单 90
 4.6 保险合同的终止 91
  4.6.1 交强险合同终止的种类 91
  4.6.2 商业险保险合同终止的种类 92
  4.6.3 保险合同终止通知 93
  4.6.4 保险合同终止退费 93

目 录

- 4.7 续保 94
  - 4.7.1 通知续保 94
  - 4.7.2 核定费率浮动 95
- 复习题 95

第 5 章 机动车辆保险理赔实务 96

- 5.1 机动车辆保险理赔的原则和流程 96
  - 5.1.1 机动车辆保险理赔的原则 96
  - 5.1.2 机动车辆保险理赔的流程 97
- 5.2 受理报案 98
  - 5.2.1 受理报案操作流程 98
  - 5.2.2 询问案情与报案登记 98
  - 5.2.3 安排查勘定损 102
- 5.3 现场查勘 102
  - 5.3.1 现场查勘操作流程 102
  - 5.3.2 查勘准备 103
  - 5.3.3 现场查勘的主要内容 103
  - 5.3.4 出险现场分类与查勘方法 106
  - 5.3.5 现场查勘工作实施 107
  - 5.3.6 特殊案件现场查勘 111
  - 5.3.7 缮制现场查勘记录 113
- 5.4 立案 115
- 5.5 定损 115
  - 5.5.1 定损流程 115
  - 5.5.2 车辆损失的确定 116
  - 5.5.3 人员伤亡费用的确定 117
  - 5.5.4 其他财产损失的确定 119
  - 5.5.5 施救费用的确定 120
- 5.6 核损 121
  - 5.6.1 对是否构成保险责任的复核 121
  - 5.6.2 车辆损失的复核 121
  - 5.6.3 人员伤亡费用的复核 121
  - 5.6.4 其他财产损失的复核 122
  - 5.6.5 施救费用的复核 122
  - 5.6.6 残值的复核 122
- 5.7 赔款理算 122
  - 5.7.1 审核单证 123
  - 5.7.2 交强险赔款理算 123

5.7.3 机动车辆商业保险赔款理算 124
  5.7.4 缮制赔款计算书 129
 5.8 核赔 130
  5.8.1 核赔的意义 130
  5.8.2 核赔的操作流程 130
  5.8.3 核赔的主要内容 131
 5.9 结案处理 132
  5.9.1 打印赔款收据 132
  5.9.2 清分单证 132
  5.9.3 结案登记 132
 5.10 理赔案卷的管理 132
 5.11 特殊案件的处理 134
  5.11.1 简易案件 134
  5.11.2 疑难案件 134
  5.11.3 注销案件 135
  5.11.4 拒赔案件 135
  5.11.5 预付案件 136
复习题 137

第6章 机动车辆保险损失评估 138

 6.1 概述 138
  6.1.1 拆检定损机构及相关人员的职责 138
  6.1.2 事故车辆的定损原则及方法 139
 6.2 机动车辆碰撞损失评估 140
  6.2.1 汽车碰撞事故分类及汽车碰撞损坏类型 140
  6.2.2 事故车辆车身碰撞损伤的诊断与测量 144
  6.2.3 碰撞造成的常损零件修与换的掌握 146
  6.2.4 汽车主要结构件的定损分析 150
 6.3 机动车水灾损失评估 155
  6.3.1 水灾损失时汽车的施救与保养 155
  6.3.2 水淹基本情况 157
  6.3.3 水灾损失评估 159
 6.4 机动车火灾损失评估 162
  6.4.1 机动车起火的分类 162
  6.4.2 汽车自燃的原因 163
  6.4.3 汽车火险的查勘与定损 164
 6.5 机动车辆盗抢损失评估 166
  6.5.1 机动车盗抢险条款解读 166

  6.5.2 汽车被盗抢后的理赔 ·· 168
 6.6 机动车辆修复价格评估 ·· 169
  6.6.1 汽车维修企业的资质及开业条件 ···························· 169
  6.6.2 汽车维修工时费确定 ·· 170
  6.6.3 汽车的修复价值 ·· 175
 复习题 ··· 176

第7章 汽车消费贷款保证保险 ··· 177
 7.1 汽车消费贷款的程序 ·· 177
  7.1.1 汽车消费贷款的基本概念 ···································· 177
  7.1.2 汽车消费贷款的程序 ·· 178
 7.2 汽车消费贷款保证保险实务 ······································· 180
  7.2.1 汽车消费贷款保证保险概述 ································ 180
  7.2.2 汽车消费贷款保证保险承保实务 ·························· 180
  7.2.3 汽车消费贷款保证保险理赔实务 ·························· 183
 复习题 ··· 186

第8章 机动车辆保险理赔案例精选 ······································ 187

参考文献 ··· 200

第1章

机动车辆保险概述

1.1 机动车辆保险市场

随着我国机动车保有量的增长，机动车辆保险的地位越来越重要。虽然机动车辆保险市场不断发展壮大，各家保险公司竞争激烈，但是机动车辆保险经营风险没有引起足够的重视，没有采取相应措施控制保险经营风险的发生。造成为拓展业务，不计成本，盲目竞争的局面，导致机动车辆保险的赔付率过高，使得财产保险公司面临亏损，甚至破产和被保险人得不到应有的保障。

据统计，2009年全国财产保险业原保险保费[①]收入为2992.8989亿元。其中，34家中资财产保险公司合计保费收入2961.1440亿元，占市场份额的98.94%，18家外资财产保险公司合计保费收入31.7549亿元，占市场份额的1.06%。从市场集中度来看，处于市场主导地位的中国人民财产保险股份有限公司、中国太平洋财产保险股份有限公司和中国平安财产保险股份有限公司3家公司保费收入合计1921.7545亿元，占市场份额的64.21%，与2008年相比下降2.74个百分点。从经营情况来看，2009年中国财产保险业扭转历史亏损局面，实现利润35.1亿元。总的来说，我国财产保险市场的规模迅速扩大，公司数量明显增加，经营主体趋于多元，中资财产保险公司仍然占据绝大部分市场，但行业集中程度有所下降，垄断竞争型的市场格局初步形成，行业经营效益呈现好转。

1.1.1 机动车辆保险的含义与特点

机动车辆保险产生的前提是自然灾害和意外事故。自然灾害和意外事故的客观存在使人们寻找设法对付各种自然灾害和意外事故的措施，但是，预防和控制显然是有限的，于是人们想到了经济补偿，而保险业就作为一种有效的经济补偿措施走进了人们的生活。可以说，没有自然灾害和意外事故就不会产生保险，并且人类社会越发展，创造的财富越集中，遇到自然灾害和意外事故所造成的损失程度也就越大，就越需要通过保险的方式提供经济补偿。

---

① 保费也称保险费，是指投保人为取得保险保障，按保险合同约定向保险人支付的费用。

1. 机动车辆保险的含义

《中华人民共和国保险法》（以下简称《保险法》）所称"保险"，是指投保人根据合同约定，向保险人支付保费，保险人对于合同约定的可能发生的事故引起发生所造成的财产损失承担赔偿保险金责任，或者当被保险人死亡、伤残、疾病或者达到合同约定的年龄、期限时承担给付保险金责任的商业保险行为。

机动车辆保险是保险中最为重要的保险种类，机动车辆保险是综合性保险，属于财产保险（以下简称产险）范畴，是运输工具保险的一种，它承保业务、商用和民用的各种机动车因遭受自然灾害或意外事故造成的车辆本身以及相关利益损失和采取措施所支付的合理费用，以及被保险人对第三者造成人身伤害、财产损失依法应负有的民事赔偿责任。

机动车辆保险按照保障的责任范围分为基本险和附加险。机动车辆保险基本险中的机动车辆损失保险（以下简称车损险）承保机动车在使用过程中所创造的风险，即对于因自然灾害或意外事故造成的机动车自身的损失；第三者责任保险承保机动车在使用过程中所创造的风险，即对于因机动车使用给他人造成的人身伤害和财产损失依法应由被保险人承担赔偿责任时，由保险人负责赔偿。

机动车辆保险的附加险都是针对基本险中保险条款的责任免除而言的，投保这些险种可以使机动车辆保险更加完善，投保险种更加全面，发生事故后可以解决的更加全面。

2. 机动车辆保险的特点

（1）被保险人的公众性。

我国的机动车辆保险的被保险人曾经是以单位、企业为主，但是，随着个人拥有机动车数量的增加，被保险人中单一车主的比例将逐渐增加。这些被保险人的特点是他们购买保险具有较大的被动色彩，加上文化、知识和修养的局限，他们对保险、交通事故处理、车辆维修等知识知之甚少。另外，由于利益的驱动，定损人员和核损人员在理赔过程中与被保险人在交流过程中存在较大的障碍。

（2）损失率高且损失幅度较小。

机动车辆保险的另一个特征是保险事故虽然损失金额一般不大，但是，事故发生的频率高。保险公司在经营过程中需要投入的精力和费用较大，有的事故金额虽不大，但是涉及对被保险人的服务质量问题，保险公司同样应给予足够的重视。另外，从个案的角度看赔偿的金额虽不大，但是积少成多也将对保险公司的经营产生重要的影响。

（3）标的流动性大。

由于机动车的功能特点决定其具有相当大的流动性。机动车发生事故的地点和时间不确定，这要求保险公司必须拥有一个运作良好的服务体系来支持理赔服务，主要是需要一个全天候的报案受理机制和庞大而高效的检验网络。

（4）受制于修理厂的程度较大。

在机动车辆保险的理赔中扮演重要角色的是修理厂，修理厂的修理价格、工期和修理质量均直接影响机动车辆保险的服务。因为，大多数被保险人在发生事故之后均认为有了保险，保险公司就必须负责对投保车辆进行修复，所以，在投保车辆交给修理厂之后就很少过问。一旦投保车辆因修理质量和工期，甚至价格等出现问题，被保险人就会指责保险公司和修理厂。而事实上，保险公司在保险合同条款中承担的仅仅是经济补偿义务，对于投保车辆的修理以及相关的事宜并没有负责义务。

（5）道德风险普遍。

在财产保险业务中机动车辆保险是道德风险的"重灾区"。机动车辆保险具有标的流动性强、户籍管理中存在缺陷、保险信息不对称等特点，机动车辆保险条款不完善、相关的法律环境不健全以及机动车辆保险经营中的特点和管理中存在的一些问题和漏洞都给不法之徒以可乘之机，机动车辆保险欺诈案件时有发生。

1.1.2 机动车辆保险市场概述

在我国的保险市场特别是财产保险市场中，机动车辆保险已占据非常重要的地位。现今，保险市场的很多特征都从机动车辆保险市场中得以体现。

1. 保险市场的概念

（1）保险市场的含义。

保险市场是市场的一种形式。

保险市场是指保险商品交换关系的总和或是保险商品供给与需求关系的总和。保险市场既可以指固定的交易场所，如保险交易所，也可以是所有实现保险商品让渡的交换关系的总和。

保险市场的交易对象是保险人为消费者提供的保险保障，即各类保险商品。

保险市场与一般的产品市场不同。保险市场是直接经营风险的市场，实际上保险商品的交换过程是风险的分散和集中的过程。

（2）保险市场的构成要素。

保险市场一般由保险主体、保险商品和保险价格三个要素构成。

一个完整的保险市场，其保险市场主体一般由投保人、保险人和保险中介人三方构成。投保人是保险需求者，是保险商品的买者；保险人是保险供给者，是保险商品的卖者；保险中介人是为保险商品的交易提供中介服务的人，主要包括保险代理人、保险经纪人和保险公估人。

保险费率是保险商品的价格，是被保险人为取得保险保障而由投保人向保险人支付的资金。

保险商品是保险市场的客体，是保险人向被保险人提供的在保险事故发生时给予经济保障的承诺。保险商品的形式是保险合同，保险合同实际是保险商品的载体，其内容是保险事故发生时提供经济保障的承诺。

2. 保险市场的特征

（1）直接的风险市场——保险人积聚风险和分散风险。

保险市场所交易的对象是保险保障，即对投保人转嫁于保险人的各类风险提供保险保障，所以保险本身就直接与风险相关联。保险商品的交易过程本质上就是保险人积聚和分散风险的过程。风险的客观存在和发展是保险市场形成和发展的基础和前提。"无风险，无保险"，也就是说，没有风险，投保人或者被保险人就没有通过保险市场购买保险保障的必要。所以，保险市场是一个直接的风险市场。

（2）非即时结清市场——约定的保险事件是否发生。

因为风险的不确定性和保险的射幸性，使得保险商品的买卖双方都不可能确切地知道交易的结果。保险单的签发看似是保险交易的完成，实际上是保险保障的刚刚开始，最终的交易结果是看双方约定的事件是否发生。因此保险市场是一个非即时结清的市场。

（3）特殊的"期货"交易市场——保险人对未来经济补偿的承诺。

由于保险的射幸性，保险市场所成交的任何一笔交易都是保险人对未来风险事件发生所致经济损失进行补偿的承诺。而保险人是否履约，即是否对某一特定的对象进行经济补偿则取决于保险合同约定的时间内是否发生约定的保险事件，以及这种保险事件造成的损失是否达到保险合同约定的补偿条件。只有在保险合同所约定的未来时间内发生保险事件，保险人才有可能对被保险人进行经济补偿，这实际上交易的是一种"灾难期货"。因此，保险市场是一种特殊的"期货"市场。

3. 保险市场模式与机制

（1）保险市场模式。

保险市场模式也叫市场结构，所反映的是竞争程度不同的市场状态。在当今世界保险市场上，主要存在完全竞争、完全垄断、垄断竞争和寡头垄断等保险市场模式。

① 完全竞争型模式。

完全竞争型保险市场是指在一个保险市场上有数量众多的保险公司，任何的保险公司都可以自由地进出市场。在这种模式下，保险市场处于不受任何阻碍和干扰的状态中，同时，由于存在大量的保险公司且每个保险公司在保险市场上所占的份额都很小，因而任何一家保险公司都不能单独左右市场，而由保险市场自发地调节保险商品的价格。保险资本可以自由流动，价值规律和供求关系充分发挥作用。政府保险监管机构对保险企业的管理相对宽松，保险行业协会在市场管理中发挥着重要作用。

一般认为，完全竞争模式是一种理想的市场模式，它能充分、适度、有效地利用生产资源，因此保险业发展较早的西方发达国家在早期多为该种模式。但是，自由竞争发展的结果必然导致垄断。

② 完全垄断型模式。

完全垄断型保险市场是指保险市场完全由一家保险公司操纵，这家保险公司的性质既可以是国营的，也可以是私营的。在完全垄断的市场上，价值规律、供求规律和竞争规律受到极大的限制，市场上没有竞争，没有替代品，没有可供选择的保险人。因此，保险公司可以凭借其垄断地位获得超额利润。

完全垄断模式分为两种形式：一种是专业型完全垄断模式，即在一个保险市场上同时存在两家或两家以上的保险公司，各自垄断某类保险业务，相互之间的业务也不交叉，从而保持完全垄断模式的基本性质；另一种是地区型完全垄断模式，是指在一个国家中同时存在两家或两家以上的保险公司，各自垄断某一地区的保险业务，相互之间的业务没有交叉。

③ 垄断竞争型模式。

在垄断竞争型的保险市场中，大小保险公司并存，少数大保险公司在市场上取得垄断地位。竞争的特点表现为同业竞争在大垄断公司之间、垄断公司与非垄断公司之间激烈展开。

④ 寡头垄断型模式。

寡头垄断型保险市场是指在一个保险市场上只存在少数相互竞争的保险公司。在这种模式的保险市场中，保险业经营依然以市场为基础，但保险市场具有较高的垄断程度，保险市场上的竞争是保险垄断企业之间的竞争，形成相对封闭的保险市场。存在寡头垄断模式保险市场的国家既有发展中国家，也有发达国家。

（2）保险市场的机制。

所谓市场机制，是指机制规律、供求关系和竞争规律三者之间相互制约、相互作用的关系。由于保险市场具有不同于一般市场的独有特征，市场机制在保险市场上表现出特殊的作用。

① 价值规律在保险市场中的作用。

保险商品是一种特殊的产品，其价值一方面体现为保险人提供的保险保障所对应的等价劳动的价值，另一方面体现为保险从业人员社会必要劳动时间的凝结。保险费率即保险商品的价格，投保人据此所缴纳的保费是为了换取保险人的保险保障而付出的代价，从总体的角度表现为等价交换。但是，由于保险费率的主要成分是依据过去的、历史的经验测算出来的未来损失发生的概率，所以，价值规律对于保险费率的自发调节只限于凝结在费率中的附加费率部分的社会必要劳动时间。因此，对于保险商品的价值形成方面具有一定的局限性，只能通过要求保险公司改进经营技术、提高服务效率来降低附加费率成本。

② 供求规律在保险市场中的作用。

供求规律通过对供求双方力量的调节达到市场均衡，从而决定市场的均衡价格，即供求状况决定商品的价格。就一般商品市场而言，其价格形成直接取决于市场的供求状况，但在保险市场上，保险商品的价格，即保险费率不是完全由市场供求状况决定的，即保险费率并不完全取决于保险市场供求的力量对比。保险市场上保险费率的形成，一方面取决于风险发生的概率，另一方面取决于保险商品的供求状况。如人寿保险（以下简称寿险）的市场费率是保险人根据预定死亡率、预定利率和预定营业费用率三要素事先确定的，而不能完全依据市场供求的情况来确定。尽管保险费率的确定需要考虑市场供求状况，但是，保险市场供求状况本身并不是确定保险费率的主要因素。

③ 竞争规律在保险市场中的作用。

价格竞争是商品市场竞争最有力的手段，然而在保险市场上，由于交易的对象与风险直接相关使保险商品费率的形成并不完全取决于供求力量的对比，风险发生的频率和损失程度等都是决定保险费率的主要因素，供求关系仅仅是保险费率形成的一个次要因素。因此，一般商品市场的价格竞争机制在保险市场上必然受到某种程度的限制。

4. 保险市场的一般组织形式

（1）国营保险组织。

国营保险组织是由国家或政府投资设立的保险经营组织，可以由政府机构直接经营，也可以通过国家法令规定某个团体来经营，该种组织形式称为间接国营保险组织。

（2）私营保险组织。

私营保险组织是由私人投资设立的保险经营组织，多以股份有限公司的形式出现。保险股份有限公司是现代保险企业制度下最典型的一种组织形式。

(3) 合营保险组织。

合营保险组织包括两种形式：一种是政府与私人共同投资设立保险经营组织，属于公私合营保险组织形式，公私合营保险组织通常也是以股份有限公司的形式出现，并具有保险股份有限公司的一切特征；另一种是本国政府或组织与外商共同投资设立的合营保险组织，我国称之为中外合资保险经营组织形式。

(4) 合作保险组织。

合作保险组织是由社会上具有共同风险的个人或经济单位为了获得保险保障共同集资设立的保险组织形式。

(5) 行业自保组织。

行业自保组织是指某一行业或企业为本企业或本系统提供保险保障的组织形式。

5. 保险市场的供给与需求

(1) 保险市场供给。

保险市场供给是指在一定的费率水平上，保险市场上的各家保险企业愿意并且能够提供的保险商品的数量。

影响保险市场供给的因素如下。

① 保险费率。

在市场经济条件下，保险供给的主要影响因素是保险费率。一般来说，保险费率越高，保险供给越大，反之则愈小。

② 保险技术水平。

保险业是一个专业性和技术性都很强的行业，有些险种很难设计，因此要有专业性很强的保险市场来适应。如国内保险市场上至今没有提供残疾给付保险和老年护理保险的专业保险公司。

③ 保险市场规范。

竞争无序的市场会抑制保险需求，从而减少保险供给，反之会提高保险市场需求。

④ 互补品和替代品的价格。

互补品的价格和保险供给呈正相关关系，替代品的价格和保险供给呈负相关关系。

⑤ 保险偿付能力。

各国法律对保险公司都有最低偿付能力标准的规范，这样也会制约保险供给。

⑥ 政府监管。

目前，各国对保险业都有严格的监管制度。因此，即使保险费率上升，由于政府的严格管制，保险供给也会受控制。

(2) 保险需求。

保险需求是全社会在一定时期内购买保险商品的货币支付能力。保险需求包括保险商品的总量需求和结构需求。保险商品的结构需求是各类保险商品占保险商品需求总量的比重，如产险保费收入占全部保费收入的比率、产险和人身保险各自内部的结构。

影响保险需求的因素较多，主要有以下几个方面。

① 风险因素。

"无风险，无保险"，风险是保险产生、存在和发展的前提条件和客观依据，从而也就成为产生保险需求的条件。风险程度越大,保险需求越强烈。

② 保险费率。

保险费率对保险市场需求有一定的约束力,两者一般呈反方向变化。从总体上来讲,保险费率上升带来保险需求的减少,反之则增加,但是,保险费率对保险需求的影响会因保险品种的不同而不同。

③ 消费者的收入。

消费者的收入直接关系保险购买力的大小。当国民收入增加时,保险商品的消费者会增多,同时企业的利润也会随之增多,会具有更强的缴费能力,保险需求随之扩大。因此,保险商品消费者的收入是影响保险需求的主要原因之一。

④ 保险互补品和替代品的价格。

产险的险种是与财产相关的互补商品。如机动车辆保险与机动车,当机动车的价格下降时会引起机动车的需求量增加,从而导致机动车辆保险商品需求量的扩大,反之则会引起机动车辆保险商品需求量的减少。另外,一些保险商品,特别是寿险商品是储蓄的替代商品,当银行利率上升时,寿险商品的需求量就会减少,反之则会增加。

⑤ 文化传统。

保险需求在一定程度上受人们风险意识和保险意识的影响,而这些意识又受特定文化环境的影响和控制。在我国,由于长期受封建迷信的影响,对于一些风险人们有时宁愿求助于"神灵"的保佑也不愿接受保险的保障,从而抑制了保险的需求。

⑥ 经济制度。

市场经济条件下,个人和企业会面临更多的风险,而这一切不再由国家包揽解决,保险就成为一条最佳的解决途径,因而经济制度的变化会影响保险的需求。

(3) 保险市场均衡价格的决定。

保险市场供求平衡是在一定的保险价格条件下,保险供给恰好等于保险需求,即保险供给与保险需求达到均衡点。

保险市场供求平衡包括供求的总量平衡与结构平衡两个方面,而且是相对的平衡。保险供求的总量平衡是指保险供给规模与需求规模的平衡。保险供求的结构平衡是指保险供给的结构与保险需求的结构相匹配,包括保险供给的险种与消费者需求险种的适应性、保险费率与消费者缴费能力的适应性以及保险产业与国民经济产业结构的适应性等。

保险供给与保险需求之间的均衡问题存在三种情况:第一种情况即达到了保险供给与保险需求之间的均衡;第二种情况即保险供给大于保险需求时要采取措施,激发社会公众对保险的需求量增大,同时加强对保险供给方的管理,使两者逐步趋于均衡,即刺激需求、调整供给,尤其发挥保险价格的作用,适当降低保险价格;第三种情况即保险需求大于保险供给时,只能从增加保险供给入手,新增保险业务、扩大范围,最大限度地满足投保者的要求,必要时适当提高保险价格,从而使保险需求与保险供给达到均衡。

保险市场供求平衡受市场竞争程度的制约。市场竞争程度决定保险市场费率水平的高低,因此,市场竞争程度不同,保险供求平衡的水平各异。而在不同的保险费率水平下,保险供给与保险需求的均衡状态也是不同的。如果市场达到均衡状态后,市场价格高于均衡价格,则保险需求缩小,迫使保险供给缩小以维系市场均衡;如果市场价格低于均衡价格，则保险供给缩小而迫使保险需求下降，实现新的市场均衡。所以，保险市场有自动实现供求平衡的内在机制。

1.1.3　机动车辆保险市场营销的模式

改革开放以来，我国保险业一直保持着快速发展的势头。机动车辆保险是我国保险市场上产险的主要险种，近年来其保费收入一直位居产险业务的首位。由于起步晚、起点低、经验不足等原因，无论在保险条款制定、费率厘定，还是经营管理方面均需改进。

众所周知，机动车辆保险产品的市场营销同普通商品的市场营销一样，涉及的因素众多，保险市场营销绩效的差异从多方面可以体现。在我国现阶段，保险企业主体众多，规模各异，各家保险公司所采用的市场营销手段在基本模式相同的情况下有自己的侧重点和倾向性，但是经营绩效不同。其中，机动车辆保险营销模式的选择对机动车辆保险营销的绩效具有直接影响。目前，我国的机动车辆保险营销模式主要有直接营销模式和间接营销模式两种。

一开始都采用直接营销模式，即每家保险公司各自建立自己的推销员队伍，实行推销员"个人代理制"。由于保险推销员不是保险公司的正式员工，他们与保险公司的关系相对松散，这样就分散了保险公司的精力，不利于保险公司资源的优化配置。同时，在直接渠道模式下由于保险公司将主要精力放在营销人员的管理上，对于保险公司产品的开发和创新以及客户服务也将投入不足。正因为这样，在实际经营中就表现出产品品种大同小异、企业缺乏核心竞争力等问题。随着保险市场的发展，保险间接营销模式是通过与外部合作的途径进行保险产品营销的，即保险公司负责产品开发和资本运营方面，保险产品的销售则交由专业的中介机构来完成。这是保险市场发育与发展的趋势，在国外也已经有了广泛的实践。在成熟的保险市场中，其主要经营形式有保险代理机构、保险经纪公司和保险兼业机构等。截至 2010 年 12 月 31 日，全国共有保险兼业代理机构 18.99 万家，营销员 330 余万人，保险代理公司 1853 家，保险经纪公司 392 家。保险兼业代理实现保费收入 5464.42 亿元，占全国总保费收入的 37.68%。保险代理公司实现代理保费收入 48.68 亿元，占全国总保费收入的 3.23%。保险经纪公司实现保费收入 313.07 亿元，占全国总保费收入的 2.13%，共实现业务收入 43.96 亿元。

1. 直接营销模式

直接营销模式是指客户直接向保险公司购买保险单，不需经过任何中间环节（保险代理人或保险经纪人）的模式。由于不存在中间商，那么保险公司不需要支付酬金给中间商，因而降低了保险公司的业务成本，可以最大限度地让利于消费者，同时也提高了保险公司本身的抗风险能力。

（1）个人营销模式。

自 1992 年美国友邦引入个人营销模式以来，个人营销模式获得了很大的发展。无论是保费规模、从业人员数量，还是社会影响力，都是其他的营销渠道无法取代的。2010 年个人营销人员的人数已经突破 300 万，在个人营销人数不断增长的同时，其本身也出现了一些问题，并遇到了发展的瓶颈。总的概括起来主要有五个方面：①个人营销人员的角色定位不准；②个人营销人员流失率过高，保险公司的培训成本高昂；③个人营销人员的素质良莠不齐，缺乏有效的管理；④佣金制度不合理，客户和保险公司的利益受到损害；⑤个人营销人员的收入不稳定，压力大，缺乏归属感。这些问题在某种程度上影响到了我国保险业的发展。因此，要从根本上解决这些问题，促进我国保险业的健康发展，需要对个人营销模式进行进一步地完善和创新。

（2）电话营销模式。

电话营销是直接营销模式的一种。电话营销是依托电话、传真、互联网等多媒体工具，主动呼出联系客户，经营、培养客户，最终达成销售的目的。这是一种应用了最先进的生产工具的全新销售模式，其核心是通过一套由电话、电脑、服务器和交换机等硬件设备和成本经营理念等软件部分组成的销售系统。

目前，电话营销成为一种趋势，已经渗透到各行各业，并大有取代零售商之势，特别是在机动车辆保险业，更如雨后春笋。截至 2010 年第一季度，中国太平洋财产保险股份有限公司上海地区电销车险保费收入超过 0.4 亿元，比 2009 年同期增长超过 300%。截至 2010 年上半年，被天平保险视为核心业务的电话车险已实现财务保费 1.45 亿元，同比增长 208%。2010 年中国平安财产保险股份有限公司规划了近 2000 坐席的呼叫中心用于电话营销。电销渠道将是未来多数保险公司最核心的营销渠道。

电话营销模式提升了保险公司对营销动作的质的监控力度。传统的营销模式由于利益关系，营销人员推销保险时或多或少存在一些有意无意的误导，更有甚者与客户串谋提供不实信息，这些问题往往在索赔时才被发现，通常会造成保险公司的直接损失。尽管近年来监管部门加强管理，但并没有彻底根除这些问题，销售过程缺控给保险公司带来了很大的经营风险。而电话营销模式，因为有系统对坐席与客户的沟通进行全程录音，且这份录音将保留到保障期满后 2 年，随时可以作为呈堂证供，因此营销坐席为了避免个人承担法律责任，不会有意误导客户，更不会串谋，同时质检员随时可以强插通话纠正错误，事后班组长进行成交后录音复核，这三道风险防范工序的设定，在系统管理层面彻底规避了误导和串谋发生的可能性，从而降低了保险业务的经营风险。

（3）网络营销模式。

网络营销是直接营销模式的最新形式，是指保险公司或新型的网上保险中介通过互联网为客户提供有关保险产品和服务的信息，并实现网上承保，直接完成保险产品的销售和服务，由银行将保费划入保险公司。

网络营销模式可以增加消费者主动与保险公司联系的可能性，使客户与保险公司直接交流成为可能；进行网络营销，可以有效降低保险销售费用。据计算，通过互联网向客户出售保险或提供服务要比传统营销方式节省58%～71%的费用；进行网络营销还可以延伸保险业务的时间和空间，给消费者带来更多的方便；网络营销还可以消除由于营销人员素质低下而使消费者对保险产生的抵触心理；消费者的网上留言或与保险公司进行的在线交流，可以使保险公司更快、更准确地获得客户的反馈意见。

网络营销是今后保险业发展的一个趋势，也是一个契机，但网络营销绝不是对传统营销模式的简单替代。保险的网络营销和传统营销各自具有不可替代的相对优势，它们是保险公司整体营销战略的两个有机组成部分。

2. 间接营销模式

间接营销模式也称保险中介模式。保险中介主要由保险代理人和保险经纪人组成。保险代理人和保险经纪人的本质区别在于：前者是在保险公司的授权下，以保险公司的名义进行保险业务活动，其代表的是保险公司的利益，由于业务不熟练或个人道德风险等原因所造成的损害投保人或被保险利益的后果，由保险公司承担法律责任；而后者是以个人名义从事保险活动，其代表的是投保人的利益，由于业务不熟练或个人道德风险等原因所造成的损害投保人或被保险利益的后果，由其个人承担法律责任。

现代保险市场上，保险代理人已成为世界各国保险企业开发保险业务的主要形式和途径之一。目前我国保险代理人分为专业代理人、兼业代理人和个人代理人三种。其中，专业保险代理人是指专门从事保险代理业务的保险代理公司。在保险代理人中，只有它具有独立的法人资格。兼业保险代理人是指受保险人的委托，在从事自身业务的同时指定专人为保险人代办保险业务的单位，主要有行业兼业代理、企业兼业代理和金融机构兼业代理、群众团体兼业代理等形式。个人代理人是指根据保险人的委托，在保险人授权的范围内代办保险业务并向保险人收取代理手续费的个人。个人代理人展业方式灵活，为众多的寿险公司广泛采用。保险代理人因类型不同，其业务范围也有所不同。保险代理公司的业务范围是：代理推销保险产品、代理收取保费、协助保险公司进行损失的勘查和理赔等。兼业保险代理人的业务范围是：财产保险公司的个人代理人只能代理家庭财产保险和个人所有的经营运输工具险及商业第三者责任保险等。人寿保险公司的个人代理能代理个人人寿保险、个人人身意外伤害保险和个人健康保险等业务。

3. 其他营销方式

2006年8月2日天平保险推出特殊"试驾"活动创新机动车辆保险营销。除了传统的理赔服务外，天平保险还提供全面的汽车安全服务，如自助查勘服务、汽车安全驾驶模拟仪巡展体验以及汽车安全工程师的全面讲解。通过实践操作汽车安全驾驶模拟仪，可以发现驾驶人在驾驶过程中的不安全行为，仪器还会给出针对性的指导意见，帮助驾驶人提高驾驶水平，掌握正确的驾驶方法。天平保险指出，目前机动车辆保险对交通安全体系的参与度不够，保险公司的角色应当由机动车辆保险提供商向汽车安全服务提供商转变。

1.2 机动车辆保险的经营现状

机动车消费的增长为我国机动车辆保险业提供了广阔的发展空间，中国是世界上最大、最有潜力的机动车辆保险市场。从我国财产保险市场的现状来看，不论是整体，还是局部，机动车辆保险是财产保险业的中流砥柱。

随着保险市场的全面开放，保险机构迅速增加，市场竞争日趋激烈，高手续费、高返还问题的出现，赔付率的不断提高，导致目前机动车辆保险的经营效益不高。直至2003—2008年年底全国出现了大面积亏损，这无疑对机动车辆保险经营机构与监管部门提出了新的挑战。因此机动车辆保险经营效益的好坏，直接影响保险公司的营利状况以及在保险市场上的生存与可持续发展问题。

1.2.1 我国机动车辆保险的经营现状

2006年年初，中国保险监督管理委员会（以下简称中国保监会）提出了"速度、效益、诚信、规范"的监管思路，并采取了一系列措施加强机动车辆保险监管，整顿市场秩序，尤其是2006年下半年机动车交通事故责任强制保险（以下简称交强险）实行后，监管力度大大加强，价格竞争得到遏制，费用成为主要竞争手段，服务竞争不断显现。同时，很多地区的行业协会都实行了行业自律或机动车辆保险最低限价制度，限制保费的底价，控制手续费支付的上限，对规范机动车辆保险市场行为，维护机动车辆保险市场秩序，促进各家保险公司走上良性经营、理性竞争的轨道发挥了积极作用。监管力度的加强和行业自律的实行，以及交强险和行业条款推出后，各家保险公司的价格差异缩小，品牌和服务等因素对客户选择保险公司的影响加大，保险公司纷纷加强品牌宣传，强化品牌形象，加快理赔速度，改善理赔服务，通过提升服务来吸引客户。

中国保监会的统计数据显示，2010年1月至11月，我国保险业共实现保费收入1.34万亿元，同比增长31.6%。其中，产险保费收入3527.7亿元，同比增长33.6%，高于2009年同期22.28%的增长。产险保费收入的较快增长很大程度上得益于机动车辆保险保费的快速增长。截至2010年11月，机动车辆保险行业实现保费收入2700亿元，同比增长36.96%，为2005年以来的最高增速。而新车的销售是机动车辆保险快速发展的主因。2010年，我国机动车辆市场延续了2009年的高速增长势头，1月至11月全国汽车产销分别为1640.01万辆和1639.54万辆，同比增长33.71%和34.05%。同时，由于监管持续加强，市场秩序有所好转，行业机动车辆保险费率水平有所回升，这也是2010年机动车辆保险市场快速发展的另一重要原因。

1.2.2 机动车辆保险的发展方向

我国的机动车辆保险业务的发展经历了一个曲折的历程。机动车辆保险进入我国是在"鸦片战争"以后，但由于当时我国的保险市场处于外国保险公司的垄断与控制之下，加之中华人民共和国成立前我国的工业不发达，我国的机动车辆保险实质上处于萌芽状态，其作用与地位十分有限。中华人民共和国成立以后的1950年，创建不久的原中国人民保险公司就开办了机动车辆保险。不久就出现对此项保险的争议，有人认为机动车辆保险以及机动车第三者责任保险对于肇事者予以经济补偿会导致交通事故的增加，对社会产生负面影响。于是，原中国人民保险公司于1955年停止了机动车辆保险业务。直到20世纪70年代中期为了满足各国驻华使领馆等外国人对机动车辆保险的需要，开始办理以涉外业务为主的机动车辆保险业务。我国保险业恢复之初的1980年，中国人民财产保险股份有限公司逐步全面恢复中断了近25年之久的机动车辆保险业务，以适应国内企业和单位对于机动车辆保险的需要，适应公路交通运输业迅速发展、事故日益频繁的客观需要。

尽管几十年来中国的保险业取得了较大的发展，但在国际上仍比较落后。从保险深度和保险密度这两项硬指标来看，根据《财富》杂志的统计，2009年世界500强企业中，共有金融企业117家，其中银行集团57家、保险公司55家、多元化金融公司5家。这55家保险公司的营业收入占金融业总营业收入的45%，利润占金融业总利润的34.7%。另外，从产品设计、承保技术、管理方式、人才素质、服务质量等方面来看，中国的保险公司均与发达国家的保险公司存在着很大的差距。具体而言，中国保险业的发展现状存在以下几方面的特点。

1. 市场发展不完善

保险业的持续健康发展必然要依赖一个完整的保险市场体系。一个完善的保险市场体系，既要有保险主体，又要有保险消费市场，还要有中间组织、监督组织和系统完备的法律法规。与国际保险市场相比，目前我国的保险市场只是形成了一个雏形。从市场体系架构来看，原保险市场较大，再保险市场很小；市场发展很快，监督和法规发展较慢；保险中介混乱，违规代理严重，权力运作、官方管制使各保险主体在市场中处于不平等地位。

2. 从业人员专业化程度有待提高

我国保险业各类专业人才不足，从业人员素质普遍不高。21世纪是知识经济时代，因此，未来保险市场的竞争也就是人的竞争，在国内外同行竞争的背景下，客观上对保险从业人员提出了更高的要求，各家商业保险公司将更加重视人才的培养，既要培养适应国内保险业务发展需要的核保师、核赔师、精算师等专业人才，更要培养精通国际保险惯例、参与国际保险市场竞争的跨世纪人才。

3. 业务专业化程度低

从保险公司的经营来看，产险和寿险逐步实行分业经营，1996年原中国人民保险公司实行分业经营后，中国的保险业才在真正意义上迈出了专业化经营的步子，其他的保险公司也从1997年以后逐步开始了这项改革，并于2009年完成。从监管方面来看，自1995年《保险法》颁布并实施以来，出台了《保险管理暂行规定》、《保险代理人管理规定》(试行)、《保险经纪人管理规定》、《保险机构高级管理人员任职资格管理暂行规定》等一系列法律法规，初步形成了一个有法可依的监管体系。1998年11月18日成立了中国保监会，由此宣告了中国金融机构分业监管模式的正式建立。

目前，平安保险公司、太平洋保险公司也正在实行分业经营，但这只是对保险主体专业结构而言，对专业经营水平而言。尤其是同国际上专业化保险公司相比，我国的保险专业经营水平还很低，发达国家在产险和寿险领域都有专门的公司，如专营火灾险的公司、专营健康险的公司、专营机动车辆保险的公司、专营农业险的公司等。

4. 保险产品逐步新型化

随着我国经济改革的进一步深化，商业保险会更加深入人心，企业与居民在逐步提高保险意识的同时对保险的选择意识也不断增强，投保需求呈多样化和专门化趋势。如泰康人寿保险股份有限公司的新产品"世纪长乐终身分红保险"已经在北京亮相。该产品是泰康人寿保险股份有限公司经中国保监会的批准在北京首家推出的分红保险品种，为京城居民增添了新的保险投资选择。在目前的寿险市场上，购买传统保险的客户只能根据其保单价值得到2.5%的固定回报。分红保险的优势在于客户不但能根据其保单价值得到2.5%的固定回报，而且还可以参与保险公司的盈余分配，分配比例不低于当年分红保险可分配盈余的70%。

5. 保险投资渠道有所拓展

在市场竞争日益激烈的背景下,国内各家保险公司都已意识到原来只注重扩大规模、抢占市场的弊端,转而纷纷寻求走效益型道路,致力于内涵式集约化发展,追求经济利益最大化。各家保险公司一方面通过加强资金管理、成本管理、人力资源管理、经营风险管理和技术创新实现集约化的经营管理;另一方面在国内资本市场逐步完善、保险资金运用政策逐步放宽的基础上,将大量的准备金所形成的巨额资金通过直接渠道或间接渠道投资房地产、股票、各种债券,实现投资多元化,达到提高经济效益的目的。根据中国保监会《关于保险公司投资基金的暂行管理办法》的规定,保险机构持有一只基金的份额占该基金总份额的比例最高可达 10%。保险基金统计数据显示,以中国人寿保险股份有限公司为代表的保险公司踊跃投资基金,成为基金的重要投资者。中国人寿保险股份有限公司在 2010 年年度营业收入达人民币 3887.91 亿元,同比增长 13.7%;归属于公司股东的净利润达人民币 336.26 亿元,同比增长 2.3%。截至 2010 年 12 月 31 日止,该公司总资产达人民币 14105.79 亿元,同比增长 15.0%;内含价值达人民币 2980.99 亿元,同比增长 4.5%。2010 年,该公司已赚保费达人民币 3180.88 亿元,继续占据中国人寿保险市场主导地位。

中国人寿保险股份有限公司实施积极稳健的投资策略,深入研判市场走势,持续优化资产组合,抓住保险市场机会,积极配置浮息协议存款、企业债、次级债等固定收益类投资品种,把握阶段性、结构性机会,灵活主动地进行权益类投资,取得了较好投资收益。2010 年年末,该公司投资资产达人民币 13361.61 亿元,较 2009 年同期增长 14.0%,债权型投资的比例由 2009 年同期的 49.68%降低至 45.51%,股权型投资的比例由 2009 年同期的 15.31%降低至 14.66%,定期存款比例由 2009 年同期的 29.43%提升至 33.05%。

6. 行业发展国际化

2010 年年底,中资保险公司的业务收入从 2001 年的 2076 亿元增长到 13893 亿元,总资产从 2001 年的 4502 亿元增长到 47860 亿元,分别是"入世"前的 6.7 倍和 9.8 倍;外资保险公司业务收入从 2001 年的 33 亿元增长到 634 亿元,总资产从 2001 年的 89 亿元增长到 2621 亿元,分别是"入世"前的 19 倍和 29.3 倍。

由于"入世"前外资保险公司的机构数量、业务收入和资产规模非常有限,从而形成其保险业务收入和总资产规模的增速大比例领先于中资保险公司的现象,并且表明外资保险公司是中国保险市场成长最快的群体。

2010 年年底,在华经营的外资保险公司共计 52 家。按照保险业务收入计算,在上海、北京、广东和深圳这些开放较早、外资比较集中的地区,外资市场份额已经分别占到了 17.9%、16.3%、8.2%和 7.9%。从全国市场平均状况看,外资保险公司的市场份额从 2001 年的 1.6%增长到 2010 年的 4.4%,而中资保险公司在 2010 年的市场份额为 95.6%。外资在中国保险市场所占份额最高的年份是 2005 年的 6.29%。

2001—2010 年,外资保险公司的业务收入和总资产规模的增速虽然较快,但在市场份额的表现上却走出了"凸字形"曲线。同时,截至 2010 年年底,有 25 家中资保险公司在创建或发展过程中引进股份比例小于 25%的境外资本,使外资平均占有 25 家参股中资保险公司的股份比例为 17.7%,并且从这些快速成长的中资保险公司分享了丰厚的投资价值。

无论十年间中外保险公司的市场表现如何,在我国保险市场的开放过程中,中国保险业实现了整体实力、体制机制、监管能力和服务能力的跨越,市场化和对外开放程度较高已经成为中国保险业的重要特征。我国已经成为全球重要的新兴保险市场。

7. 保险监管不断加强

当今世界的保险业,从保险组织机构到保险业务的运作流程,再到资产的运用和管理。各个方面均在经历着深刻的创新和变革。根据我国的具体情况,我国的保险创新内容主要包括产品开发、营销方式、业务管理、组织机构、电子技术、服务内容以及用工制度、分配制度、激励机制等方面的创新。通过上述内容的创新促进我国民族保险业的发展,使国内保险公司在与国外保险公司的竞争中立于不败之地。

在组织机构创新方面,中国保监会设立的首家派出机构——中国保险监督管理委员会上海保险监管办公室于 2000 年 4 月宣告正式成立。随后,广州保险监管办公室和北京保险监管办事处相继成立,这标志着中国保监会的监管职能将率先在我国最重要的三个保险市场落实到位。保险监管工作提供有效的组织保证,有利于进一步规范保险企业的经营行为,维护保险市场秩序,防范和化解保险经营风险,保护被保险人的合法权益,促进保险业持续、快速、健康发展。

从目前的状况看,我国的保险创新尽管有所发展,但还很落后,积极开展保险创新既是历史发展的潮流趋势,也是推动我国保险业变革和发展的重要力量。

1.3 机动车辆保险的基本原则

保险既是一种经济制度,又是一种法律关系。保险业务在运行过程中必须遵循一些基本原则,机动车辆保险也不例外。在机动车辆保险投保与理赔的过程中,要遵循机动车辆保险的基本原则,即集中体现机动车辆保险本质和精神的基本原则。它既是保险立法的依据,又是机动车辆保险活动中必须遵循的准则。

1.3.1 保险利益原则

1. 保险利益的概念

根据我国《保险法》的相关规定,投保人对保险标的应当具有保险利益。投保人对保险标的不具有保险利益的,保险合同无效。保险利益是指投保人对保险标的具有的法律上承认的利益。

根据该规定,保险利益原则主要有两层含义:第一,投保人在投保时,必须对保险标的具有保险利益,否则,保险就可能成为一种赌博,丧失其补偿经济损失、给予经济帮助的功能;第二,有无保险利益,这是判断保险合同有效或无效的根本依据,缺乏保险利益要件的保险合同自然不发生法律效力。

保险利益的成立需具备以下三个要件:(1)必须是法律上承认的利益,即合法的利益;(2)必须是经济上的利益,即可以用金钱估计的利益;(3)必须是可以确定的利益。

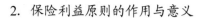

2. 保险利益原则的作用与意义

保险利益原则的确定是为了通过法律防止保险活动成为一些人获取不正当利益的手段，从而确保保险活动可以发挥分散风险、减少损失的作用，因此保险利益原则的重要作用不可偏废。

（1）保险利益原则的使用可以有效地防止和遏止投机行为的发生。

保险合同是投机性合同（射幸合同），当事人义务的履行取决于机会的发生或者不发生，即保险金的给付以保险合同中约定的保险事故的发生为条件，具有一定的投机性，这与赌博相类似。如果允许不具有保险利益的人以他人的生命或者财产作为保险标的，以自己作为受益方进行投保，那么一旦发生保险事故，他就不承担任何损失而获取远远超过保费的保险赔偿金，保险活动就完全成为投机赌博行为，因而丧失了具有转移风险、减少损失的作用。受益方是保险赔偿金的接受者，对保险合同有直接的利益，如果不规定受益方须有保险利益，必然使得投机性大大增加。

（2）保险利益原则的适用是防止道德危险的必备要件。

"道德危险"是保险理论中的固有名词，是指被保险人为了索取保险人赔款而故意促使保险事故的发生或在保险事故发生时放任损失的扩大。受益方是保险金给付的直接承受者。如果保险合同不以受益方具有保险利益为前提，那么为了获取保险赔偿金往往会出现故意破坏作为保险标的的人或物的行为，从而导致道德危险。保险利益原则的使用较好地避免了这个问题。

（3）保险利益原则的运行有效地限制了保险补偿的程度。

保险事故发生时，受益方请求的损害赔偿额不得超过保险利益的金额或价值，如若不坚持保险利益原则，受益方请求的损害赔偿额超过保险利益的金额或价值，也就是说获得和所受损失不相称的利益，这将损害保险人的合法利益，更深层次地将否认或是减损保险活动的价值。值得一提的是，有人否认保险利益原则在人身保险中的使用，虽然，人身保险中并没有超额保险或是重复保险，这一切源于人身保险的保险标的具有不可估价性，但是，损失补偿原则毕竟是保险活动的根基，无论人身保险或是财产保险均受其影响，只是所受影响的程度不同罢了。即使人身保险也不能大大超过保险利益投保，也应有一个额度的限制，此额度的基础就是保险利益原则的适用。

3. 保险利益原则的适用

根据我国《保险法》的相关规定，投保人对以下人员具有保险利益：
（1）本人；
（2）配偶、子女、父母；
（3）前项以外与投保人有抚养、赡养或扶养关系的家庭其他成员、近亲属；
（4）与投保人有劳动关系的劳动者。

此外，被保险人同意投保人为其订立合同的，视为投保人对被保险人具有保险利益。

在财产保险中，凡可使投保人产生经济利害关系的标的都具有保险利益。

1.3.2 最大诚信原则

1. 最大诚信原则的概念

最大诚信原则是指保险当事人在订立、履行保险合同的过程中要诚实守信,不得隐瞒有关保险活动的任何重要事实,特别是投保人必须主动地向保险人陈述有关保险标的的风险情况的重要事情,不得以欺骗手段诱使保险人与其订立保险合同,否则,所订立的保险合同不具备法律效力。

根据《保险法》的相关规定,保险活动当事人行使权力、履行义务应当遵循诚实信用原则。

由于保险活动具有不确定的保险风险和赔付风险,所以要求当事人讲求诚信、恪守诺言、以诚相待、善意从事、不欺不诈,严格履行自己的义务。最大诚信原则是保险合同的基本原则,要求当事人所具有的诚信程度比其他的民事活动更为严格,保险合同必须建立在双方最大诚信的基础上,任何一方如有违反,另一方有权提出合同无效。

从理论上讲,最大诚信原则对保险合同的双方当事人都具有约束力,但在实践中,最大诚信原则更多地体现为对投保人或被保险人的要求。因为保险标的具有多样性和复杂性,在决定承保之前,保险人不可能做到对保险标的进行全面彻底的持续了解,即使要做到也需要投保人主动全面地配合。保险人通常是依据投保人告知的情况来决定是否承保及承保条件,这就要求投保人本着最大诚信原则履行如实告知的义务。当然,最大诚信原则对保险人也有约束,保险人也必须遵守。因为保险合同是一种附合合同①,即保险合同的条款往往是由保险人单方面拟定的,保险合同的技术性、复杂性都很强,一般投保人难以充分了解和掌握,这就要求投保人从最大诚信原则出发履行合同规定的责任和义务。经全国人大常务委员会第三十次会议修改,2009年《保险法》再次进行修订。新《保险法》强调诚实信用原则,促进保险市场良性发展。新《保险法》将诚实信用原则与守法原则和自愿原则分开,专条规定:"保险活动当事人行使权利、履行义务应当遵循诚实信用原则。"如此明显地体现了强调诚实信用原则的立法意图。这是总结我国保险市场建立和发展至今的实践经验的成果,具有重要的法律意义。从保险实务的角度讲,该项原则适用于保险活动的各个环节和各方当事人。如在签订各类保险合同时,保险人应当本着诚实信用履行条款说明义务和提请对方注意的义务,而投保人则必须履行如实告知义务。在保险合同的履行过程中,保险人和投保人、被保险人、受益人同样应当按照诚实信用的要求行使权利、履行义务。

2. 最大诚信原则的内容

最大诚信原则的内容主要包括告知、保证、弃权与禁止反言等方面的内容。

(1)告知。

告知是投保人的义务。告知的含义有广义和狭义之分。

狭义的告知是指合同当事人双方在合同订立前、订立时互相据实申报、陈述。广义的告知是指合同订立前、订立时及在保险合同有效期内,投保方对已知的或应知的风险和保

---

① 附合合同又称标准合同、定型化合同,是指当事人一方预先拟定合同条款,对方只能表示同意或者不同意的合同。

险标的的重要事实，据实向保险方作口头申报或书面申报，同时，保险方也应将与投保方利害相关的实质性重要事实据实通告投保方。这里的"实质性重要事实"是指那些影响保险人确定保险费率或影响其是否承保及承保条件的每一项事实。告知义务的立法形式主要有无限告知义务和询问回答告知义务。无限告知义务又称客观告知义务，即对告知的内容没有确定性的规定，只要求投保人具有告知保险人任何有关保险标的危险状况重要事实的义务。目前，法国、比利时以及英美法系国家的保险立法均采取这一形式。

询问回答告知义务又称主观告知义务，即对保险人询问的问题投保人必须如实告知，对询问以外的问题，投保人没有义务告知。保险人没有询问到的问题，投保人不告知不构成告知义务的违反。目前，大多数国家的保险立法采用询问回答告知义务的形式。国际上违反告知义务的法律后果通常分为以下两大类。

① 宣告保险合同无效。

告知是保险合同订立的必要条件和基础。如果投保人违反了告知义务，则保险合同失去了存在的基础，保险合同自始无效。采用该规定的有法国、荷兰、比利时等国家。随着保险技术的提高和保险业的发展，对这种宣告保险合同无效的做法已有新修正。

② 保险人享有保险合同解除权。

一般情况下，保险合同一经成立，保险人不能解除或者变更保险合同。如投保人违反了告知义务，则保险人有权在规定期限内解除保险合同。这一规定宣告保险合同无效的形式要灵活一些，保险人既可以解除保险合同，也可以放弃保险合同解除权，通过加收保费或减少保险金额的形式使保险合同继续有效。目前，英国、日本、德国基本上采取这种做法。

（2）保证。

保证是最大诚信原则的一项重要内容，是指保险人和投保人在保险合同中约定，投保人对某一事项的作为或不作为，或担保某一事项的真实性。保证是保险合同的基础，因而各国对保险合同中保证条款的掌握十分严格。被保险人违反保证，不论其是否有过失，亦不论是否给对方当事人造成损害，保险人均可解除合同，并不负赔偿责任。

根据保证事项是否存在，可将保证分为确认保证和承诺保证。

① 确认保证。

确认保证是投保人对过去或现在某一特定事实存在或不存在的保证，是对过去或投保当时的事实陈述，不包括保证该事实继续存在的义务。投保人只要事实上陈述不正确，即构成违反保证。

② 承诺保证。

承诺保证是投保人对将来某一特定事项的作为或不作为的保证。被保险人对承诺保证的违反，保险人自被保险人发生违反保证的行为之日起可解除合同。

根据保证存在形式，可将保证分为明示保证和默示保证。

① 明示保证。

明示保证是指以文字或者书面的形式载明于保险合同中，成为保险合同的条款。明示保证是保证的主要表现形式。

② 默示保证。

默示保证是指保险合同中没有载明，但在保险实践中应予遵守的一类保证。如被保的船舶必须有适航保证、适货保证、不得绕航保证及航行合法等保证。

（3）弃权与禁止反言。

弃权是指放弃主张某项权利的行为。禁止反言是指对放弃的权利不得再向对方主张。如保险合同中规定了被保险人保证做某项事或者不做某项事，但保险人放弃了这项要求，那么保险人日后就不能以此为由而拒绝承担保险责任。

如某建筑公司以一辆奔驰轿车向某保险公司投保机动车辆保险。承保时，保险代理人误将该车以国产车计收保费，少收保费482元。保险公司发现这一情况后遂通知投保人补缴保费，但遭到拒绝。无奈下，保险公司单方面为投保人出具了保险批单，批注"如果出险，我公司按比例赔偿"。合同有效期内，该车不幸出险，投保人向保险公司申请全额赔偿。如果本着保险价格与保险责任相一致的精神，保险公司宜按比例赔偿，但依法而论，应按保险金全额赔偿。其中重要的理由是依据最大诚信原则，保险合同是最大诚信合同。如实告知、弃权、禁止反言系保险最大诚信原则的内容。投保人建筑公司以奔驰轿车为保险标的投保系履行如实告知义务。保险合同是双务合同，即一方的权利为另一方的义务。在投保人履行合同义务后，保险公司依法必须使投保人的权利得以实现，即根据保险合同规定的金额赔偿。保险代理人按照国产车收取保费的责任不在投保人，保险代理人的行为在法律上应推定为：放弃以进口车标准收费的权利，即弃权。保险公司单方面的反悔行为是违反禁止反言的，违背了最大诚信原则，不具有法律效力。因此，保险代理人具有准确适用保险费率的义务。在法律上，保险公司少收保费的损失应当由负有过错的保险代理人承担，不能因投保险人少交保费而按比例赔偿。保险公司在收取补偿保费无结果的情况下只能按照进口车的保险费率全额给付，而不是按比例赔付。否则，该保险公司有违反民事法律过错责任原则，使责任主体与损失承担主体错位。

1.3.3 近因原则

1. 近因原则的概念

近因原则是指保险人按照约定的保险责任范围承担保险责任时，其所承保危险的发生与保险标的的损害之间必须存在因果关系。在近因原则中造成保险标的损害的主要的、起决定性作用的原因，即属近因。只有近因属于保险责任，保险人才承担保险责任，即只有当保险事故的发生与损失的形成有直接因果关系时才构成保险人赔付的条件。

近因原则是保险理赔过程中必须遵循的重要原则。按照这一原则，只有当被保险人的损失是直接由于保险责任范围内的事故造成的，保险人才能予以赔偿。

2. 近因原则的认定方法

认定近因主要是确定损失的因果关系。因果关系一旦确定，导致其结果的近因是什么自然就十分清楚了。认定因果关系有两种基本方法，即顺序法和逆推法。

（1）顺序法。

顺序法是指由原因推断结果的方法。该方法是按照逻辑推理，从第一个事件出发，分析判断下一个事件可能是什么，然后从下一个事件出发分析判断再下一个事件是什么，如此下去，直至分析到损失为止，最初事件发生的原因就是最终损失的近因。

(2) 逆推法。

逆推法是指从结果推断原因的方法，该方法正好与顺序法相反。

3. 保险责任的确定

为了分清与事故有关的责任，明确事故发生的因果关系而专门设立的一种原则。按照近因原则的规定，只要造成被保险人人身伤害的近因属于保险责任范围之内，保险公司就应当向被保险人或者受益人履行赔付保险金的责任。但是，如果近因属于除外风险或者不在保险合同约定的范围之内的，保险公司不履行给付保险金的义务。从理论上讲，近因原则比较简单，但在实践中要从众多复杂的原因中判定出某一事故的近因并不是一件容易的事情。

1.3.4 损失补偿原则

1. 损失补偿原则的概念

损失补偿原则是指在补偿性的保险合同中，当保险事故发生造成保险标的或被保险人损失时，保险人给予被保险人的赔偿数额不能超过被保险人所遭受的经济损失。

这里的"补偿"有以下两层含义。

第一层含义是保险人对风险损失的赔偿可能是充分的，也可能是不充分的。若风险损失属于保险责任范围内的损失，即补偿金额应等于保险标的的实际损失，则补偿是充分的；若风险损失超过了保险责任范围内的损失，则补偿限于保险标的的实际损失，补偿则为不充分的。

第二层含义是补偿不能使被保险人获取超过实际损失的经济利益，即保险人支付的赔偿金额不应超过被保险人的实际经济损失。补偿原则是财产保险理赔的一项基本原则，该原则的实现方式通常有现金赔付、修理、更换和重置。补偿原则一般不适用于人身保险，尤其不适用于寿险。

2. 损失补偿原则的意义

（1）补偿原则是保险的本质和职能的体现。

（2）补偿原则有利于防止被保险人通过保险营利，减少道德风险的发生。

3. 损失补偿限度

在具体赔偿时，应掌握以下三个限度。

（1）以实际损失为限。

以实际损失为限是保险补偿最基本的限制条件。当被保险人遭受损失后，不论保险合同约定的保险金额为多少，其所能获得的保险赔偿以保险标的的实际损失为限。

（2）以保险金额为限。

以保险金额为限是保险人收取保费的基础和依据，也是其发生赔偿责任的最高限额。因此，保险人的赔偿金额在任何情况下均不能超过保险金额。

（3）以被保险人对保险标的的保险利益为限。

在被保险人的保险利益发生变更减少时，则应以被保险人实际存在的保险利益为限。如果发生风险时，一般对被保险人已经丧失保险利益的，保险人将不予赔偿。

4. 损失补偿原则的运用

损失补偿原则的运用在机动车辆保险的经营过程中围绕补偿原则存在一个大的纠纷，即在机动车全部损失的情况下，是应当按照出险前机动车的实际价值进行赔偿，还是应当按照保险金额进行赔偿的问题。不少保险人与被保险人对簿公堂，也不乏保险人败诉的案例，媒体也曾经严厉批评过保险人。出现这些现象的根本原因在于：在保险补偿原则及其例外的问题上，存在从条款到实务的不完善的地方。在"2000年版"的机动车辆保险条款中明确机动车辆保险合同为不定值保险合同，从而从根本上解决了这个长期困扰机动车辆保险正常经营和健康发展的问题。

1.3.5 代位追偿原则

1. 代位追偿原则的概念

代位追偿原则是损失补偿原则的派生原则，是指在产险中，由于第三者责任导致发生保险事故造成保险标的的损失，保险人按照保险合同的约定履行保险赔偿义务后，依法取得对保险标的的所有权或对保险标的的损失负有责任的第三者的追偿权。保险人所取得的这种权利就是代位追偿权。我国《保险法》对此作了一系列的规定。

2. 代位追偿原则的形式

代位追偿原则的主要内容包括权利代位和物上代位两种形式。

（1）代位追偿的实现应具备的条件。

① 保险标的的损失是由于保险责任事故引起的。

② 保险事故由第三者的责任引起的。

③ 保险人必须在履行了赔偿责任之后才能取得代位求偿权。

（2）保险双方当事人在代位追偿中的权利和义务。

① 保险人的权利和义务。

保险人的权利是保险人在赔偿金额范围内代位行使被保险人对第三者请求赔偿的权利。保险人的义务是保险人追偿的权利应当与他的赔偿义务等价，如果追得的款项超过赔偿金额，则超过部分归被保险人。

② 被保险人的权利和义务。

第一，在保险赔偿前，被保险人需保持对过失方起诉的权利。

第二，不能放弃对第三者的索赔权。

第三，由于被保险人的过错致使保险人不能行使代位请求赔偿的权利的，保险人可以相应扣减保险赔偿金。

第四，被保险人有义务协助保险人向第三者追偿。

第五，被保险人已经从第三者取得损害赔偿的，保险人赔偿保险金时可以相应地扣减被保险人从第三者已取得的赔偿金额。

3. 代位追偿原则的适用范围

代位追偿原则的适用范围包括以下两个方面。

（1）保险人代位追偿的对象是对保险标的损失负有责任的第三者，但保险人对被保险人的家庭成员及组成人员的过失行为造成的损失不能行使代位追偿权。

（2）代位追偿原则不适用于人身保险。

4. 物上代位的概念

物上代位是指保险标的遭受风险损失后，一旦保险人履行了对被保险人的赔偿义务，保险人即刻拥有对保险标的的所有权。因此，被保险人在获得对保险标的所具有的保险利益的补偿后就达到了保险的目的，保险标的理应归保险人所有。若保险金额低于保险价值时，保险人应按照保险金额与保险价值的比例，取得受损保险标的的部分权利。

（1）物上代位产生的基础。

物上代位通常产生于对保险标的作推定全损的处理。

所谓推定全损，是指保险标的遭受保险事故尚未达到完全损毁或完全灭失的状态，但实际全损已不可避免；或者修复和施救费用将超过保险价值；或者失踪达一定时间，保险人按照全损处理的一种推定性的损失。

由于推定全损是保险标的的并未完全损毁或灭失，即还有残值，而失踪可能是被他人非法占有并非物质上的灭失，日后或许能够得到索还，所以保险人在按全损支付保险赔款后理应取得保险标的的所有权，否则被保险人就可能由此而获得额外的利益。

（2）委付。

保险人物上代位权的取得是通过委付取得的。所谓委付，是指当保险标的遭受的损失尚未达到全损，但有全损的可能或其修复费用将超过本身价值时，被保险人向保险人表示愿意将保险标的的所有权转让给保险人，并要求保险人按全损赔偿的一种法律行为。委付是放弃物权的一种法律行为，在海上保险中经常采用。

（3）委付取得的要件。

① 委付应以推定全损为条件。

② 委付应就保险标的的全部提出请求。

③ 委付不能附带条件。

④ 委付须经承诺方为有效，委付一经成立，不得撤销。

（4）保险人在物上代位中的权益范围。

由于保险标的的保障程度不同，保险人在物上代位中所享有的权益也有所不同。我国《保险法》的相关规定表明：在足额保险中，保险人按保险金额支付保险赔偿金后，即取得对保险标的的全部所有权。保险人在处理保险标的物时所获得的利益如果超过所支付的赔偿金额，超过部分归保险人所有；如有对第三者损害赔偿请求权，索赔金额超过其支付的保险赔偿金额，也同样归保险人所有。

在不足额保险中，保险人只能按照保险金额与保险价值的比例取得受损保险标的的部分权利。由于保险标的的不可分性，所以保险人在依法取得受损保险标的的部分权利后，通常将该部分权利作价折给被保险人，并在保险赔偿金中作相应的扣除。

根据《保险法》的相关规定，我们可以得出以下几个结论。

第一，保险人行使代位追偿权的时间为赔偿保险金之日起。

第二，保险人的代位追偿权不超过保险赔款，也即保险人行使代位追偿权而得到的收益小于或等于保险人的赔款。

第三，保险人行使代位追偿权时不影响被保险人还应享有的剩余追偿权，即当被保险人的追偿权只是部分转移给保险人时，被保险人自己剩余追偿权同时有效。

保险人在处理涉及第三者引起保险责任事故的案例时，应当在签订赔付协议的同时和被保险人签订权益转让书，把相等于保险人赔款的追偿权转移到自己的手中，并且根据《保险法》及保险合同的规定，根据保险双方各自追偿权的大小合理处理好追回的款项，在维护被保险人的利益的同时也维护保险人的利益。

5. 委付与代位追偿权的区别

（1）在代位追偿中，保险人获得的追偿额只能少于或等于赔偿额；而在委付中保险人可能获得大于其赔偿金额的利益。

（2）代位追偿是一种权利的转让，保险人在取得这种权利的同时无须承担其他的义务；委付是一种物的转让，保险人在取得财产的所有权的同时必须承担因获得所有权而带来的各项义务。

1.3.6 分摊原则

1. 分摊原则的概念

重复保险的分摊原则（以下简称分摊原则）是商业保险的六项基本原则之一，其内容是：在重复保险的前提下，当保险事故发生时，各家承保该保险业务的保险公司要对赔款进行分摊，使被保险人从各家保险公司得到的赔款总额不得超过其实际发生的损失额。

应用分摊原则的主要目的是在重复保险的情况下，防止被保险人由于得到多家保险公司的赔偿而获得额外的利益，从而一方面保证保险的损失补偿原则得到实现，另一方面防止产生被保险人为了得到超额赔款而故意伪造保险事故的道德风险。由于相当一部分保险欺诈行为都是通过重复保险的方式实施的，故重复保险的分摊原则对于防止保险欺诈、降低道德风险具有十分重要的意义。在我国，分摊原则的应用对保险业的健康发展起到了不可忽视的作用。

分摊原则仅适用于产险中的重复保险。重复保险是指投保人对同一保险标的、同一保险利益、同一保险事故分别与两个以上保险人订立保险合同的情况，且保险金额总和超过保险价值的保险。

2. 分摊方式

分摊方式共有三种，即比例分摊方式、限额责任分摊方式和顺序责任方式。

（1）比例分摊方式。

比例分摊方式是由各家保险公司根据自己承保的保险金额来确定损失赔偿的比例。

如被保险人向甲保险公司投保 36 万元，向乙保险公司投保 24 万元，两家公司的总保险金额超过了其实际损失金额。对于损失 9 万元的分摊,甲保险公司承担占其总保险金额 [36÷(36+24)]×100%=60%的责任,即 5.4 万元;乙保险公司则承担其占总保险金额 [24÷(36+24)]×100%=40%的责任,即 3.6 万元。两家保险公司赔偿总额与实际损失相当,没有任何额外利益,贯彻了损害补偿原则。

(2)限额责任分摊方式。

限额责任分摊方式是指由各家保险公司首先确定在没有重复保险的情况下应付的赔偿限额(通过对保险金额、保险标的的实际损失额和可保利益的比较而得出的最小数额),然后根据赔偿限额来确定分别承担的损失赔偿的比例。

如甲保险公司的保险金额为 36 万元,乙保险公司的保险金额为 24 万元,如若损失为 30 万元,则甲保险公司如需独自面对该损失,其承担的最高赔偿限额是 30 万元,而乙保险公司如独自承担该损失的最高赔偿限额是 24 万元。若两家保险公司一起承担 30 万元的损失,则甲保险公司承担的赔偿金额为{ 30×[30÷(36+24)]}=15 万元,乙保险公司承担的赔偿金额为{30×[30÷(36+24)]}=15 万元。

(3)顺序责任方式。

顺序责任方式是指根据投保人投保的时间顺序确定保险公司的赔偿顺序。首先由先承保的保险公司对被保险人提供赔偿,如果先承保的保险公司对被保险人的赔偿额不足以弥补被保险人的损失,则由其后承保的保险公司继续赔偿,直至被保险人的损失得到足额的赔偿为止。在顺序责任方式中,每一家保险公司索赔时都不考虑重复保险的情况,即都按照单独承保的情况进行赔付,但是一旦赔偿总金额达到了被保险人的损失额,保险赔偿即终止。

根据《保险法》的相关规定,在重复保险的条件下,应用比例分摊方式进行赔偿。在三种分摊方式中,比例分摊方式是一种计算和手续最为简便的分摊方式,保险公司只需要根据各自的保险金额就可以计算出赔偿的比例。但是在待定条件下,适用比例分摊方式缺乏公正性,会导致保险公司所支付的赔偿金额与其实际承担的责任不匹配。这是由于保险公司的业务中超额承保的部分是无效的,如果重复保险中一家保险公司的业务中有无效的部分,应用比例分摊方式,保险公司业务中的这部分无效保险就无法在分摊中体现出来,这意味着保险公司必须为其承保的无效保险支付赔偿金。

所以,应用比例赔偿方式尽管可以节省一些计算的步骤,但却会造成不公正的后果。因此,应当对比例赔偿方式进行修正,使保险公司根据自身所承担的真实的责任确定赔偿比例,而不是简单地根据保险金额来确定赔偿比例。

复 习 题

1. 机动车辆保险有哪些特点?
2. 保险市场有哪些特征?
3. 最大诚信原则的内容包括哪些?
4. 代位追偿原则的形式有哪几种?
5. 在重复保险中有几种分摊方式?

第 2 章

机动车辆保险产品

2.1 机动车交通事故责任强制保险与费率

2.1.1 国外机动车强制保险概述

目前，我国拥有全世界约 2.5%的机动车，然而引发的道路交通死亡事故却占了全球的 15%，已成为交通事故多发国家。据公安部网站消息，2010 年全国共发生道路交通事故 26.5 万起，造成 7.3 万人死亡，30.5 万人受伤，直接财产损失高达 10.1 亿元。在现代社会，机动车交通事故已经成为了一个严重的社会问题。为了解决机动车交通事故所带来的问题，经济发达国家都建立了集中统一的机动车强制保险制度，目的是增强肇事者的赔偿能力，为受害人的人身安全和财产安全提供更多的基本保障。同时，通过建立机动车强制保险制度还可以在交通领域为社会特别是为弱势群体建立一种安全保障体制，提高社会文明程度。

1. 美国的机动车强制保险

美国的机动车强制保险是随着美国汽车工业和保险业的高速发展而迅速发展起来的。美国的马萨诸塞州最早从理论上将车辆损害视为社会问题，并试图改革机动车强制保险制度，以谋求为社会大众提供保护。1927 年，马萨诸塞州颁布了保险史上举世闻名的《强制保险法》。以此为标志，机动车强制保险由自愿保险向强制保险发展，美国大多数州相继颁布了类似法令。这些立法对英、法、德、日等国的机动车强制保险立法产生了积极深刻的影响。

美国机动车强制保险制度的立法模式包括绝对强制保险和相对强制保险两类。

绝对强制保险是指机动车所有人在领取行驶牌照之前，必须投保最低限额的责任保险。美国部分州（如纽约州、北卡罗来纳州）实行绝对强制保险。相对强制保险是指机动车所有人可以自愿选择投保机动车强制保险，但是，机动车所有人如果因使用或者允许他人使用机动车发生道路交通事故致人损害或者严重违反交通规则，经法院判决确定机动车所有人投保责任保险或者提供财务责任保证金的，机动车所有人有义务投保机动车责任保险或者提供保证金。否则，机动车所有人已领取的行驶牌照予以吊销。美国大部分州实行相对强制保险。

从强制保险的具体内容来看，保险金额由各州自行规定，大部分州规定：人身伤害的最低承保额为 2000~4000 美元，财产损失为 5000~10000 美元。在保险费率厘定问题上，各州的做法不一，有的州要求采用监管部门规定的费率标准，有的州要求采用保险协会统一制定的费率。在多数情况下，保险费率必须事前审批，也有少数州实行边呈报边使用的费率。在保障投资安全和收益的前提下，各州允许保险公司将收取的强制保险保费投资于债券和股票。同时，美国各州都设有机动车第三者责任保险基金，在肇事人未投保、逃逸、失去清偿能力或其保险人无力赔偿时，由各州设立的专业保险基金予以救济。

2. 德国的机动车强制保险

德国的机动车强制保险采取的是绝对强制保险的立法模式，没有购买第三者责任保险的车辆不能上路行驶。德国对机动车第三者责任制定了独立的《机动车辆第三者责任法》，由德国保险监督管理局负责审查和监管有关事宜。在承保范围上，德国机动车强制保险的承保范围较宽，包括：(1) 人身伤害或者死亡；(2) 财产损失或灭失；(3) 间接后果损失。

同时，德国司法部、交通部和经济部还对机动车第三者责任保险和最低投保限额实行定期联合审定制度。

就保险费率厘定而言，德国没有由政府统一制定的全国性或区域性的机动车第三者责任保险条款费率。在 1994 年机动车辆保险改革之前，条款费率由各家保险公司根据自身的情况自行制定，并报保险监管部门批准。机动车辆保险改革之后，第三者责任保险条款费率完全放开，保险监管部门不再干预，转为通过对偿付能力指标的监管来实现监管目标。值得注意的是，德国保险行业协会有专门的统计委员会和精算委员会，负责收集全国的机动车辆保险数据并制定各地区第三者责任保险的指导性价格。但是，这个价格是一个纯技术性指标，对保险公司没有约束力，保险公司可以根据自身的经营管理情况并以此价格为参照系确定自己的保险费率。消费者也可以据之选择投保的保险公司。此外，经营机动车第三者责任保险的保险公司还有义务向国家统计机构提供有关数据。为了保证对交通事故受害人的赔付，德国成立了第三者责任保险基金，主要负责对肇事车辆未投保、肇事车辆逃逸和驾驶人恶意行为三种情况下受害人的赔付。

3. 日本的机动车强制保险

日本在 1955 年通过了《自动车损害赔偿保障法》，以此作为实施机动车强制保险的法律依据。该法已历经多次修改。

日本采取绝对强制保险的立法模式，未依照法律规定订立保险合同的机动车不得在道路上行驶。只有经政府批准同意的保险公司才能经营机动车强制保险业务。机动车强制保险的承保范围较窄，仅对受害人的人身伤亡损失提供最基本的保障。

各家保险公司可以使用自己的保险费率，但须事先申报金融监督厅长官。金融监督厅长官根据机动车赔偿责任保险审议会的报告，在征得运输大臣的同意下，对申报的相关事项进行审批。保险费率的审批遵循"无损失、无利润"的原则，尽量压低费率。但在实践中，保险监管机关允许保险公司有合理的利润。因此，日本财产保险公司仍然愿意承保机动车强制保险。为了有效地降低保险公司的经营风险，从而降低保险费率，日本采用国家再保险制度。保险公司所承保的强制保险业务，由政府就其承保额的60%进行再保险。政府与保险公司之间的再保险关系于保险公司和投保人签订强制保险合同时自动成立。

日本设立政府机动车损害赔偿保障事业，由交通部作为政府代表予以管理，在加害车辆的所有人不明、被保险人以外的人肇事等情形下，由机动车损害赔偿保障事业给予受害人一定的补偿。

4. 英国的机动车强制保险

英国自1931年起依据《道路交通法》的规定，对于在公路上使用或许诺他人使用或雇用他人使用机动车的人，强制其投保责任保险。其后，《道路交通法》于1972年进行修订，机动车所有人可以通过提存保证金的方式代替投保责任险。为强化其强制性，对于违反规定的人处以罚金或处有期徒刑。

用强制投保责任险或提存保证金的措施来确保损害赔偿义务人的赔偿能力，避免受害人损害赔偿权利的落空。为了弥补传统保险合同理论的相对性给受害人（第三人）带来的赔付保障不能完全落实的缺点，英国在1930年制定实施强制保险制度的同时颁布了《第三人径向保险人求偿法》，规定当被保险人破产或丧失清偿能力时，第三人有权径直向保险人求偿，被保险人对于第三人有提供必要信息的义务，同时规定被保险人不得与保险人和解，从而妨碍第三人求偿权的行使。

在英国，对于因侵害行为引起的人身或财产损害主张损害赔偿责任的，系采取过失责任主义。

2.1.2 我国交强险概述

1. 我国交强险的产生及现状

1983年，国务院颁发了第27号文件，首次要求个人与联户的汽车及拖拉机必须参加第三者责任保险。1984年国务院发布的第151号文件明确提出了对机动车的第三者责任保险问题。以后公安部也曾多次发出规定，要求机动车不参加第三者责任保险的不发牌照。从这个意义上看，我国已经实行了交强险。基于机动车交通事故的为害之烈和机动车事故受害人所处地位之弱，我国在充分借鉴美国、英国、德国、日本和我国台湾地区的立法经验的基础之上，经过十年时间的充分论证，终于在2004年3月20日颁布了《机动车交通事故责任强制保险条例》（以下简称《条例》），规定了机动车交通事故无过错责任、机动车交强险和社会救助基金制度，借助这一套完整的机动车交强险保险法律制度，帮扶处于弱势地位的车祸受害人，解决机动车所有人与车祸受害人之间的紧张关系，预防和减少机动车交通事故，缓解社会矛盾和维护社会稳定。

2. 交强险的特性

交强险具有与一般责任保险不同的特性。

（1）公共政策性。

交强险的各项立法，都是以保障事故受害人和社会大众的利益为本位，具有强烈的公共政策含义，保险法上的其他原则一旦与此公共政策相抵触，均为无效。

（2）法定性。

交强险的内容须经保险监管机关核准，多采用统一格式的保险单形式；保险费率一般由保险监管机关依职权确定，保险经营者对该费率有接受的义务；相关的法律规定，则为保险合同的必然内容。

（3）公益性。

一般机动车责任保险的费率厘定是考虑公司盈利的。而交强险的费率由政府统一定制，且不考虑盈利。所以保险费率相对较低，具有一定的公益性。

3. 交强险的实施方式

关于交强险与一般机动车责任保险的实施一样具有混合实施和分离实施两种方式。

（1）混合实施。

在保险模式设计时分多个层次，投保哪个层次的保险由投保人自行决定。各个层次类型的保险中，以只能提供最基本保障的交强险为最低层次，其他层次都包括最低层次，即包括交强险。这种交强险与一般机动车责任保险的实施方式称为混合式实施。

（2）分离实施。

分离实施是指交强险与一般机动车责任保险分别实施，前者按照法律规定设计，后者按照一般商业保险的原则设计，投保人分别办理。交强险是机动车所有人或驾驶人必须办理的，而商业车险的基本险和附加险由投保人自愿选择。我国的机动车强制保险和商业车险采用分离实施方式。

4. 《条例》解读

交强险是我国第一个由国家法律规定实行的强制保险制度。《条例》的内容构成共分为10个部分，分别是总则、定义、保险责任、垫付与追偿、责任免除、保险期间、投保人与被保险人的义务、赔偿处理、合同变更与终止、附则。

（1）总则。

总则主要是对《条例》的制定依据、合同的组成与形式、费率的影响因素等内容进行阐述。

《条例》制定的法律依据主要是《中华人民共和国道路交通安全法》（以下简称《道路交通安全法》）和《保险法》。明示条款制定的法律依据有利于交强险条款的权威性和严肃性。

交强险合同的组成基本沿用了目前商业性保险合同构成的要素，包括交强险条款、投保单、保险单、批单和特别约定等，这也是为法律界和保险界普遍认可的一种保险合同组成。交强险的条款要求所有涉及合同的约定均应采用书面形式，以有利于明确合同当事人的权利和义务。

交强险费率按照中国保监会批准的费率执行，同时实行与被保险机动车道路交通安全违法行为、交通事故记录相联系的浮动机制，这可以促进被保险机动车驾驶人遵守交通安全法规，同时体现了交强险具有通过费率机制实现社会管理的功能，有利于推动国家道路交通安全状况的好转。

(2) 定义。

定义主要对交强险合同中的被保险人、投保人、受害人、责任限额、抢救费用等术语作出解释。

① 被保险人是指投保人及其允许的合法驾驶人。

② 投保人是指与保险人订立交强险合同，并按照合同负有支付保险费义务的机动车的所有人或管理人。

③ 受害人是指因被保险机动车发生交通事故遭受人身伤亡或者财产损失的人，但不包括被保险机动车本车车上人员和被保险人。

(3) 保险责任。

在中华人民共和国境内（不含港、澳、台地区），被保险人在使用被保险机动车的过程中发生交通事故，致使受害人遭受人身伤亡或者财产损失，依法应当由被保险人承担的损害赔偿责任，保险人按照交强险合同的约定对每次事故在下列赔偿限额内负责赔偿：

① 死亡伤残赔偿限额为 110000 元；

② 医疗费用赔偿限额为 10000 元；

③ 财产损失赔偿限额为 2000 元；

④ 被保险人无责任时，无责任死亡伤残赔偿限额为 110000 元；无责任医疗费用赔偿限额为 1000 元；无责任财产损失赔偿限额为 100 元。

死亡伤残赔偿限额和无责任死亡伤残赔偿限额项下负责赔偿丧葬费、死亡补偿费、受害人亲属办理丧葬事宜支出的交通费用、残疾赔偿金、残疾辅助器具费、护理费、康复费、交通费、被扶养人生活费、住宿费、误工费，被保险人依照法院判决或者调解承担的精神损害抚慰金。

医疗费用赔偿限额和无责任医疗费用赔偿限额项下负责赔偿医药费、诊疗费、住院费、住院伙食补助费、必要的、合理的后续治疗费、整容费和营养费。

(4) 垫付与追偿。

被保险机动车在下面①—④四项的情形下发生交通事故，造成受害人受伤需要抢救的，保险人在接到公安机关交通管理部门的书面通知和医疗机构出具的抢救费用清单后，按照国务院卫生主管部门组织制定的交通事故人员创伤临床诊疗指南和国家基本医疗保险标准进行核实。对于符合规定的抢救费用，保险人在医疗费用赔偿限额内垫付。被保险人在交通事故中无责任的，保险人在无责任医疗费用赔偿限额内垫付。对于其他的损失和费用，保险人不负责垫付和赔偿。被保险机动车在①—④情形下发生交通事故的，保险人不负责垫付和赔偿：①驾驶人未取得驾驶资格的；②驾驶人醉酒的；③被保险机动车被盗抢期间肇事的；④被保险人故意制造交通事故的。

对于垫付的抢救费用，保险人有权向致害人追偿。

(5) 责任免除。

下列损失和费用，交强险不负责赔偿和垫付：

① 因受害人故意造成的交通事故的损失；

② 被保险人所有的财产及被保险机动车上的财产遭受的损失；

③ 被保险机动车发生交通事故，致使受害人停业、停驶、停电、停水、停气、停产、

通信或者网络中断、数据丢失、电压变化等造成的损失以及受害人财产因市场价格变动造成的贬值、修理后因价值降低造成的损失等其他各种间接损失；

④ 因交通事故产生的仲裁或者诉讼费用以及其他相关费用。

（6）保险期间。

除国家法律、行政法规另有规定外，交强险合同的保险期间为1年，以保险单载明的起止时间为准。

（7）投保人与被保险人的义务。

① 投保人投保时，应当如实填写投保单，向保险人如实告知重要事项，并提供被保险机动车的行驶证和驾驶证的复印件。重要事项包括机动车的种类、厂牌型号、识别代码、号牌号码、使用性质和机动车所有人或者管理人的姓名（名称）、性别、年龄、住所、身份证号码或者驾驶证号码（组织机构代码）、续保前该机动车发生事故的情况以及中国保监会规定的其他事项。

投保人未如实告知重要事项，对保费计算有影响的，保险人按照保单年度重新核定保费计收。

② 签订交强险合同时，投保人不得在保险条款和保险费率之外向保险人提出附加其他条件的要求。

③ 投保人续保的，应当提供被保险机动车上一年度交强险的保险单。

④ 在保险合同有效期内，被保险机动车因改装、加装、使用性质改变等导致危险程度增加的，被保险人应当及时通知保险人，并办理批改手续。否则，保险人按照保单年度重新核定保费计收。

⑤ 被保险机动车发生交通事故，被保险人应当及时采取合理、必要的施救和保护措施，并在事故发生后及时通知保险人。

⑥ 发生保险事故后，被保险人应当积极协助保险人进行现场查勘和事故调查。

发生与保险赔偿有关的仲裁或者诉讼时，被保险人应当及时书面通知保险人。

（8）赔偿处理。

被保险机动车发生交通事故的，由被保险人向保险人申请赔偿保险金。被保险人索赔时，应当向保险人提供以下材料：

① 交强险的保险单；

② 被保险人出具的索赔申请书；

③ 被保险人和受害人的有效身份证明、被保险机动车的行驶证和驾驶人的驾驶证；

④ 公安机关交通管理部门出具的事故证明，或者人民法院等机构出具的有关法律文书及其他证明；

⑤ 被保险人根据有关法律法规规定选择自行协商方式处理交通事故的，应当提供依照《交通事故处理程序规定》中规定的记录交通事故情况的协议书；

⑥ 受害人财产损失程度证明、人身伤残程度证明、相关医疗证明以及有关损失清单和费用单据；

⑦ 其他与确认保险事故的性质、原因、损失程度等有关的证明和资料。

保险事故发生后，保险人按照国家有关法律法规规定的赔偿范围、项目和标准以及交强险合同的约定,并根据国务院卫生主管部门组织制定的交通事故人员创伤临床诊疗指南和国家基本医疗保险标准,在交强险的责任限额内核定人身伤亡的赔偿金额。

因保险事故造成受害人人身伤亡的,未经保险人书面同意,被保险人自行承诺或支付的赔偿金额,保险人在交强险责任限额内有权重新核定。

被保险机动车发生涉及受害人受伤的交通事故,因抢救受害人需要保险人支付抢救费用的,保险人在接到公安机关交通管理部门的书面通知和医疗机构出具的抢救费用清单后,按照国务院卫生主管部门组织制定的交通事故人员创伤临床诊疗指南和国家基本医疗保险标准进行核实。对于符合规定的抢救费用,保险人在医疗费用赔偿限额内支付。被保险人在交通事故中无责任的,保险人在无责任医疗费用赔偿限额内支付。

(9) 合同变更与终止。

在交强险合同有效期内,被保险机动车所有权发生转移的,投保人应当及时通知保险人,并办理交强险合同变更手续。

在下列三种情况下,投保人可以要求解除交强险合同:

① 被保险机动车被依法注销登记的;
② 被保险机动车办理停驶的;
③ 被保险机动车经公安机关证实丢失的。

交强险合同解除后,投保人应当及时将保险单、保险标志交还保险人;无法交回保险标志的,应当向保险人说明情况,征得保险人的同意。

发生《条例》所列明的投保人、保险人解除交强险合同的情况时,保险人按照日费率收取自保险责任开始之日起至合同解除之日止期间的保险费。

(10) 附则。

因履行交强险合同发生争议的,由合同当事人协商解决。

协商不成的,提交保险单载明的仲裁委员会仲裁。保险单未载明仲裁机构或者争议发生后未达成仲裁协议的,可以向人民法院起诉。

交强险合同争议处理适用中华人民共和国法律。

附件未尽事宜,按照《条例》执行。

2.1.3 交强险的保险费率

1. 国外机动车第三者责任保险的保险费率

国外的机动车第三者责任保险制度的施行,可以依法保护第三者的利益,对社会保障具有很重要的现实意义。第三者责任保险制度在许多的国家和地区都已施行多年,形成了较为成熟的制度。以下对这些国家的机动车第三者责任保险制度的相关内容做简要介绍。

(1) 保险费率。

关于保险费率的制定,很多国家采取审批制度或制定指导性保险费率。前者如美国和日本,其监管部门以"不营利,不亏损"或"微利"的原则对保险费率进行审批,以保证保险费率的适当合理,减轻被保险人的负担。后者如德国、新加坡及我国的台湾地区,由保险人协会等组织制定指导性保险费率,各家保险公司可以在一定范围内上下浮动。

(2) 保险金额。

保险金额的高低与国家的经济水平的高低有较大关系。一般而言,发达国家的保险金额较高,如英国的机动车第三者责任保险规定公交车造成的财产损失赔偿额为 2.5 万英镑,对伤残、死亡者没有规定限额;德国规定 9 座以下机动车的财产损失限额为 4 万马克,人员伤亡的限额为 100 万马克;瑞士则规定最低保额高达 300 万瑞士法郎。另外,美国规定人身伤害的最低保额为 2000～4000 美元,财产损失为 5000～10000 美元,相对于其他的发达国家来说偏低。发展中国家因为经济水平较低,保额也相对更低,如智利规定死亡和永久全残的为 150 万比索。

(3) 保险范围。

各国保险公司的机动车第三者责任保险的承保范围不尽相同,但至少都包括人身伤亡。发展中国家的机动车第三者责任保险的承保范围相对较窄,如智利的机动车第三者责任保险的承保范围仅包括人身伤亡。发达国家的机动车第三者责任保险的承保范围相对较宽,如美国、英国、日本的机动车第三者责任保险的承保范围既包括人身伤亡,也包括财产损失。而德国的机动车第三者责任保险的承保范围更宽,不仅包括人身伤亡和财产损失等直接损失,也包括其他的间接损失。

(4) 道路赔偿基金。

为了弥补机动车第三者责任保险金额的不足或者在保险车辆没有投保机动车第三者责任保险、肇事车辆逃逸的情况下受害者能够得到赔偿,大多数国家都设立了道路赔偿基金(或叫保险基金、公众赔付基金)。如德国规定在下列情况下才可以由公众赔付基金进行赔偿:①肇事车辆逃逸且无法找到;②尽管法律规定,但肇事者车辆没有投保机动车第三者责任保险;③由于肇事者的故意行为或非法行为,使其投保的保险公司拒绝赔付;④肇事者投保的保险公司破产或处于困难而无力赔付,而美国由于法定的最低限额过低,与事故实际造成的损失额往往相差过大,为此美国也设有机动车第三者责任保险的保险基金,在肇事者未曾保险、逃逸、失去清偿能力或其保险人无力赔偿时,由该保险基金予以救济。保险赔偿基金一般由各家保险公司分摊,主要来自于机动车第三者责任保险的保费收入,由保险监管部门按照此险种保费收入的一定比例提取,如英国是按 1%提取,法国是按 1.9%提取,德国是按 0.5%提取。

(5) 其他规定。

各国还针对本国的实际情况制定了与其他的国家有所不同的规定。如日本规定机动车第三者责任保险的 6%需要办理法定再保险,机动车第三者责任保险的盈余应全部作为责任准备金;韩国规定对出险率高的车辆要求由各家保险公司以共保方式承保,费率的制定各家保险公司有充分的自由权;美国对收取的机动车第三者责任保险的保费的增值非常重视,在保证资金安全的基础上投资于债券和股票;新加坡的机动车第三者责任保险的商业性很强,除了投保是强制性外,其他如费率的制定、保额的大小等条款的具体内容以及其他有关经营的事宜皆与其他的商业险种没有什么区别。

2. 我国交强险的保险费率

交强险的价格与消费者的切身利益有着紧密联系，厘定交强险的保险费率本着"不盈不亏"的原则，只考虑成本因素，不设定预期利润率。目前，交强险的保险费率厘定是以保险公司历史赔付数据为基础，在充分考虑新环境下赔偿原则、保障范围、赔偿标准、强制性要求、机动车数量增加及投保面扩大等因素对出险频率和案均赔款的影响下，测算出交强险的保险费率水平。然后由中国保监会广泛听取消费者代表、有关部委和专家的意见，综合考虑目前国民经济发展水平和消费者的承受能力，以及保险公司的经营能力，对交强险的保险费率方案进行审批。以下是对《机动车交通事故责任强制保险费率方案》（以下简称费率方案）的介绍。

本费率方案适用于经中国保监会批准的机动车交通事故责任强制保险业务。本费率方案由《机动车交通事故责任强制保险基础费率表》及说明、机动车交通事故责任强制保险费率浮动办法、保费的计算办法和解除保险合同保费计算办法等四个部分组成。

（1）《机动车交通事故责任强制保险基础费率表》及说明。

《机动车交通事故责任强制保险基础费率表》参见表 2-1。

表 2-1　机动车交通事故责任强制保险基础费率表（2008 版）

车辆大类	序　号	车辆明细分类	保费（元）
一、家庭自用车	1	家庭自用汽车 6 座以下	950
	2	家庭自用汽车 6 座及以上	1100
二、非营业客车	3	企业非营业汽车 6 座以下	1000
	4	企业非营业汽车 6～10 座	1130
	5	企业非营业汽车 10～20 座	1220
	6	企业非营业汽车 20 座以上	1270
	7	机关非营业汽车 6 座以下	950
	8	机关非营业汽车 6～10 座	1070
	9	机关非营业汽车 10～20 座	1140
	10	机关非营业汽车 20 座以上	1320
三、营业客车	11	营业出租租赁 6 座以下	1800
	12	营业出租租赁 6～10 座	2360
	13	营业出租租赁 10～20 座	2400
	14	营业出租租赁 20～36 座	2560
	15	营业出租租赁 36 座以上	3530
	16	营业城市公交 6～10 座	2250
	17	营业城市公交 10～20 座	2520
	18	营业城市公交 20～36 座	3020
	19	营业城市公交 36 座以上	3140
	20	营业公路客运 6～10 座	2350
	21	营业公路客运 10～20 座	2620
	22	营业公路客运 20～36 座	3420
	23	营业公路客运 36 座以上	4690

续表

车辆大类	序号	车辆明细分类	保费（元）
四、非营业货车	24	非营业货车2吨以下	1200
	25	非营业货车2～5吨	1470
	26	非营业货车5～10吨	1650
	27	非营业货车10吨以上	2220
五、营业货车	28	营业货车2吨以下	1850
	29	营业货车2～5吨	3070
	30	营业货车5～10吨	3450
	31	营业货车10吨以上	4480
六、特种车	32	特种车一	3710
	33	特种车二	2430
	34	特种车三	1080
	35	特种车四	3980
七、摩托车	36	摩托车50CC及以下	80
	37	摩托车50～250CC（含）	120
	38	摩托车250CC以上及侧三轮	400
八、拖拉机	39	兼用型拖拉机14.7kW及以下	按保监产险［2007］53号实行地区差别费率
	40	兼用型拖拉机14.7kW以上	
	41	运输型拖拉机14.7kW及以下	
	42	运输型拖拉机14.7kW以上	

《机动车交通事故责任强制保险基础费率表》结构、费率水平全国统一（除拖拉机和低速载货汽车）。现将该表中需说明事项明确如下。

① 机动车种类。

交强险按照机动车种类、使用性质分为家庭自用汽车、非营业客车、营业客车、非营业货车、营业货车、特种车、摩托车、拖拉机和挂车九种类型。

● 家庭自用汽车

家庭自用汽车是指家庭或个人所有，且用途为非营业性的客车。

● 非营业客车

非营业客车是指党政机关、企事业单位、社会团体、使领馆等机构从事公务或在生产经营活动中不以直接方式或间接方式收取运费或租金的客车，包括党政机关、企事业单位、社会团体、使领馆等机构为从事公务或在生产经营活动中承租且租赁期限为1年或1年以上的客车。

非营业客车分为党政机关、事业团体客车和企业客车。

用于驾驶教练、邮政公司用于邮递业务、快递公司用于快递业务的客车、警车、普通囚车、医院的普通救护车、殡葬车按照其行驶证上载明的核定载客数，适用对应的企业非营业客车的费率。

● 营业客车

营业客车是指用于旅客运输或租赁，并以直接方式或间接方式收取运费或租金的客车。

营业客车分为城市公交客车、公路客运客车、出租、租赁客车。

旅游客运车按照其行驶证上载明的核定载客数,适用对应的公路客运客车的费率。

- 非营业货车

非营业货车是指党政机关、企事业单位、社会团体自用或仅用于个人及家庭生活,不以直接方式或间接方式收取运费或租金的货车（包括客货两用车）。货车是指载货机动车、厢式货车、半挂牵引车、自卸车、电瓶运输车、装有起重机械但以载重为主的起重运输车。

用于驾驶教练、邮政公司用于邮递业务、快递公司用于快递业务的货车按照其行驶证上载明的核定载质量,适用对应的非营业货车的费率。

- 营业货车

营业货车是指用于货物运输或租赁,并以直接方式或间接方式收取运费或租金的货车（包括客货两用车）。货车是指载货机动车、厢式货车、半挂牵引车、自卸车、电瓶运输车、装有起重机械但以载重为主的起重运输车。

- 特种车

特种车是指用于各类装载油料、气体、液体等专用罐车;或用于清障、清扫、清洁、起重、装卸（不含自卸车）、升降、搅拌、挖掘、推土、压路等的各种专用机动车,或适用于装有冷冻或加温设备的厢式机动车;或车内装有固定专用仪器设备,从事专业工作的监测、消防、运钞、医疗、电视转播、雷达、X光检查等机动车;或专门用于牵引集装箱箱体（货柜）的集装箱拖头。

特种车按照其用途共分成四类,不同类型的机动车采用不同的收费标准。

特种车一：油罐车、汽罐车、液罐车。

特种车二：专用净水车、特种车一以外的罐式货车,以及用于清障、清扫、清洁、起重、装卸（不含自卸车）、升降、搅拌、挖掘、推土、冷藏、保温等的各种专用机动车。

特种车三：装有固定专用仪器设备从事专业工作的监测、消防、运钞、医疗、电视转播等的各种专用机动车。

特种车四：集装箱拖头。

- 摩托车

摩托车是指以燃料或电瓶为动力的各种两轮、三轮摩托车。

摩托车分成50CC及以下、50~250CC（含）、250CC以上及侧三轮。

正三轮摩托车按照排气量分类执行相应的费率。

- 拖拉机

拖拉机按照其使用性质分为兼用型拖拉机和运输型拖拉机。

兼用型拖拉机是指以田间作业为主,通过铰接连接牵引挂车可进行运输作业的拖拉机。兼用型拖拉机分为14.7kW及以下和14.7kW以上两种。

运输型拖拉机是指货箱与底盘一体,不通过牵引挂车可进行运输作业的拖拉机。运输型拖拉机分为14.7kW及以下和14.7kW以上两种。

低速载货汽车参照运输型拖拉机14.7kW以上的费率执行。

- 挂车

挂车是指就其设计和技术特征需机动车牵引才能正常使用的一种无动力的道路机动车。

挂车根据实际的使用性质并按照对应吨位货车的30%计算。

装置有油罐、汽罐、液罐的挂车按照特种车一的30%计算。

② 补充说明。

《机动车交通事故责任强制保险基础费率表》中各车型的座位和吨位的分类都按照"含起点不含终点"的原则来解释（表中另有说明的除外）。各车型的座位按照行驶证上载明的核定载客数计算，吨位按照行驶证上载明的核定载质量计算。

(2) 基础保费的计算。

① 一年期限基础保费的计算。

投保一年期机动车交通事故责任强制保险的，根据《机动车交通事故责任强制保险基础费率表》中相对应的金额确定基础保费。

② 短期基础保费的计算。

投保保险期间不足一年的机动车交通事故责任强制保险的，按照短期费率系数计收保费，不足一个月按一个月计算。具体为：先按照《机动车交通事故责任强制保险基础费率表》中相对应的金额确定基础保费，再根据投保期限选择相对应的短期月费率系数，两者相乘即为短期基础保费。

(3) 机动车交通事故责任强制保险基础费率浮动情况。

机动车交通事故责任强制保险基础费率浮动因素和浮动比率按照《机动车交通事故责任强制保险费率浮动暂行办法》（以下简称《暂行办法》）执行。

(4) 保费的计算办法。

 交强险最终保费＝交强险基础保费×（1＋与道路交通事故相联系的浮动比率）

(5) 解除保险合同保费计算办法。

根据《机动车交通事故责任强制保险条例》的相关规定，解除保险合同时，保险人应当按照以下标准计算退还投保人保费：

① 投保人已交纳保费，但保险责任尚未开始的，全额退还保费；

② 投保人已交纳保费，但保险责任已开始的，退回未到期责任部分保费：

退还保费＝保费×（1－已了责任天数÷保险期间天数）

如投保人甲为自己的家庭用车到某保险公司投保，保险期限为1年，投保时所交保费为1000元，因个人原因，保险合同只履行了60天甲就提出解除保险合同，保险公司应退还投保人甲的保费为［1000×（1－60÷365）］=835.62元。

3. 交强险的保险费率浮动机制

根据《条例》的相关规定，中国保监会于2007年6月下发了《暂行办法》。中国保监会通知要求，各保险公司应督促各分支机构严格执行《暂行办法》。投保人能够提供上年度未发生无责任道路交通事故证明的，各保险机构要按照《暂行办法》实行优惠费率。投保人不能提供上年度未发生无责任道路交通事故证明的，各保险机构要主动通过公司业务系统、车险信息平台或其他方式进行查询,并根据查询结果,按照《暂行办法》实行费率浮动。各保险机构不得以各种理由不执行《暂行办法》的有关规定。

根据《暂行办法》的相关规定,交强险费率与道路交通事故相挂钩,实行"奖优罚劣"的费率浮动机制。《暂行办法》的实施对促进驾驶人提高道路交通安全意识、预防减少道路交通事故发挥了积极作用。

(1) 费率浮动标准。

交强险与交通违法相联系的费率因素及比率如下所述。

上一个年度未发生有责任道路交通事故,续保时费率下浮 10%;上两个年度未发生有责任道路交通事故,续保时费率下浮 20%;上三个及以上年度未发生有责任道路交通事故,续保时费率下浮 30%。

上一个年度有交通违法记录,或发生违法行为次数达不到有关上浮标准的,不上浮费率,但也不下浮费率。

上一个年度有交通违法记录,续保时费率上浮。

(2) 其他情况的交强险费率标准。

当年初次登记的新车、当年所有权变更登记的在用车,按照国家规定的基准费率投保。

摩托车、拖拉机不再进行费率浮动,按照国家规定的基准费率投保。

(3) 交强险费率浮动计算公式。

$$交强险保费 = 基准费率 \times (1 \pm 费率系数)$$

(4) 基准费率。

基准费率是指国家公布的各种不同使用性质的机动车交强险费率。

计算公式中的费率系数等于 2007 年 7 月 1 日全国统一实行的交通事故相联系的浮动系数加上调整后的与交通违法记录相联系的浮动系数。

2.2 机动车商业保险险种与费率

2.2.1 机动车商业保险险种概况

1. 机动车商业保险险种改革历程

机动车商业保险险种分为基本险和附加险两部分。基本险是机动车使用过程中大多数机动车使用者经常面临的风险给予保障。附加险是对基本险保险责任的补充,其承保的一般是基本险不予承保的自然灾害和意外事故。附加险不能单独承保,必须投保相应的基本险后才能承保。随着机动车辆保险业的发展,基本险险种、附加险险种都不断地进行补充丰富或改革创新,使险种数量及其保障内容都大大增加。

2003 年前,我国实行严格的机动车辆保险条款管理制度,各家保险公司统一实行 2000 年由中国保监会颁布的条款,其险种数量有限(参见表 2-2)。

表2-2 2000版机动车商业保险险种

主　　险	附　　加　　险
车辆损失险 第三者责任险	全车盗抢险、玻璃单独破碎险、车辆停驶损失险、自然损失险、无过失责任险、新增设备损失险、不计免赔特约条款

为了促进我国机动车辆保险业务的发展，提高保险公司的经营管理水平和服务质量，中国保监会于2002年3月4日发布《改革机动车辆保险条款费率管理办法有关问题的通知》，规定机动车辆保险条款费率不再由中国保监会统一制定，而是由各保险公司自主制定、修改和调整，经中国保监会备案后，向社会公布使用，个性化条款自2003年1月1日起在全国范围内实施，同时，2000版机动车辆保险条款不再在全国统一执行。

经过几年的改革开放之后，为规范机动车辆保险行业，促进其有序竞争和良性发展，我国在2006年7月1日开始施行由保险行业协会统一制定的A、B、C三套条款，各家保险公司任选其一（天平汽车保险公司除外），A、B、C三套条款只是对处理损失保险和机动车第三者责任强制保险两个主要险种的条款进行了统一，其他险种的条款由各家保险公司自己制定，保监会备案即可。2006版A、B、C三套条款的险种构成参见表2-3。

表2-3 2006版A、B、C三套条款的险种构成

A款险种构成	B款险种构成	C款险种构成
机动车第三者责任保险 家庭自用汽车损失保险 非营业用汽车损失保险 营业用汽车损失保险 摩托车、拖拉机保险 特种车保险	机动车第三者责任保险 家庭自用车损失保险	机动车第三者责任保险 家庭自用车损失保险

2006年下半年以来市场的运营结果表明，行业条款的出台对投保人理解机动车辆保险条款、规范机动车辆保险市场有非常积极的作用。为了进一步解决运行中出现的新问题，中国保险行业协会专门成立了机动车辆保险行业条款开发项目组，在2006版行业产品的基础上进行修订和扩充，除了险种的增加和费率等内容的微调，2007年新版机动车辆保险行业条款还在文字表述上进行了修改和完善，对于条款约定不明确、实务中易引起纠纷的内容，新版机动车辆保险行业条款对费率调节系数进行了简化和规范。

2007年4月1日起，正式启用由中国保险行业协会牵头开发的2007版A、B、C三套条款，国内经营机动车辆保险的保险公司都必须从这三套条款中选择一款经营（天平汽车保险公司除外）。与2006版相比，2007版条款涵盖险种增多，包含车辆损失险、第三者责任险、车上人员责任险、盗抢险、不计免赔率特约险、玻璃单独破碎险、车身划痕损失险和可选免赔额特约险8个险种。2007版A、B、C三套条款的险种参见表2-4。

表 2-4 2007 版 A、B、C 三套条款的险种

A 款险种构成	B 款险种构成	C 款险种构成
机动车第三者责任保险		
家庭自用汽车损失保险		
非营业用汽车损失保险		机动车损失保险
营业用汽车损失保险	商业第三者责任保险	机动车第三者责任保险
摩托车、拖拉机保险	车辆损失险	机动车车上人员责任保险
特种车保险	全车盗抢险	机动车全车盗抢损失险
机动车车上人员责任保险	车上人员责任险	摩托车、拖拉机保险
机动车盗抢保险	玻璃单独破碎险	玻璃单独破碎险条款
车上人员责任险	车身划痕损失险	车身油漆单独损伤险条款
玻璃单独破碎险	基本险不计免赔率特约条款	车损免赔额特约条款
车身划痕损失险		基本险不计免赔率特约条款
可选免赔额特约条款		
不计免赔率特约条款		

2. 机动车辆保险条款的内容构成

2007 版 A、B、C 条款中机动车辆保险险种内容构成的表现手法不尽相同,但其内容实质基本一致,都是把合同相关事项和双方当事人的权利和义务给予明确。现以 A 款为例简单介绍条款内容构成,A 款各险种由以下 12 项内容构成。

（1）总则。

总则主要阐述机动车辆保险合同的形式组成、机动车辆保险标的的种类和机动车辆保险合同的性质等。机动车辆保险合同由条款、投保单、保险单、批单和特别约定条款共同组成。凡涉及该项合同的约定,均应采用书面形式。

（2）保险责任。

保险责任主要阐述保险公司承担保险金赔偿责任的范围。

（3）责任免除。

责任免除主要阐述保险公司不承担保险金赔偿责任的范围,是对保险责任的限制。投保人、被保险人必须要熟悉此部分内容,避免产生投保误解,或因某些不当行为造成不能享有保障权利。

（4）保险金额和责任限额。

保险金额和责任限额主要阐述保险金额和责任限额的确定方式。

（5）保险期限。

保险期限主要阐述机动车辆保险合同的起止时间,一般为 1 年,需在保险单中载明具体起止时间点。短期保险一般按照短期月费率计算保费。短期月费率表参见表 2-5。

表 2-5 短期月费率表

保险期间（月）	1	2	3	4	5	6	7	8	9	10	11	12
短期月费率(年保费的%)	10	20	30	40	50	60	70	80	85	90	95	100

（6）保险人的义务。

保险人的义务主要阐述保险公司应当履行的义务，一般包括条款说明、及时查勘、及时定损、迅速赔偿和替保户保密等。

（7）投保人、被保险人的义务。

投保人、被保险人的义务主要阐述投保人、被保险人在保险期限内按照保险合同的约定应当履行的义务，一般包括如实告知、及时交费、出险报案、协助查勘和提高索赔证明资料等。

（8）赔偿处理。

赔偿处理主要阐述赔偿方式、赔偿免赔率和被保险人索赔时应当提供的单证等。

（9）保费调整。

保费调整主要阐述投保人在下一年度续保时享受无赔款优惠的比例等。

（10）合同变更和终止。

合同变更和终止主要阐述由于保险标的的转让或相关事项改变，必须办理变更、合同终止如何扣除或退还保费等方面的工作，一旦保险合同发生变更或终止时，保险人会相应地扣除或退还保费给被保险人或者受益人。

在保险责任期间内，被保险机动车转让给他人的，投保人应当书面通知保险人并办理批改手续。转让时应以转移所有权为目的，处分被保险机动车的行为。被保险人以转移所有权为目的，将被保险机动车交付他人，但未按规定办理转移（过户）登记的，视为转让。

保险责任开始前，投保人要求解除保险合同的，应当向保险人支付应交保费5%的退保手续费，保险人应当退还保费。保险责任开始后，投保人要求解除保险合同的，自通知之日起，保险合同解除；保险人按短期月费率收取自保险责任开始之日起至保险合同解除之日止的保费，并退还剩余部分保费。

（11）争议处理。

争议处理主要阐述争议解决的方式，一般分为协商、仲裁和诉讼三种方式。对因履行保险合同发生的争议，首先是当事人协商解决。当协商不成时，提交保险单载明的仲裁机构仲裁。保险单未载明仲裁机构或争议发生后未达成仲裁协议的，可以向人民法院起诉。保险合同争议处理适用中华人民共和国法律。

（12）附则。

附则主要阐述前面各项的未尽事宜以及对条款中部分术语的解释。

2.2.2 车损险

车损险是指保险车辆遭受保险责任范围内的自然灾害或意外事故，造成保险车辆本身损失，保险人依照保险合同的规定给予赔偿的一种保险。

保险合同为不定值商业保险合同，由保险条款、投保单、保险单、批改申请书、批单和特别约定组成。凡涉及保险合同的约定，均应采取书面形式。

---

① 即双方当事人在订立保险合同时不预先确定保险标的的保险价值，而是按保险事故发生时保险标的的实际价值确定保险价值的保险合同。

车损险为基本险。投保了车损险后，投保人可选择投保相应的附加险和特约条款。

基本险条款、附加险条款和特约条款的法律效力为：特约条款的法律效力高于附加险条款的法律效力，附加险条款的法律效力高于基本险条款的法律效力。附加险条款未尽事宜，以基本险条款为准；特约条款未尽事宜，以基本险条款或附加险条款为准。

保险合同中的机动车是指以动力装置驱动或者牵引、上道路行驶的供人员乘用或者用于运送物品以及进行工程专项作业的轮式车辆或履带式车辆，不含摩托车和拖拉机。

保险机动车灭失或发生全部损失、推定全损、部分损失一次赔款金额与免赔金额之和达到保险金额时，保险责任终止。

1. 保险责任

车损险的保险责任是指被保险人或其允许的合格驾驶人在使用保险车辆的过程中，保险单承担的危险发生，造成保险车辆本身损坏或者毁灭，保险人负赔偿责任。另外，为贯彻积极的防灾防损政策，减少事故损失，保险人对保险事故发生后必要的、合理的施救与保护费用一般也应负责赔偿。

所谓被保险人允许的合格驾驶人应当同时具备两个条件。一是允许，指被保险人委派、雇用、认可的车辆驾驶人。二是合格，指上述驾驶人必须持有效驾驶证，并且所驾驶车辆与驾驶证规定的准驾车类型相符；驾驶出租汽车或营业性客车的驾驶人必须具备交通运输管理部门核发的许可证书或其他必备证书，否则仍认定为不合格。只有"允许"和"合格"两个条件都具备的驾驶人在使用保险车辆发生事故造成损失时，保险人才予以赔偿。保险车辆被人私自开走，或未经机动车所有人、保险车辆所属单位主管负责人的同意，驾驶人私自许诺的人开车，均不能视为被保险人允许的驾驶人开车，此类情况发生肇事，保险人不予赔偿。

所谓使用保险车辆过程中，是指保险车辆被使用的整个过程，包括行驶和停放。

一般车损险的保险责任采用列明的方式，未列明的不属于保险责任范围，对保险责任列明可以分为意外事故和自然灾害两类。

（1）意外事故。

保险责任范围内的意外事故一般包括碰撞、倾覆、坠落、火灾、爆炸、外界物体坠落或倒塌等。

① 碰撞和倾覆。

碰撞是指保险车辆与外界物体直接接触并发生意外撞击、产生撞击痕迹的现象，包括保险车辆按规定载运货物时，所载货物与外界物体的意外撞击。

倾覆是指意外事故导致保险车辆翻倒（两轮以上离地、车体触地），处于失去正常状态和行驶能力，不经施救不能恢复行驶的状态。

② 火灾、爆炸和党政机关、事业团体用车、企业非营业用车的自燃。

火灾是指保险车辆本身以外的火源引起的、在时间或空间上失去控制的燃烧（即有热、有光、有火焰的剧烈氧化反应）所造成的灾害。

爆炸是指保险车辆以外的物体在瞬间分解或燃烧时放出大量的热和气体，并以很大的压力向四周扩散，形成破坏力，进而导致车辆损失。

自燃是指在没有外界火源的情况下，由于本车电器、线路、供油系统、供气系统等保险车辆自身原因发生故障或所载货物自身原因起火燃烧。

③ 外界物体倒塌、空中物体坠落和保险车辆行驶中坠落。

外界物体倒塌是指占有一定空间的个体倒下或陷下造成保险车辆受损。

坠落是指保险车辆在行驶过程中发生意外事故，整车腾空后下落，造成本车损失的情况。非整车腾空，仅由于颠簸造成被保险机动车损失的，不属于坠落责任。

外界物体坠落是指保险车辆以外的物体掉落到车上导致保险车辆损失。如吊车的吊物脱落及吊钩或掉臂的断落等，造成保险车辆的损失。

（2）自然灾害。

自然灾害一般包括暴风、龙卷风、雷击、雹灾、暴雨、洪水、海啸、地陷、崖崩、雪崩、泥石流、滑坡、载运车辆的渡船遭受自然灾害等危险。

① 雷击、暴风、暴雨、洪水、龙卷风、雹灾、海啸、热带风暴、地陷、崖崩、滑坡、泥石流、雪崩、冰陷、雪灾、冰凌、沙尘暴。

雷击是指由于雷电直接击中保险车辆或通过其他物体引起保险车辆损失。

暴风是指风力速度达到 28.5m／s（相当于 11 级大风）以上的大风导致保险车辆损失。

暴雨是指每小时降雨量达 16mm 以上，或连续 12h 降雨量达 30mm 以上，或连续 24h 降雨量达 50mm 以上的大雨造成保险车辆损失。

洪水是指因江河泛滥、山洪暴发、潮水上岸及倒灌，致使保险车辆遭受浸泡、淹没损失。

龙卷风是指一种范围小而时间短的猛烈旋风，平均风速在 79～103 m／s 的大风所致的保险车辆损失。

雹灾是指由于冰雹降落造成保险车辆受损。

海啸是指由于地震或风暴而造成海面巨大涨落现象，以致海水上岸泡损、淹没、冲失保险车辆。

地陷是指地壳因为自然变异、底层收缩而发生突然塌陷以及海潮、河流、大雨侵蚀时，地下有孔穴、矿穴，以致地面突然塌陷，致使保险车辆受损。

崖崩是指石崖、土崖因自然风化、雨蚀而崩裂下塌，或山上岩石滚落，或雨水使山上沙土透湿而崩塌，致使保险车辆受损。

雪崩是指由于大量的积雪突然崩落，致使保险车辆遭受损失。

滑坡是指斜坡上不稳的岩体或土体在重力作用下突然整体向下滑动造成保险车辆受损。

泥石流是指山地突然暴发饱含大量泥沙、石块的洪流造成保险车辆受损。

② 载运保险车辆的渡船遭受自然灾害。

载运保险车辆的渡船遭受自然灾害是指保险车辆在行驶途中因需跨过江河、湖泊、海峡才能恢复到道路行驶而过渡，驾驶人把保险车辆开上渡船，并随船同行把保险车辆照料到对岸，这期间因遭受自然灾害，致使保险车辆本身发生损失。

（3）施救费用。

施救费用是指发生事故时，为减少和避免保险车辆损失所施行的抢救行为而产生的费用。该费用必须是必要的、合理的,即施救行为支出的费用是直接的、必要的,并符合国家有关政策规定的。

① 保险车辆发生火灾时,被保险人或其允许的驾驶人使用他人非专业消防单位的消防设备,施救保险车辆所消耗的合理费用及设备损失应当赔偿。

② 保险车辆出险后,失去正常的行驶能力,被保险人雇用吊车及其他的车辆进行抢救的费用,以及将出险车辆拖运到修理厂的运输费用,保险人应当按照当地物价部门核准的收费标准赔付。

③ 在抢救过程中,因抢救而损坏他人的财产,如果应当由被保险人赔偿的,可予以赔偿。但在抢救时,抢救人员个人物品的丢失,不予赔偿。

④ 抢救车辆在拖运受损保险车辆途中发生意外事故造成保险车辆的损失扩大部分和费用支出增加部分,如果该抢救车辆是被保险人自己或他人义务派来抢救的,应予以赔偿;如果该抢救车辆是受雇的,则不予赔偿。

⑤ 保险车辆出险后,被保险人或其允许的驾驶人或其代表奔赴肇事现场处理所支出的费用,不予负责。

⑥ 保险人只对保险车辆的施救费用负责。如保险车辆发生保险事故后,受损保险车辆与其所装货物同时被施救,应当按照保险车辆与货物的实际价值进行比例分摊赔偿。

⑦ 保险车辆为进口车或特种车,发生保险事故后,当地确实不能修理,经保险人的同意后去外地修理的移送费,可予适当负责。但护送保险车辆者的工资和车旅费,不予负责。

⑧ 施救费用与修理费用应当分别理算。一般来说,施救前,如果施救、保护费用与修理费用相加,估计已达到或超过保险金额的,则可推定全损予以赔偿。

⑨ 保险车辆发生保险事故后,对其停车费、保管费、扣车费及各种罚款,保险人不予负责。

2. 责任免除

责任免除是指保险人不负赔偿责任的范围,保险人一般对保险车辆遭受的以下危险和损失不予赔偿。

(1) 不保危险。

① 地震、战争、军事冲突、恐怖活动、罢工、暴乱、扣押、罚没、政府征用等。

地震是指因地壳发生急剧自然变异,影响地面而发生震动的现象。

战争是指国家与国家、民族与民族、政治集团与政治集团之间为了一定的政治、经济目的而进行的武装斗争。

军事冲突是指国家或民族间在一定范围内的武装对抗。

恐怖活动是指恐怖分子制造的危害社会稳定、危及人的生命与财产安全的活动。

暴乱是指破坏社会秩序的武装骚动。

扣押是指采用强制手段来扣留保险车辆。

罚没是指司法机关或行政机关没收违法者的保险车辆,以此作为处罚。

政府征用是指政府使用行政手段有偿或无偿占用保险车辆。

扣押、罚没、政府征用既不是自然灾害,又非意外事故,所以由此造成的保险车辆损失保险人不予负责赔偿。

② 竞赛、测试。

竞赛是指保险车辆作为赛车直接参加车辆比赛活动。

测试是指对保险车辆的性能和技术参数进行测量或试验。

竞赛和测试不属于正常行驶，增加了危险性，由此造成的保险车辆损失，保险人不负责赔偿。

③ 在营业性维修场所修理、养护期间。

在营业性维修场所修理、养护期间是指保险车辆从进入维修厂（站、店）开始到保养、修理结束并验收合格提车时止，包括保养、修理过程中的测试。

④ 利用保险车辆从事违法活动。

利用保险车辆从事违法活动是指被保险人及其允许的驾驶人利用保险车辆从事法律、法规不允许的活动或经营。

⑤ 被保险人的故意行为。

交通肇事后逃逸，驾驶人、被保险人、投保人故意破坏现场、伪造现场、毁灭证据，被保险人或其允许的驾驶人的故意行为、犯罪行为。

驾驶人有下列情形之一者，均视为被保险人的故意行为：

- 饮酒、服用国家管制的精神药品或者麻醉药品；
- 无驾驶证、驾驶证失效或者被依法扣留、暂扣、吊销期间；
- 驾驶与驾驶证载明的准驾车型不相符合的机动车；
- 实习期内驾驶公共汽车、营运客车或者执行任务的警车、消防车、救护车、工程抢险车、载有危险物品的机动车或牵引挂车的机动车；
- 使用各种专用机械车、特种车的人员无国家有关部门核发的有效操作证，或驾驶出租机动车或营业性机动车无交通运输管理部门核发的许可证书或必备证书；
- 法律法规规定的其他属于无有效驾驶资格的情况。

（2）不保损失。

① 自然磨损、锈蚀、故障、本身质量缺陷；受本车所载货物撞击、腐蚀、污染造成的损失。

② 轮胎（包括钢圈）单独损坏，玻璃（不含天窗玻璃）单独破碎，车身表面油漆单独损伤，水箱或发动机单独冰冻损坏，以及新增设备的损失。

③ 保险车辆上固定的机具、设备由于其内在机械或电器故障引起的自身损失。

④ 人工直接供油、高温烘烤、不明原因产生火灾，保险责任中未列名的其他使用性质的车辆的自燃，自燃仅造成电器、线路、供油系统、供气系统的损失。

⑤ 发动机进水后导致的发动机损坏。

⑥ 保险车辆无驾驶人操作时自行滑动或被遥控启动，特种车作业中车体失去重心。

⑦ 遭受保险责任范围内的损失后，未经必要修理并检验合格继续使用，致使损失扩大的部分。

⑧ 保险车辆违反《道路交通安全法》及其他法律法规中有关机动车装载的规定。

⑨ 应由交强险赔付的损失与费用。

⑩ 律师费、诉讼费、仲裁费、罚款、罚金或惩罚性赔款，以及未经保险人事先书面同

意的检验费、鉴定费、评估费；其他不属于保险责任范围内的损失和费用，保险人不负责赔偿。

3. 保险金额

保险车辆保险金额从以下方式中选择一种。

（1）按照保险车辆的新车购置价确定。

新车购置价是指在保险合同签订地购置与保险车辆同类型新车的价格（含车辆购置税）。投保时新车购置价根据投保时保险合同签订地同类型新车市场销售价格（含车辆购置税）确定，并在保险单中载明。无同类型新车市场销售价格的，由投保人与保险人协商确定。

（2）在新车购置价内协商确定，但保险金额不能低于新车购置价的20%。

4. 保险期间

除保险合同另有约定外，保险期间均为1年，以保险单载明的起讫时间为准。

投保人一次投保期间在1年以上者，保险人将按合同签订的下一个保险年度开始时经中国保监会批准的机动车辆保险费率方案调整对应保险期间的费率。

5. 赔偿处理

作为财产保险活动的最后环节，保险赔偿是保险双方权利义务关系的核心内容，是财产保险的经济补偿职能的直接体现。赔偿处理一般包括车损险的赔偿计算、施救费用的赔偿计算、残值处理、免赔率应用等内容，还会涉及因保险事故的发生导致的保险车辆的损失。

2.2.3 商业机动车第三者责任保险

商业机动车第三者责任保险（以下简称商业三者险）与车损险不同，它以被保险人依法应对第三者承担赔偿责任作为保险标的，所以，机动车第三者责任保险属于责任保险范畴。

商业机动车第三者责任保险是指被保险人或其允许的驾驶人在使用保险机动车的过程中发生意外事故，致使第三者遭受人身伤亡或财产直接损毁，依法应当由被保险人承担的经济责任，保险公司依据保险合同的规定给予赔偿。

这里所说的"第三者"是指在保险合同中，保险人为第一方，即第一者；被保险人或投保人为第二方，即第二者；遭受人身伤害或财产损失的受害人为第三方，即第三者。

1. 保险责任

保险期间内，被保险人或其允许的合法驾驶人在使用保险机动车的过程中发生意外事故，致使第三者遭受人身伤亡或财产直接损毁，依法应当由被保险人承担的损害赔偿责任，保险人依照保险合同的约定，对于超过交强险各分项赔偿限额以上的部分负责赔偿。

2. 责任免除

以下三种情况保险人不予赔偿。

第一种情况，保险机动车造成下列人身伤亡或财产损失，不论在法律上是否应当由被保险人承担赔偿责任，保险人均不负责赔偿。

（1）被保险人及其家庭成员的人身伤亡、所有或代管的财产的损失。

被保险人或其允许的驾驶人所有或代管的财产包括被保险人或其允许的驾驶人自有的财产，或与他人共有财产的自有部分，或代替他人保管的财产。

对于有些规模较大的投保单位，"自有的财产"可以掌握在其所属各自独立核算单位的财产范围内。如某运输公司下属的甲、乙两个车队各自独立核算，由该运输公司统一投保商业三者险后，甲队的车辆撞坏甲队的财产，保险人不予负责赔偿，甲队的车辆撞坏乙队的财产，保险人可予以负责赔偿。

商业三者险在财产损失赔偿上掌握的原则是：保险人付给受害方的赔款最终不能落到被保险人的手中，但若均投保了车损险的可酌情处理。

（2）保险机动车的驾驶人及其家庭成员的人身伤亡、所有或代管的财产的损失。家庭自用车辆、个人租赁车辆的被保险人或其允许的驾驶人及其家庭成员，以及他们所有或代管的财产，具体包括以下四种情况。

① 家庭自用车辆、个人租赁车辆的被保险人的家庭成员，可根据独立经济的户口划分区别。如父母、兄弟多人，各自另立户口分居，家庭成员是指每户中的成员，而不能单纯按照是否为直系亲属来划分。夫妻分居两地，虽有两个户口，因两者在经济上并不独立，实际上是合一的，所以只能视为一个户口。

这种情况应遵循一个原则：肇事者本身不能获得赔偿，即保险人付给受害方的赔款，最终不能落到被保险人的手中。

② 家庭自用车辆、个人租赁车辆的被保险人及其家庭成员所有或代管的财产是指被保险人或其允许的驾驶人及其家庭成员自有的财产，或与他人共有财产的自有部分，或他们代替他人保管的财产。

③ 家庭自用车辆是指车辆所有权属于家庭私有的车辆，如个人和私营企业等所有的车辆。

④ 个人租赁车辆是指以个人名义租赁单位或他人的车辆。

（3）本车上其他人员的人身伤亡或财产损失。

本车上的一切人员和财产是指意外事故发生的瞬间，在本保险机动车上的一切人员和财产，包括此时在车上的驾驶人。这里包括车辆行驶中或车辆未停稳时非正常下车的人员，以及吊车正在吊装的财产。

第二种情况，保险车辆拖带未投保机动车第三者责任强制保险的车辆（含挂车）或被未投保机动车第三者责任保险的其他车辆拖带。

保险机动车拖带车辆（含挂车）或其他拖带物，两者当中至少有一个未投保商业三者险。无论是保险机动车拖带未保险机动车，还是未保险机动车拖带保险机动车，都属于保险机动车增加危险程度，超出了保险责任正常所承担的范围，故由此产生的任何损失，保险人不予赔偿（公安机关交通管理部门的清障车拖带障碍车不在此列）。但拖带车辆和被拖带车辆均投保了车损险的，发生车损险责任范围内的损失时，保险人应对保险机动车损失部分负赔偿责任。

第三种情况，下列损失和费用，保险人不负责赔偿。

（1）保险机动车发生意外事故，致使被保险人或第三者停业、停驶、停电、停水、停气、停产、通信中断的损失以及其他各种间接损失。

保险机动车发生保险事故受损后,丧失行驶能力,从受损到修复这一期间,被保险人停止营业或不能继续运输等损失,保险人均不负责赔偿。

保险机动车发生意外事故致使第三者营业停止、车辆停驶、生产或通信中断和不能正常供电、供水、供气的损失以及由此而引起的其他人员、财产或利益的损失,不论在法律上是否应当由被保险人负责,保险人都不负责赔偿。

(2)精神损害赔偿是指因保险事故引起的、无论是否依法应由被保险人承担的任何有关精神损害的赔偿。

3. 责任限额的确定

商业三者险每次事故的最高赔偿限额是保险人计算保费的依据,同时也是保险人承担商业三者险每次事故赔偿金额的最高限额。

(1)每次事故的责任限额,由投保人和保险人在签订保险合同时按5万元、10万元、20万元、50万元、100万元和100万元以上不超过1000万元的档次协商确定。商业三者险的每次事故的最高赔偿限额应根据不同车辆种类选择确定,确定方式如下。

① 在不同区域内,摩托车、拖拉机的最高赔偿限额分:2万元、5万元、10万元和20万元四个档次;摩托车、拖拉机的每次事故最高赔偿限额因不同区域其选择原则是不同的,与《汽车保险费率规章》有关摩托车、拖拉机定额保单销售区域的划分相一致。即广东、福建、浙江、江苏4省,直辖市(北京、上海、天津、重庆),计划单列市(深圳、厦门、宁波、青岛、大连),各省省会城市,各自治区首府城市属于A类,最低选择5万元;其他区域属于B类,最低选择2万元。

② 除摩托车、拖拉机外的其他机动车商业三者险的最高赔偿限额分为:5万元、10万元、20万元、50万元、100万元和100万元以上六个档次,且最高不超过1000万元。如6座以下客车分为5万元、10万元、20万元、50万元、100万元及100万元以上不超过1000万元等档次,供投保人和保险人在投保时自行协商选择确定。

(2)主车与挂车连接时发生保险事故,保险人在主车的责任限额内承担赔偿责任。发生保险事故时,挂车引起的赔偿责任视同主车引起的赔偿责任。保险人对挂车赔偿责任与主车赔偿责任所负赔偿金额之和,以主车赔偿限额为限。

注意,挂车投保后与主车视为一体,是指主车和挂车都必须投保了商业三者险,而且是主车拖带挂车。无论赔偿责任是否是由挂车引起的,均视同是由主车引起的,保险人商业三者险的总赔偿责任以主车赔偿限额为限。主车、挂车在不同的保险公司投保的,发生保险事故后,被保险人应当向承保主车的保险公司索赔,还应当提供主车、挂车各自的保险单。两家保险公司按照所收取的保险单上载明的商业三者险保费比例分摊赔偿。

4. 赔偿处理

(1)免赔率的规定。

根据保险机动车驾驶人在事故中所负责任,保险人在保险单载明的责任限额内按照下列免赔率免赔。

① 负全部责任的免赔率为20%,负主要责任的免赔率为15%,负同等责任的免赔率

为10%，负次要责任的免赔率为5%。

② 违反安全装载规定的，增加免赔率10%。

（2）商业三者险的赔偿。

保险事故发生后，保险人按照《道路交通事故处理办法》规定的赔偿范围、项目和标准以及保险合同的约定在保险单载明的责任限额内核定赔偿金额。

未经保险人书面同意，被保险人自行承诺或支付的赔偿金额，保险人有权重新核定。不属于保险人赔偿范围或超出保险人应赔偿金额的，保险人不承担赔偿责任。

商业三者险的赔偿依据和赔偿标准如下。

① 保险机动车发生商业三者险事故时，应当依据我国现行《道路交通事故处理办法》规定的赔偿范围、项目和标准以及保险合同的规定处理。

② 根据保险单载明的责任限额内核定赔偿金额。

- 当被保险人按事故责任比例应付的赔偿金额超过责任限额时：

$$赔款＝责任限额×（1－免赔率）$$

- 当被保险人按事故责任比例应付的赔偿金额低于责任限额时：

$$赔款＝应负赔偿金额×（1－免赔率）$$

③ 自行承诺或支付的赔偿金额是指不符合《道路交通事故处理办法》规定的赔偿范围、项目和标准以及保险合同的规定，且事先未征得保险人同意，被保险人擅自同意承担或支付的赔款。

（3）一次性赔偿原则。

赔款金额经保险人与被保险人协商确定后，对被保险人追加的索赔请求，保险人不承担赔偿责任。商业三者险应当遵循一次性赔偿结案的原则，保险人对商业三者险事故赔偿结案后，对被保险人追加受害人的任何赔偿费用不再负责赔偿。

（4）保险的连续责任。

被保险人获得赔偿后，保险合同继续有效，直至保险期限届满。商业三者险的保险责任为连续责任。保险机动车发生商业三者险，保险人赔偿后，无论每次事故是否达到保险责任限额，在保险期限内，商业三者险的保险责任仍然有效，直至保险期满。

5. 其他

商业三者险免赔率规定、残值的处理、责任比例确定和代位追偿等内容基本同于车损险部分的规定。关于商业三者险的保险期限、合同双方的义务、保费调整、合同变更、合同解除和争议处理等内容同于车损险的规定。

2.2.4 机动车车上人员责任险

1. 投保范围

被保险机动车的车上人员是指发生意外事故的瞬间，在符合国家有关法律法规允许搭乘人员的被保险机动车车体内或车体上的人员，包括正在上下车的人员。

2. 保险责任

被保险人或其允许的合格驾驶人在使用被保险机动车的过程中，发生意外事故，致使被保险机动车所载货物遭受直接损毁或车上人员的人身伤亡，依法应由被保险人承担的经济赔偿责任，以及被保险人为减少损失而支付的必要合理的施救和保护费用，保险人在保险单所载明的赔偿限额内负责赔偿。

3. 责任免除

由于以下原因引起的损失，保险人不负责赔偿：
（1）货物遭哄抢、自然损耗、本身缺陷、短少、死亡、腐烂、变质以及动物走失或飞失；
（2）违法载运或因包装、紧固不牢、装载、遮盖不当造成的货物损失；
（3）车上人员携带的私人物品、违章搭乘的人员或违章所载货物；
（4）车载货物自车上掉落造成被保险机动车及货物本身的损失；
（5）因疾病、分娩、自残、殴斗、自杀、犯罪行为所致的人身伤亡和货物损失；
（6）被保险人或其家庭成员在车上时遭受的任何伤害；
（7）车上人员在车下时所受的人身伤亡。

4. 赔偿限额

车上承运货物的赔偿限额和车上人员每人的最高赔偿限额由投保人在投保时与保险人协商确定。投保座位数以被保险机动车的核定载客数为限。

5. 赔偿处理

（1）车上人员伤亡按《最高人民法院关于审理人身损害赔偿案件适用法律若干问题的解释》（法释〔2003〕20号）规定的赔偿范围、项目和标准以及保险合同的规定计算赔偿，但每人最高赔偿金额不得超过保险单载明的本保险每座赔偿限额，最高赔偿人数以投保座位数为限。如果出险时车上实载人数超过核定载客数时，保险人按投保座位数与实载人数的比例承担赔偿责任。

（2）承运的货物发生保险责任范围内的损失，保险人按起运地价格在赔偿限额内负责赔偿。

（3）每次赔偿均实行相应的免赔率。

2.2.5 全车盗抢险

全车盗抢险（以下简称盗抢险）是指保险车辆（含投保的挂车）全车被盗窃、被抢劫、被抢夺，以及在被盗窃、被抢劫、被抢夺的过程中受到损坏或车上零部件、附属设备丢失造成的修理费用等。

根据各保险公司的保险条款，盗抢险是指保险车辆全车被盗窃、被抢劫、被抢夺，经县级以上公安刑侦部门立案侦查证实满一定时间（大部分为 3 个月，中国人保的条款为60天）没有下落的，由保险人在保险金额内予以赔偿。

盗抢险是附加险的一种，必须在投保了车损险之后方可投保该险种。

需要注意的是，盗抢险的保险标的是"全车"，因此如果仅仅是某些零部件被盗抢（如被盗一只轮胎）或车内的其他财产被盗抢（如后备箱内的东西丢失），保险公司均不负责赔偿。

但是，对于保险车辆被盗抢期间内，保险车辆上零部件的损坏、丢失，保险公司一般负责赔偿。当然，这是指在被盗抢车辆最后被追回的情况下，否则，保险公司应按约定赔偿全车损失。

另外，在被盗窃、被抢劫、被抢夺期间，保险车辆发生交通事故造成第三者人身伤亡或者财产损失的，保险公司也不负责赔偿。当然，根据最高人民法院有关司法解释，这种情况下被保险人也不承担赔偿责任，而应由肇事人（大多数情况下为实施盗抢的犯罪嫌疑人，也可能是犯罪嫌疑人指派的其他人员）负责赔偿。

2.2.6　附加险

1. 玻璃单独破碎险

（1）保险责任。

投保了玻璃单独破碎险的机动车在被保险人或其允许的合法驾驶人使用过程中，发生本车玻璃（不含天窗玻璃）单独破碎，保险人按照保险合同约定在实际损失金额内计算赔偿。

投保人在与保险人协商的基础上，自愿按进口玻璃或国产玻璃选择投保，保险人根据其选择承担相应赔偿责任。

（2）责任免除。

① 安装过程中造成的玻璃破碎。

② 灯具、车窗玻璃的破碎。

③ 其他不属于保险责任范围内的损失和费用。

2. 车身划痕损失险

车身划痕损失险是指在投保了车损险的基础上才可以投保的附加险。本附加险条款与基本险条款不一致的，以本附加险条款为准；本附加险条款没有规定的，适用基本险条款的规定。

（1）保险责任。

无明显碰撞痕迹的车身表面油漆单独损伤，保险人负责赔偿。

（2）责任免除。

被保险人及其家庭成员、驾驶人及其家庭成员的故意行为造成的损失。

（3）保险金额。

保险金额为 2000 元、5000 元、1 万元或 2 万元，由投保人和保险人在投保时协商确定。

（4）赔偿处理。

在保险金额内按实际修理费用计算赔偿。每次赔偿实行 15% 的免赔率。在保险期间内，累计赔款金额达到保险金额，本附加险保险责任终止。

3. 自燃损失险

在投保了家庭自用汽车损失险或营业用汽车损失险的基础上方可投保自燃损失险。

（1）保险责任。

投保了自燃损失险的被保险机动车在使用过程中，因本车电器、线路、供油系统发生故障及运载货物自身原因起火燃烧，造成被保险机动车的损失，以及被保险人在发生本保险事故时，为减少被保险机动车损失所支出的必要合理的施救费用，保险人在保险单该项目所载明的保险金额内，按被保险机动车的实际损失计算赔偿；发生全部损失的按出险时被保险机动车实际价值在保险单该项目所载明的保险金额内计算赔偿。

（2）责任免除。

对下列原因造成的损失，保险人不承担赔偿责任：

① 被保险人在使用被保险机动车的过程中，因人工直接供油、高温烘烤等违反车辆安全操作规则造成的损失；

② 因自燃原因造成电器、线路、供油系统的损失；

③ 运载货物自身的损失；

④ 被保险人的故意行为或违法行为造成被保险机动车的损失。

（3）保险金额。

由投保人和保险人在被保险机动车的实际价值内协商确定。

（4）赔偿处理。

根据保险事故，保险人按以下规定赔偿：

① 全车损失，按家庭自用汽车损失险或营业用汽车损失险有关规定计算赔偿；

② 部分损失，按实际修理费用，在保险金额以内计算赔偿；

③ 当部分损失的修理费用与残值、免赔金额之和达到车辆的出险时实际价值，保险人按照被保险机动车的实际全损来处理。

自燃损失险每次赔偿均实行20%的绝对免赔率。

4．新增加设备损失险

只有在投保了车损险的基础上方可投保新增加设备损失险。

（1）保险责任。

投保了新增加设备损失险的保险车辆在使用的过程中，发生车损险责任范围内的事故，造成车上新增设备的直接损毁，保险人在保险单该项目所载明的保险金额内，按实际损失计算赔偿。

（2）保险金额。

保险金额以新增设备的实际价值确定。

（3）赔偿处理。

新增加设备损失险每次赔偿均实行绝对免赔率，每次赔偿的免赔率以本条款所对应的基本险条款规定为准。

（4）其他事项。

新增加设备损失险所指的"新增加设备"是指保险车辆出厂时原有各项设备以外，被保险人另外加装的设备及设施。办理新增加设备损失险时，应当列明车上新增设备明细表及价格。

5. 不计免赔率特约条款

（1）保险责任。

经特别约定，保险事故发生后，按照对应投保的险种规定的免赔率计算的，应当由被保险人自行承担的免赔金额部分，保险人负责赔偿。

（2）责任免除。

下列情况下，应当由被保险人自行承担的免赔金额，保险人不负责赔偿：

① 车损险中应当由第三方负责赔偿而无法找到第三方的；

② 被保险人根据有关法律法规规定选择自行协商方式处理交通事故，但不能证明事故原因的；

③ 因违反安全装载规定而增加的费用；

④ 投保时指定驾驶人，保险事故发生时为非指定驾驶人使用被保险机动车而增加的费用；

⑤ 投保时约定行驶区域，保险事故发生在约定行驶区域以外而增加的费用；

⑥ 因保险期间内发生多次保险事故而增加的费用；

⑦ 发生全车盗抢险规定的全车损失保险事故时，被保险人未能提供《机动车行驶证》、《机动车登记证书》、机动车来历凭证、车辆购置税完税证明（车辆购置附加费缴费证明）或免税证明而增加的费用；

⑧ 可附加本条款但未选择附加本条款的险种规定的；

⑨ 不可附加本条款的险种规定的。

新增加设备损失险条款适用于全部基本险的附加险条款。

2.2.7 机动车商业保险费率

保险费率是指按照保险金额计算保费的比例。以财产保险中的机动车商业保险为例，它是根据保险标的的种类、危险可能性的大小、存放地点的好坏、可能造成损失的程度以及保险期限等条件来考虑的。计算保险费率的保险金额单位一般以每千元为单位，即每千元保险金额应交多少保费，通常以‰来表示。

保险金额又称保额，是指保险合同双方当事人约定的保险人于保险事故发生后应赔偿（给付）保险金的限额，它是保险人据以计算保险费的基础。

保险费又称保费，是指投保人参加保险时所交付给保险人的费用。

1. 费率的构成

保险费率是由纯费率和附加费率两个部分组成。这两部分费率相加叫做毛费率，即为保险人向被保险人计收保费的费率。纯费率也称净费率，是保险费率的主要部分，它是根据损失概率确定的。按纯费率收取的保费叫纯保费，用于保险事故发生后对被保险人进行赔偿和给付。附加费率是保险费率的次要部分，按照附加费率收取的保费叫附加保费。它是以保险人的营业费用为基础计算的，用于保险人的业务费用支出、手续费支出以及提供部分保险利润等。

纯保险费率＝保险额损失率＋稳定系数

保险额损失率＝保险赔款总额÷总保险金额×1000‰

附加费率＝（保险业务经营的各项费用＋适当的利润）÷纯保险收入总额

2. 费率厘定的基本原则

根据保险价格理论来厘定保险费率是依据不同的保险标的的危险程度来确定的。保险人在厘定机动车辆保险费率时应当遵循一些基本原则。具体而言，厘定保险费率的基本原则为充分、公平、合理、稳定灵活以及促进防损的原则。

（1）充分性原则。

充分性原则是指所收取的保险费足以支付保险金的赔付及合理的营业费用、税收和保险公司的预期利润，充分性原则的核心是保证保险人有足够的偿付能力。

（2）公平性原则。

公平性原则是指一方面保费收入必须与预期的支付相对称；另一方面被保险人所负担的保费应当与其所获得的保险权利相一致，保费的多寡应与保险的种类、保险期限、保险金额、被保险人的年龄、性别等相对称，风险性质相同的被保险人应当承担相同的保险费率，风险性质不同的被保险人，则应承担有差别的保险费率。

（3）合理性原则。

合理性原则是指保险费率应当尽可能合理，不可因保险费率过高而使保险人获得超额利润。

（4）稳定灵活原则。

稳定灵活原则是指保险费率应当在一定时期内保持稳定，以保证保险公司的信誉；同时，也要随着风险的变化、保险责任的变化和市场需求等因素的变化而调整，具有一定的灵活性。

（5）促进防损原则。

促进防损原则是指保险费率的制定有利于促进被保险人加强防灾防损，对防灾工作做得好的被保险人降低其费率；对无损或损失少的被保险人，实行优惠费率；而对防灾防损工作做得差的被保险人实行高费率或续保加费。

3. 费率模式

费率模式分为从车费率模式和从人费率模式两种。

（1）从车费率模式。

从车费率模式是指在确定保险费率的过程中主要以保险车辆的风险因子作为影响费率确定因素的模式。

目前，我国采用的机动车辆保险的费率模式就属于从车费率模式。影响从车费率的主要因素是保险车辆有关的风险因子。

现行的机动车辆保险费率体系中影响费率的主要变量为车辆的使用性质、车辆生产地和车辆的种类：

① 根据车辆的使用性质划分为营业性车辆与非营业性车辆；

② 根据车辆的生产地划分为进口车辆与国产车辆；

③ 根据车辆的种类划分为车辆种类与吨位。

除了上述的三个主要的从车因素外，现行的机动车辆保险费率还将车辆行驶的区域作为机动车辆保险的风险因子，即按照车辆使用的不同地区，适用不同的费率，如在深圳和大连采用专门的费率。

从车费率模式具有体系简单、易于操作的特点，同时，由于我国在一定的历史时期被保险车辆绝大多数是"公车"，驾驶人与保险车辆不存在必然的联系，也就不具备采用从人费率模式的条件。随着经济的发展和人民生活水平的提高，机动车逐渐进入家庭，2003年各保险公司制定并执行的机动车辆保险条款，就开始采用从人费率模式。

从车费率模式的缺陷是显而易见的，因为在机动车的使用过程中对于风险的影响起到决定因素的是与车辆驾驶人有关的风险因子。尤其是将机动车辆保险特有的无赔偿优待与车辆联系，而不是与驾驶人联系，显然不利于调动驾驶人的主观能动性，其本身也与设立无赔偿优待制度的初衷相违背。

（2）从人费率模式。

从人费率模式是指在确定保险费率的过程中以保险车辆驾驶人的风险因子作为影响费率确定因素的模式。

目前，大多数国家采用的机动车辆保险的费率模式均属于从人费率模式。影响从人费率的主要因素是与保险车辆驾驶人有关的风险因子。

各国采用的从人费率模式考虑的风险因子也不尽相同，主要有驾驶人的年龄、性别、驾驶年限和安全行驶记录等。

① 根据驾驶人的年龄划分。

通常将驾驶人按照年龄划分为三组，第一组是初学驾驶，性格不稳定，缺乏责任感的年轻人；第二组是具有一定驾驶经验，生理和心理条件均较为成熟，有家庭和社会责任感的中年人；第三组是与第二组情况基本相同，但年龄较大，所以，反应较为迟钝的老年人。通常认为第一组驾驶人为高风险人群，第三组驾驶人为次高风险人群，第二组驾驶人为低风险人群。至于三组人群的年龄段划分是根据各国的不同情况确定的。

② 根据驾驶人的性别划分。

研究表明，女性群体的驾驶倾向较为谨慎，为此，相对于男性她们为低风险人群。

③ 根据驾驶人的驾龄划分。

驾龄的长短可以从一个侧面反映驾驶人的驾驶经验，通常认为从初次领证后的1～3年为事故多发期。

④ 根据安全记录划分。

安全记录可以反映驾驶人的驾驶心理素质和对待风险的态度，经常发生交通事故的驾驶人可能存在某一方面的缺陷。

从以上对比和分析可以看出从人费率模式相对于从车费率模式具有更科学和合理的特征，所以，我国正在积极探索，逐步将从车费率模式过渡到从人费率模式。

4. 费率表的使用

以机动车商业保险行业基本费率表（2007版A款）所规定的各险种费率表为例介绍。

商业三者险、机动车损失险、车上人员责任险、盗抢险、玻璃单独破碎险、车身划痕损失险、不计免赔率特约条款等的费率表分别参见表2-6至表2-10。

机动车辆保险与理赔

（1）第三者责任保险。

按照被保险人类别、车辆用途、座位数／吨位数／排量／功率、责任限额直接查找保费。

① 表 2-6 中，特种车一为油罐车、气罐车、液罐车；特种车二为专用净水车、特种车一以外的罐式货车，以及用于清障、清扫、清洁、起重、装卸（不含自卸车）、升降、搅拌、挖掘、推土、冷藏、保温等的各种专用机动车；特种车三为装有固定专用仪器设备从事专业工作的监测、消防、运钞、医疗、电视转播等的各种专用机动车；特种车四为集装箱拖头。

② 表 2-6 中，涉及分段的陈述按"含起点不含终点"的原则来解释。如"6 座以下"的含义为少于 6 座且不包含 6 座；"6～10 座"的含义为 6 座以上 10 座以下，包含 6 座，但不包含 10 座；"10 万以下"不包含 10 万；"10 万～20 万"包含 10 万，不包含 20 万；"20 万以上"包含 20 万。

【例 2-1】 一辆北京地区的家庭自用轿车（5 座位，车龄 1 年以下）投保商业三者险（参见表 2-6），责任限额 10 万元，试计算保费。

按照家庭自用轿车、6 座以下、责任限额 10 万元的情况，查询表 2-6，得到保费为 877 元。因此该车的商业三者险的保费为 877 元。

表 2-6 机动车商业保险行业基本费率表（2007 版 A 款）

——第三者责任保险（北京）

家庭自用汽车与非营业用车		责任限额／元						
		5 万元	10 万元	15 万元	20 万元	30 万元	50 万元	100 万元
家庭自用汽车	6 座以下	607	877	999	1087	1226	1472	1917
	6～10 座	562	792	895	965	1081	1287	1676
	10 座以上	562	792	895	965	1081	1287	1676
企业非营业客车	6 座以下	668	942	1065	1148	1287	1531	1994
	6～10 座	620	883	1001	1083	1216	1453	1892
	10～20 座	731	1044	1186	1284	1445	1727	2249
	20 座以上	856	1262	1449	1585	1799	2172	2829
党政机关事业团体非营业客车	6 座以下	568	801	905	976	1093	1301	1695
	6～10 座	544	766	866	935	1047	1245	1622
	10～20 座	650	915	1034	1115	1249	1487	1936
	20 座以上	893	1257	1422	1533	1717	2044	2661
非营业货车	2t 以下	775	1092	1235	1332	1491	1775	2313
	2～5t	1014	1466	1671	1817	2052	2463	3209
	5～10t	1276	1819	2065	2235	2513	3004	3911
	10t 以上	1758	2477	2801	3020	3382	4027	5243
	低速载货汽车	660	929	1050	1132	1268	1509	1966
出租、租赁营业客车	6 座以下	1307	1974	2294	2510	2913	3691	4855
	6～10 座	1312	1981	2302	2519	2922	3704	4872
	10～20 座	1388	2128	2486	2735	3190	4064	5345
	20～36 座	1866	2946	3474	3857	4538	5831	7671
	36 座以上	2995	4626	5418	5973	6982	8912	11723
城市公交营业客车	6～10 座	1270	1916	2227	2437	2827	3583	4714
	10～20 座	1414	2134	2480	2714	3149	3990	5248
	20～36 座	1961	3015	3525	3880	4528	5772	7593
	36 座以上	2707	4276	5043	5598	6587	8464	11133

续表

营业用车与特种车		5万元	10万元	15万元	20万元	30万元	50万元	100万元
公路客运营业用车	6~10座	1243	1875	2180	2385	2767	3507	4612
	10~20座	1384	2089	2429	2657	3082	3906	5139
	20~36座	2036	3074	3573	3910	4535	5748	7561
	36座以上	3055	4611	5359	5864	6803	8622	11340
营业货车	2t以下	1219	1901	2237	2463	2900	3635	4747
	2~5t	1962	3060	3599	3963	4666	5850	7640
	5~10t	2251	3511	4131	4549	5356	6714	8769
	10t以上	3086	4813	5662	6235	7341	9202	12018
	低速载货汽车	1036	1615	1900	2093	2463	3088	4034
营业用车与特种车		5万元	10万元	15万元	20万元	30万元	50万元	100万元
特种车	特种车型一	2834	4539	5387	5983	7104	8980	11728
	特种车型二	1363	1755	1983	2193	2658	3482	5131
	特种车型三	624	817	927	1031	1253	1647	2413
	特种车型四	2693	4312	5117	5983	7459	9429	12315
摩托车与拖拉机		5万元	10万元	15万元	20万元	30万元	50万元	100万元
摩托车	50CC及以下	37	48	55	61	73	96	139
	50~250CC（含）	51	69	78	88	106	140	205
	250CC以上及侧三轮	88	112	126	140	169	218	318
拖拉机	兼用型拖拉机14.7kW及以下	77	97	108	116	127	148	193
	兼用型拖拉机14.7kW以上	211	268	301	325	358	420	547
家庭自用汽车与非营业用车		5万元	10万元	15万元	20万元	30万元	50万元	100万元
拖拉机	运输型拖拉机14.7kW及以下	186	232	259	279	306	357	463
	运输型拖拉机14.7kW以上	305	387	435	469	517	606	791
备注	1. 挂车根据实际的使用性质并按照对应吨位货车的30%计算。2. 如果责任限额为100万元以上，则保险费＝$A+0.9×N×(A-B)$，式中 A 指同档次限额为100万元时的保险费，B 指同档次限额为50万元的保险费；$N=$（限额－100万元）/50万元，限额必须是50万元的整数倍。							

（2）车损险。

按照被保险人类别、车辆用途、座位数/吨位数/排量/功率、车辆使用年限所属档次查找基础保费和费率。

$$保费＝基础保费＋保险金额×费率$$

【例2-2】 假定北京地区的某7座企业非营业客车投保车损险，车龄为不到1年，保险金额为18万元，试计算保费。

按照企业营业客车、6~10座、车龄为1年以下的情况，查询表2-7，得到对应的基础保费为402元，费率为1.05%，则该车辆的保费＝402元＋180000元×1.05%＝2292元。

机动车辆保险与理赔

表 2-7　机动车商业保险行业基本费率表（2007 版 A 款）

——机动车损失险（北京）

家庭自用汽车与非营业用车		1年以下		1～2年		2～6年		6年以上	
		基础保费/元	费率	基础保费/元	费率	基础保费/元	费率	基础保费/元	费率
家庭自用汽车	6座以下	539	1.28%	513	1.22%	508	1.21%	523	1.24%
	6～10座	646	1.28%	616	1.22%	609	1.21%	628	1.24%
	10座以上	646	1.28%	616	1.22%	609	1.21%	628	1.24%
企业非营业客车	6座以下	335	1.11%	319	1.06%	316	1.05%	325	1.08%
	6～10座	402	1.05%	383	1.00%	379	0.99%	390	1.02%
	10～20座	402	1.13%	383	1.08%	379	1.07%	390	1.10%
	20座以上	419	1.13%	399	1.08%	395	1.07%	407	1.10%
党政机关、事业团体非营业客车	6座以下	259	0.86%	247	0.82%	245	0.81%	252	0.84%
	6～10座	311	0.82%	296	0.78%	293	0.77%	302	0.79%
	10～20座	311	0.86%	296	0.82%	293	0.81%	302	0.84%
	20座以上	324	0.86%	309	0.82%	306	0.81%	315	0.84%
非营业货车	2t以下	254	0.98%	242	0.93%	240	0.92%	247	0.95%
	2～5t	328	1.26%	312	1.20%	309	1.19%	318	1.22%
	5～10t	358	1.38%	341	1.31%	338	1.30%	348	1.34%
	10t以上	236	1.67%	225	1.59%	223	1.58%	229	1.63%
	低速载货汽车	216	0.83%	206	0.79%	204	0.78%	210	0.81%
营业用车与特种车		2年以下		2～3年		3～4年		4年以上	
		基础保费/元	费率	基础保费/元	费率	基础保费/元	费率	基础保费/元	费率
出租、租赁营业客车	6座以下	692	1.73%	685	1.71%	678	1.69%	692	1.73%
	6～10座	826	1.68%	817	1.67%	809	1.65%	826	1.68%
	10～20座	804	1.45%	796	1.43%	788	1.42%	804	1.45%
	20～36座	766	1.49%	758	1.48%	751	1.46%	766	1.49%
	36座以上	2066	1.49%	2045	1.48%	2025	1.46%	2066	1.49%
城市公交营业客车	6～10座	706	1.39%	699	1.38%	692	1.36%	706	1.39%
	10～20座	688	1.20%	681	1.19%	674	1.17%	688	1.20%
	20～36座	657	1.23%	650	1.22%	644	1.21%	657	1.23%
	36座以上	1744	1.23%	1726	1.22%	1709	1.21%	1744	1.23%
公路客运营业客车	6～10座	795	1.61%	787	1.60%	779	1.58%	795	1.61%
	10～20座	774	1.39%	767	1.37%	759	1.36%	774	1.39%
	20～36座	738	1.43%	731	1.41%	724	1.40%	738	1.43%
	36座以上	1986	1.43%	1967	1.41%	1947	1.40%	1986	1.43%
营业货车	2t以下	1091	2.58%	1080	2.56%	1069	2.53%	1091	2.58%
	2～5t	1372	2.76%	1358	2.73%	1344	2.71%	1372	2.76%
	5～10t	1636	2.84%	1620	2.81%	1604	2.78%	1636	2.84%
	10t以上	2688	3.31%	2661	3.27%	2634	3.24%	2688	3.31%
	低速载货汽车	927	2.20%	918	2.17%	909	2.15%	927	2.20%
特种车	特种车型一	1327	2.76%	1358	2.73%	1344	2.71%	1372	2.76%
	特种车型二	414	0.77%	410	0.76%	406	0.75%	414	0.77%
	特种车型三	358	0.67%	354	0.66%	351	0.66%	358	0.67%
	特种车型四	908	1.70%	899	1.68%	890	1.67%	908	1.70%

续表

摩托车与拖拉机		基础保费/元	费率
摩托车	50CC 及以下	10	1.39%
	50~250CC（含）	14	1.83%
	250CC 以上及侧三轮	20	2.75%
拖拉机	兼用型拖拉机 14.7kW 及以下	21	0.46%
	兼用型拖拉机 14.7kW 以上	50	1.09%
	运输型拖拉机 14.7kW 及以下	36	0.79%
	运输型拖拉机 14.7kW 以上	52	1.15%
备注		挂车根据实际的使用性质并按照对应吨位货车的 50%计算	

（3）机动车车上人员责任险。

按照被保险人类别、车辆用途、座位数查找费率。

$$驾驶人保费＝每次事故责任限额×费率$$

$$乘客保费＝每次事故每人责任限额×费率×投保乘客座位数$$

【例 2-3】 假定北京地区的某 5 座家庭自用汽车投保车上人员责任险，约定驾驶人每次事故的责任限额为 2 万元，每位乘客每次事故责任限额为 3 万元，试计算保费。

查询表 2-8，得到对应的费率：驾驶人为 0.41%，乘客为 0.26%，则驾驶人的保费＝20000 元×0.41%＝82 元，乘客的保费＝30000 元×0.26%×4＝312 元。

（4）全车盗抢险。

按照被保险人类别、车辆用途、座位数查找基础保费和费率。

$$保费＝基础保费＋保险金额×费率$$

挂车保险费按同吨位货车对应档次保险费的 50%计收。

【例 2-4】 假定北京地区的某 5 座家庭自用汽车投保盗抢险，保险金额为 10 万元，试计算保费。

查询表 2-8，得到对应的基础保费为 120 元，费率为 0.53%，则该车辆的保费＝120 元＋100000 元×0.53%＝650 元。

（5）玻璃单独破碎险。

按照被保险人类别、座位数、投保国产／进口玻璃查找费率。

$$保费＝新车购置价×费率$$

注意，对于特种车或防弹玻璃等特殊材质玻璃标准保费上浮 10%。

机动车辆保险与理赔

表 2-8 机动车商业保险行业基本费率表（2007 版 A 款）

——车上人员责任险、盗抢险、玻璃单独破碎险（北京）

家庭自用汽车与非营业用车		车上人员责任险		盗抢险		玻璃单独破碎险	
		驾驶人	乘客	基础保费	费率	国产玻璃	进口玻璃
家庭自用汽车	6 座以下	0.41%	0.26%	120	0.53%	0.19%	0.31%
	6~10 座	0.39%	0.25%	140	0.44%	0.20%	0.32%
	10 座以上	0.39%	0.25%	140	0.44%	0.23%	0.38%
企业非营业客车	6 座以下	0.41%	0.25%	120	0.47%	0.14%	0.26%
	6~10 座	0.38%	0.23%	130	0.44%	0.15%	0.26%
	10~20 座	0.39%	0.23%	130	0.44%	0.16%	0.29%
	20 座以上	0.40%	0.24%	140	0.52%	0.16%	0.31%
党政机关、事业团体非营业用车	6 座以下	0.39%	0.24%	110	0.40%	0.14%	0.26%
	6~10 座	0.36%	0.22%	120	0.37%	0.14%	0.26%
	10~20 座	0.37%	0.22%	120	0.37%	0.16%	0.29%
	20 座以上	0.39%	0.24%	130	0.44%	0.16%	0.31%
非营业用车	2t 以下	0.46%	0.28%	130	0.50%	0.11%	0.17%
	2~5t	0.46%	0.28%	130	0.50%	0.11%	0.17%
	5~10t	0.46%	0.28%	130	0.50%	0.11%	0.17%
	10t 以上	0.46%	0.28%	130	0.50%	0.11%	0.17%
	低速载货汽车	0.46%	0.28%	130	0.50%	0.11%	0.17%
营业用车与特种车		车上人员责任险		盗抢险		玻璃单独破碎险	
		驾驶人	乘客	基础保费	费率	国产玻璃	进口玻璃
出租、租赁营业客车	6 座以下	0.50%	0.31%	100	0.52%	0.20%	0.32%
	6~10 座	0.40%	0.24%	90	0.43%	0.20%	0.32%
	10~20 座	0.42%	0.26%	90	0.47%	0.22%	0.36%
	20~36 座	0.42%	0.26%	80	0.55%	0.26%	0.44%
	36 座以上	0.42%	0.26%	80	0.55%	0.29%	0.48%
城市公交营业客车	6~10 座	0.42%	0.25%	60	0.47%	0.20%	0.32%
	10~20 座	0.43%	0.26%	90	0.45%	0.22%	0.36%
	20~36 座	0.49%	0.30%	80	0.49%	0.27%	0.46%
	36 座以上	0.49%	0.30%	80	0.53%	0.30%	0.50%
营业用车	2t 以下	0.72%	0.46%	130	0.50%	0.13%	0.19%
	2~5t	0.72%	0.46%	130	0.50%	0.13%	0.19%
	5~10t	0.72%	0.46%	130	0.50%	0.13%	0.19%
	10t 以上	0.72%	0.46%	130	0.50%	0.13%	0.19%
	低速载货汽车	0.72%	0.46%	130	0.50%	0.13%	0.19%
特种车	特种车型一	0.51%	0.34%	120	0.52%	0.09%	0.16%
	特种车型二	0.51%	0.34%	130	0.51%	0.09%	0.17%
	特种车型三	0.51%	0.34%	130	0.51%	0.10%	0.19%
	特种车型四	0.51%	0.34%	140	0.51%	0.10%	0.19%

续表

摩托车与拖拉机		车上人员责任险		盗抢险		
		驾驶人	乘客	基础保费	费率	
摩托车	50CC 及以下	0.50%		25	1.00%	
	50～250CC(含)	0.50%		25	1.00%	
	250CC 以上及侧三轮	0.50%		25	1.00%	
拖拉机	兼用型拖拉机 14.7kW 及以下	0.50%		25	1.00%	
	兼用型拖拉机 14.7kW 及以上	0.50%		25	1.30%	
	运输型拖拉机 14.7kW 及以下	0.50%		25	1.00%	
	运输型拖拉机 14.7kW 及以上	0.50%		25	1.30%	
备注				1.挂车根据实际的使用性质并按照对应吨位货车的50%计算。		2.对于特种车，防弹玻璃等特殊材质玻璃标准保费上浮10%。

【例2-5】 假定北京地区的某5座家庭自用汽车投保玻璃单独破碎险，新车购置价为10万元，约定按进口玻璃投保，试计算保费。

查询表2-8，得到对应的费率为0.31%，该车的保费＝100000元×0.31%＝310元。

（6）车身划痕损失险。

按照车龄、新车购置价、保额所属档次直接查找保费。

【例2-6】 假定北京地区的某5座家庭自用汽车投保车身划痕损失险，车龄为3年，新车购置价为10万元，保险金额为1万元，试计算保费。

查询表2-9，得到对应的保费为1300元，则该车的保费为1300元。

表2-9 机动车商业保险行业基本费率表（2007版A款）

——车身划痕损失险（北京）

车龄	保额／元	新车购置价／元		
		30万以下	30～50万	50万以上
2年以下	2000	400	585	850
	5000	570	900	1100
	10000	760	1170	1500
	20000	1140	1780	2250
2年及以上	2000	610	900	1100
	5000	850	1350	1500
	10000	1300	1800	2000
	20000	1900	2600	3000

（7）不计免赔率特约条款。

按照适用的险种查找费率。

【例2-7】 假定北京地区的某5座家庭自用汽车，新车购置价为20万元，车龄3年，投保第三者责任险、车损险、车上人员责任险、车身划痕损失险和全车盗抢险，约定第三者责任险的责任限额为 20 万元，车损险保险金额为 20 万元，车上人员责任险的每座每次事故责任限额均为 3 万元，车身划痕损失险保险金额为 1 万元，全车盗抢险保险金额 10 万元，并对以上五险种约定不计免赔率特约条款，试计算保费。

查询表 2-6，得到第三者责任保险保费为 1087 元。

查询表 2-7，得到对应基础保费为 508 元，费率为 1.21%，则车损险的保费＝508 元＋200000 元×1.21%＝2928 元。

查询表 2-8，得到对应的费率：驾驶人为 0.41%。乘客为 0.26%，则车上人员责任险的保费＝30000 元×0.41%＋30000 元×0.26%×4＝435 元。

查询表 2-8，得到对应的保费为 1300 元，则车身划痕损失险保费为 1300 元。

查询表 2-8，得到对应的基础保费为 120 元，费率为 0.53%，则全车盗抢险的保费＝120 元＋100000×0.53%＝650 元。

查询表 2-10，得到第三者责任险、车损险、车上人员责任险、车身划痕损失险和全车盗抢险的不计免赔率的费率分别为 15%、15%、15%、15%和 20%。

不计免赔率特约条款的保费＝1087×15%＋2928×15%＋394×15%＋1300×15%＋650×20%＝986.35（元）。

所以，该车的总保费＝1087＋2928＋394＋1300＋650＋986.35＝7345.35（元）。

表 2-10　机动车商业保险行业基本费率表（2007 版 A 款）

——不计免赔率特约条款（北京）

适用险种	费率	适用险种	费率	适用险种	费率
商业三者险	15%	车上人员责任险	15%	全车盗抢险	20%
车损险	15%	车身划痕损失险	15%		

复习题

1. 影响交强险的保险费率的因素有哪些？
2. 我国交强险的保险费率对机动车种类是如何进行划分的？
3. 我国的机动车商业保险有哪些险种？
4. 交强险与商业三者险的区别有哪些？
5. 车损险承担哪些保险责任？

第 3 章 机动车辆保险投保实务

机动车辆保险的选择是机动车所有人或管理人基于自己的风险保障需要，利用自己已经掌握的保险知识及信息资料进行对比分析，选择最佳的保险公司、投保险种及投保方式的行为过程。机动车辆保险的选择权是法律赋予投保人的一项重要权利。

3.1 机动车辆保险的选择

3.1.1 保险公司的选择

交强险的实施给中国的机动车辆保险市场带来了巨大的变化。机动车辆保险市场竞争激烈，选择合适的保险公司对投保人来说是能否获得良好保险保障的关键。投保人对保险公司的选择主要是对保险公司的资质、经营状况、信誉、机构网点设置、技术力量、服务质量以及国别等情况进行调查了解和选择的过程。选择保险公司应满足以下几个方面的要求。

（1）投保的保险公司应在中国境内依法成立且有机动车辆保险业务经营权。

（2）投保的保险公司经营稳健，财务状况良好，偿付能力充足，信誉良好。

如车主购买了一辆价格相对较高的新车，这时车主应当选择大的保险公司。因为越高档的车，其修理费用相应的也就越高，一旦出现事故，车主可能承受的经济压力也就越大，而大的保险公司的赔付额度相对会高一些，定点维修厂的级别也比较高。

（3）投保的保险公司应具有健全的组织机构和完善的服务体系。

如车主经常需要开车出外跑长途，那么应该尽量选择比较大的保险公司投保，因为这样的保险公司在全国各地都有分公司，遇到麻烦可即时在当地办理车辆定损及理赔。

（4）费率优惠和无赔款优待方面的规定。

尽管中国保监会有最高限价七折的规定，但各家保险公司在费率和无赔款优待方面的规定仍然存在差异。如果投保车辆是旧车、车价不高，或者投保人的驾驶技术比较成熟，这时选择小的保险公司投保则比较划算。

3.1.2 投保险种的选择

目前,所有的机动车都必须购买交强险,而且其保险条款、费率全国统一,所以不存在险种选择的问题。但交强险在保险责任范围、责任限额上有一定的限制,不能完全满足投保人对风险保障的需要,因此,投保人可以有选择地购买商业车险作为必要的补充。

一般而言,投保人可以按照以下步骤选择投保的险种。

(1)投保人首先应当搞清楚自己可能面临哪些风险,以及风险可能导致的后果。如新车被盗抢的风险较大;老旧车型发生自燃火灾损失的概率较高;营运车辆一旦发生事故,赔偿的数额较大等。

(2)投保人收集各家保险公司的机动车辆保险条款及宣传资料时,应当特别关注保险产品的保险责任、责任免除和特别约定,索赔流程,免赔额或免赔率的计算,退保和折旧等规定。如有疑问,可以要求保险公司或保险代理人进行解释说明,以切实保障自身的利益。

(3)投保人根据自身风险保障要求和不同保险产品的风险覆盖,选择适合自己需要的险种。注意一定要把相对发生概率较大的风险包括进去,同时还要兼顾保险产品的价格,尽量降低风险管理的成本。

3.1.3 投保方式的选择

目前,在我国可以供投保人选择的机动车辆保险投保方式主要有以下几种。

1. 上门投保

保险公司派保险业务员前往投保人处上门服务,这是目前最为普遍的投保方式之一。保险业务员可以对保险条款进行解释、接受咨询,帮助投保人设计投保方案,指导投保人填写投保单,还可以提供代送保险单、发票及代收保费等其他服务。对于采用"上门投保"方式投保机动车辆保险的,投保人需要注意查验保险业务员的身份证明材料,如保险代理人资格证书、业务员上岗证、身份证等,以防经济诈骗。

2. 到保险公司投保

投保人亲自到保险公司的营业网点办理投保手续。这种投保方式不但能使投保人更全面地了解所选择的保险公司及投保险种,也免除了一些投保人对保险业务员和保险代理机构的不信任感。

3. 电话投保

电话投保是投保人通过拨打保险公司的客户服务电话进行投保的方式。因为电话投保省去了保险营销的中间环节,所以保险公司把原本需要支付给保险中介的佣金直接让利给投保人,在原有保费折扣的基础上再降15%;同时保单送上门,为投保人节约了时间。因此,电话投保具有简单、快捷、性价比高的优点,但投保人也需要提防虚假的投保电话及虚假保单等危险。

4. 网上投保

网上投保是投保人通过保险公司提供的网上电子商务平台进行投保的方式。随着信息化技术的发展和互联网应用的普及,网上投保渐已成势。网上投保可以帮助保险公司降低经营成本、促进信息化建设；投保人在网上可以同时查询多家保险公司的产品条款和费率，分类比较多家保险公司的保险产品。网上投保节省了保险销售的中间成本，可以带给投保人更低廉的价格。但网络保险销售在国内尚处于起步阶段，许多的程序还不完善，在法律方面也存在一定的空白，有可能影响投保人的权益，为日后索赔留下隐患。客户必须对保险比较熟悉，对于不经常使用的客户来讲，可能不太方便。

5. 通过保险代理人投保

保险代理人是根据保险人的委托，向保险人收取佣金，并在保险人授权的范围内代为办理保险业务的机构或者个人。保险公司可以通过专业代理人、兼业代理人或者银行、邮局、汽车经销商等多种手段建立销售网络。保险代理人作为完善我国保险市场主体结构的中介机构，目前正处于蓬勃发展的阶段，但在其发展过程中也存在一些问题，如无中国保监会批准代理资格的人员非法进行代理活动，部分保险代理人素质不高、业务水平差，不能为投保人设计合理的投保方案或为了获得更多的个人利益而向投保人推荐佣金高的保险公司的保险产品。

6. 通过保险经纪人投保

根据《保险法》的相关规定，保险经纪人是基于投保人的利益，为投保人与保险人订立保险合同提供中介服务，并依法收取佣金的机构。保险经纪人的发展已经有很长的历史（起源于17世纪的英国），现已成为世界性的行业，但在中国还处于起步阶段。个人保险代理人、保险代理机构的代理从业人员、保险经纪人的经纪从业人员应当具备国务院保险监督管理机构规定的资格条件，取得保险监督管理机构颁发的资格证书。保险代理机构、保险经纪人应当具备国务院保险监督管理机构规定的条件，取得保险监督管理机构颁发的经营保险代理业务许可证、保险经纪业务许可证。保险专业代理机构、保险经纪人凭保险监督管理机构颁发的许可证向工商行政管理机关办理登记，领取营业执照。

3.2 机动车辆保险的投保

3.2.1 机动车辆保险的投保流程

投保人选择确定了保险公司、保险产品及投保方式后即可进行投保。机动车辆保险的投保就是投保人购买机动车辆保险产品，办理保险手续，与保险人正式签订机动车辆保险合同的过程。投保人办理机动车辆保险的基本流程参见图3-1。

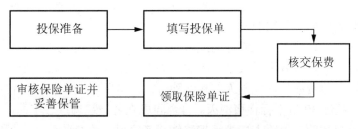

图3-1 机动车辆保险投保的基本流程

3.2.2 机动车辆保险的投保准备

机动车辆保险的投保准备是根据机动车辆保险的投保条件及要求所做的各项工作，包括准备好证件，保养车辆，协助保险业务员查验证件、车辆以及如实告知有关情况等。

1. 机动车辆保险的投保条件

（1）有公安机关交通管理部门核发的车辆号牌。新车投保，在车辆上牌照之前应当办理好保险业务。购买的新车要开往异地时，投保单程提车保险的，需有公安机关交通管理部门核发的临时车辆号牌。

（2）有公安机关交通管理部门填发的《机动车行驶证》。

（3）有机动车辆检验合格证。新车需有出厂前的检验合格证；旧车的《机动车行驶证》上需有定期检验合格章。投保机动车必须达到 GB 7258-2004《机动车辆安全运行技术条件》的要求，否则视为质量不合格或报废车辆，也不具备投保资格。

2. 准备好相关证件

投保人在投保前应备齐下列证件，以便投保时保险公司业务员验证时使用。

（1）被保险人为"法人或者其他组织"时，需要提供投保车辆的《机动车行驶证》、被保险人组织机构代码复印件、投保经办人身份证明原件。

（2）投保人为"自然人"时，需要提供投保车辆的《机动车行驶证》、被保险人身份证明复印件、投保人身份证明原件。

（3）被保险人与车主不一致时，应当提供由机动车所有人出具的能够证明被保险人与投保车辆关系的证明。

（4）约定驾驶人时，需提供约定驾驶人的机动车驾驶证复印件。

（5）投保人为"自然人"且由他人代办投保手续时，或投保人为"法人或其他组织"时，应当由投保人出具《办理投保委托书》并载明"授权委托×××以本投保人名义办理×××车辆的所有投保事宜"。投保人为"法人或其他组织"时，在委托书上加盖公章；投保人为"自然人"时，由投保人签名并提供身份证明原件。办理投保的经办人应同时提供本人身份证明原件。

（6）对于非新车新保交强险的业务，投保人需要提供上期交强险保险单原件或其他能证明上年已投保交强险的书面文件。"非新车新保"是指机动车已使用，对投保人是续保，对承保公司是新保的业务。

3. 注意事项

（1）投保时履行如实告知的义务。

订立保险合同，保险人就保险标的或者被保险人的有关情况提出询问的，投保人应当如实告知。投保人故意或者因重大过失未履行如实告知义务，足以影响保险人决定是否同意承保或者提高保险费率的，保险人有权解除合同。解除合同的权利，自保险人知道有解除事由之日起，超过 30 日不行使而消灭。自合同成立之日起超过 2 年的，保险人不得解除合同；发生保险事故的，保险人应当承担赔偿或者给付保险金的责任。投保人故意不履行如实告知义务的，保险人对于合同解除前发生的保险事故，不承担赔偿或者给付保险金的责任，并不退还保费。投保人因重大过失未履行如实告知义务，对保险事故的发生有严重影响的，保险人对于合同解除前发生的保险事故，不承担赔偿或者给付保险金的责任，但应当退还保费。保险人在合同订立时已经知道投保人未如实告知的情况的，保险人不得解除合同；发生保险事故的，保险人应当承担赔偿或者给付保险金的责任。

（2）履行交纳保费的义务。

保险合同成立后，投保人按照约定交付保费，保险人按照约定的时间开始承担保险责任。此外，各家保险公司的机动车辆保险条款中也有相关规定，如中国人民财产保险股份有限公司的机动车辆保险条款中均规定：除另有约定外，投保人应当在保险合同成立时一次交付保费。保费交付前发生的保险事故，保险人不承担赔偿责任。因此，投保人在保险合同成立后应当按照约定及时交付保费并向保险公司索取发票，以保障自己的权益。

（3）不要进行重复投保。

重复保险是指投保人对同一保险标的、同一保险利益、同一保险事故分别与两个以上保险人订立保险合同，且保险金额总和超过保险价值的保险。重复保险的投保人应当将重复保险的有关情况通知各保险人。重复保险的各保险人赔偿保险金的总和不得超过保险价值。除合同另有约定外，各保险人按照其保险金额与保险金额总和的比例承担赔偿保险金的责任。重复保险的投保人可以就保险金额总和超过保险价值的部分，请求各保险人按比例返还保费。因此，被保险人不会因重复保险而获得大于实际损失的赔偿，并会有可能因此多付保费。

（4）不要超额投保。

保险金额不得超过保险价值。超过保险价值的，超过部分无效，保险人应当退还相应的保费。另外，各保险公司的机动车辆保险合同均明确规定为不定值合同，而不定值合同是按照保险事故发生时保险标的的实际价值确定保险价值的保险合同。因此，保险公司只会按照保险事故发生时保险标的的实际价值进行赔付，投保人不会按照保险金额得到赔偿反而会因此多付保费。

（5）了解保险责任的开始时间。

投保人提出保险要求，经保险人同意承保，保险合同成立。依法成立的保险合同，自成立时生效。投保人和保险人可以对合同的效力约定附条件或者附期限。我国保险实务中以约定起保日的零点为保险责任开始时间，以合同期满日的 24 点为保险责任的终止时间。

3.2.3 正确填写投保单

投保是投保人向保险人表达缔结保险合同意愿的行为，即要约行为。因保险合同的要约一般要求为书面形式，所以机动车辆保险的投保需填写投保单。保险公司经核保并决定承保后给投保人出具保险单、保险证及其他保险合同文件。

投保单是投保人向保险人要约意思表示的书面文件，是保险合同的要件之一。机动车辆保险投保单一般包括投保人和被保险人的情况、驾驶人的情况、投保车辆的情况、投保险种和期限、特别约定以及投保人签名/签章、标的的初审情况等。表 3-1 为某保险公司机动车辆保险投保单（个人）样本。

机动车辆保险与理赔

表 3-1　×××财产保险股份有限公司机动车辆保险投保单（个人）样本

NO:

尊敬的客户：您在填写本投保单前请先详细阅读本投保单后所附条款，阅读条款时请您特别注意保险责任、责任免除、投保人义务、被保险人义务、赔偿处理等内容，并听取保险人就条款内容所作的说明。您在充分理解条款后，再如实填写本投保单各项内容（请在需要选择的项目前的"□"内划√表示）。您所填写的内容我公司将为您保密。

被保险人信息	被保险人姓名			身份证号码	□□□□□□□□□□□□□□□□□□		
	被保险人（自然人）职业	□党政机关、团体　　□事业单位　　□军队（武警）　　□使（领）馆 □个体、私营企业　　□其他企业　　□其他					
	被保险人地址：		约定驾驶人	姓名	性别	年龄	驾驶证号码
			□约定 □不约定				
	邮政编码						
投保车辆信息	被保险人与车辆关系	□所有　　□使用　　□管理　车主					
	号牌号码			号牌底色	□蓝　□黑　□黄　□白　□白蓝 □其他颜色		
	厂牌型号			发动机号			
	车辆初次登记日期	年　　　月		VIN 码/车架号			
	核定载客	人	核定载质量	千克	排量/功率	L/KW	行驶区域	□市内　□省内 □境内　□出入境
	车辆种类	□客车　□货车　□客货两用车　□挂车　□摩托车（不含侧三轮）　□侧三轮 □农村拖拉机　□运输拖拉机　□低速载货汽车　□特种车：请填写用途					
	使用性质	□家庭自用　□非营业用（不含家庭自用） □出租/租赁　□城市公交　□公路客运　□旅游客运　□营业性货运					
保险期间	自　　年　　月　　日零　时起至　　年　　月　　日二十四时止						
机动车责任强制保险	责任限额	××元	无责任死亡伤残赔偿限额	××元			
		××元	无责任医疗费用赔偿限额	××元			
		××元	无责任财产损失赔偿限额	××元			
	与道路交通安全违法和道路交通事故相联系的浮动比率：						%
	保险费小计（人民币大写）：					（¥　　元）	

续表

	投保险种		保险金额/责任限额（元）	保险费	备注
机动车辆商业保险	□车辆损失险	□自负额 □0 □200 □300 □500 □800 □1000 □1500 □2000			多次出险免赔： □加免赔 □不加免赔
	□商业第三者责任险				
	□全车盗抢险	盗抢险免赔率 □0 □10% □20% □30% □50%			停放场所：□固定 □不固定 防盗装置：□电子/机械防盗 □卫星定位系统（GMS/GPS）
	□车上责任险	□核定座位 投保人数 □选择座位 投保人数	/人 /人		
	□玻璃单独破碎险	□国产玻璃 □进口玻璃	按照条款规定执行		
	□自燃损失险				
	□车身划痕损失险				
	□不计免赔特约险	□车辆损失险 □第三者责任险	按照条款规定执行		
			其中，优惠保费　　（元）		
	保险费小计（人民币大写）：			（¥：　　　　元）	
保险费合计（人民币大写）：				（¥：　　　　元）	

特别约定	
保险合同争议解决方式选择	□仲裁 提交＿＿＿＿仲裁委员会仲裁　　　□诉讼

本保险合同由保险条款、投保单、保险单、批单和特别约定组成。

投保人声明：1.保险人已将投保险种对应的保险条款（包括责任免除部分）向本人作了明确说明，本人已充分理解。2.以上填写的内容均属实，同意以此投保单作为订立保险合同的依据。3.投保人同意按条款规定交纳保险费，保费未一次足额付清，保险责任自保费付清后开始。

投保人签名/签章：	联系电话：　　　　　　＿＿＿年＿＿＿月＿＿＿日
验车验证情况　　查验人员签名：	＿＿＿年＿＿＿月＿＿＿日＿＿＿时＿＿＿分

初审情况	业务来源：□直接业务 □个人代理 □专业代理 □兼业代理 □经纪人 □电话/网上销售	复核意见	
	代理（经纪）人名称： □续保 □新保		
	业务员签字：　　＿＿＿年＿＿＿月＿＿＿日		复核人签字：　　＿＿＿年＿＿＿月＿＿＿日

1. 投保人和被保险人的情况

（1）投保人与被保险人的名称。

投保人是机动车辆保险合同不可缺少的当事人，应具有相应的权利能力和行为能力，同时对保险标的具有保险利益。保险人要核实其资格，避免出现保险纠纷。被保险人是指车辆及使用责任受保险合同保障、享有保险金请求权的人。

投保人与被保险人为单位的，名称填写全称（与公章名称一致）；投保人与被保险人为个人的，填写姓名，名称应当与《机动车行驶证》相符，使用人或所有人的称谓与《机动车行驶证》不符或机动车是合伙购买时，应在投保单特别约定栏内注明。

（2）投保人与被保险人的地址。

投保单上需填写投保人与被保险人的详细地址、邮编、电话及联系人。合同生效后，保险人需定期或不定期地向客户调研自身的服务质量或通知被保险人有关信息。地址是法律确认的自然人的生活住所或法人的主要办事机构所在地。

2. 驾驶人的情况

我国现行的机动车辆保险为从车主义与从人主义相结合的模式，一般投保单都要求填写驾驶人的情况，包括住址、性别、年龄、婚姻状况、健康状况、驾龄、违章情况等，这些是确定保险费的重要依据。指定驾驶人的，还应当填写所指定驾驶人的姓名、驾驶证号码、初次领证日期等。

3. 投保车辆的情况

（1）投保车辆的有关资料。

① 号牌号码。

填写公安机关交通管理部门核发的号牌号码，按照投保车辆《机动车行驶证》录入，除字母和数字外，一律不得添加点、横杠、空格等符号。未上牌照的机动车填写发动机号后六位字母或数字。

② 厂牌型号。

汽车产品型号是用简单的编号来表示各种不同汽车的厂牌、类型和主要特征参数，是车辆的类别代号。

汽车产品型号由企业名称代号、车辆类别代号、主参数代号和产品序号组成，必要时附加企业自定代号（参见图3-2）。

企业名称代号用代表企业名称的2个或3个汉语拼音字母表示。

车辆类别代号，用一位阿拉伯数字表示（参见表3-2）。

主参数代号，用两位阿拉伯数字表示。载货汽车、越野汽车、自卸汽车、牵引汽车、专用汽车与半挂车的主参数代号为车辆的总质量（t），牵引汽车的总质量包括牵引座上的最大总质量在100t以上的，允许用3位数字表示；客车的主参数代号为车辆长度（m），当车辆长度小于10m时，应精确到小数点后一位，并以其值的十倍数值表示；轿车的主要参数代号为发动机排量（L），应精确到小数点后一位，并以其值的十倍数值表示。

产品序号用阿拉伯数字表示，数字由0、1、2、3……依次使用。企业自定代号，位于产品型号的最后部分，同一种汽车结构略有变化而需要区别时，可用汉语拼音字母和阿拉伯数字表示，位数由企业自定。

对于专用汽车及专用半挂车还应增加专用汽车分类代号（参见图3-3）。专用汽车分类代号用反映车辆结构和用途特征的3个汉语拼音表示，结构特征代号参见表3-3的规定。注意，为了避免与数字混淆，汽车产品型号中不应采用汉语拼音字母中的"I"和"O"。

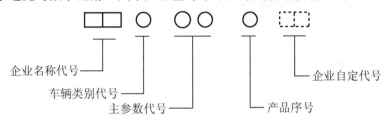

图 3-2　汽车产品型号示意图

表 3-2　各类汽车类别代号

车辆识别代号	车辆种类	车辆识别代号	车辆种类
1	载货汽车	5	专用汽车
2	越野汽车	6	客车
3	自卸汽车	7	轿车
4	牵引汽车	8	半挂车

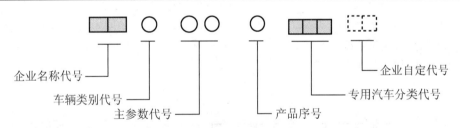

图 3-3　专用汽车及专用半挂车的专用汽车分类代号

表 3-3　结构特征代号

结构类型	结构特征代号	结构类型	结构特征代号
厢式汽车	X	特种结构汽车	T
罐式汽车	G	起重举升汽车	J
专用自卸汽车	Z	仓栅式汽车	C

如中国第一汽车集团公司生产的第二代载货汽车，总质量为9310kg，其型号为CA1091；中国上海汽车厂生产的第二代轿车，其发动机排量2.2321L，型号为SH7221。

投保车辆的厂牌名称和车辆型号，应与其《机动车行驶证》一致，《机动车行驶证》上的厂牌型号不详细的，应当在厂牌型号后注明具体型号。进口车按商品检验单、国产车按合格证填写，应当尽量写出具体配置说明。

③ 发动机号、车架号、车辆识别代号（VIN 码）。

发动机号和车架号是生产商在机动车发动机和车架上打印的号码，可根据《机动车行驶证》填写；对于有车辆识别代号（VIN 码）的车辆，应以 VIN 码代替车架号。

车辆识别代号（VIN 码）是 Vehicle Identification Number 的简称，是为了识别车辆而指定的一组字码组成的代号，这个代号是由制造厂按照一定的规则，依据本厂的实际而制定的，是车辆的身份证，是唯一的。国家标准《道路车辆—识别代号（VIN）》与《道路车辆—世界制造厂识别代号》（WMI）标准配套使用，在全国范围内规范车辆的生产，为管理提供依据。车辆识别代号（VIN 码）由一组字母和阿拉伯数字组成，共 17 位，又称 17 位编码。

车辆识别代号（VIN 码）由三部分组成，即世界制造厂识别代号（WMI）、车辆说明（VDS）、车辆指示（VIS）。

WMI 为 1—3 位，主要识别车辆制造厂信息。其中，第一位是表明地理区域的字母或数字，第二位是表明一个特定地区内的国家的字母或数字，第三位是表明特定制造厂的字母或数字。对完整车辆和 / 或非完整车辆年产量≥500 辆的车辆制造厂，WMI 码由上述三位字码组成（参见图 3-4）。对于年产量＜500 辆的制造厂，WMI 码的第三位字码为数字 9，此时 VIS 码的第三位、第四位、第五位字码将与 WMI 的三位字码一起作为世界制造厂识别代号（参见图 3-5）。

VDS 由 6 位字码组成，主要是识别车辆的一般特性，其代号顺序由车辆制造厂决定。如果车辆制造厂不用其中的一位或几位字码，则应在该位置填入车辆制造厂选定的字母或数字占位。

VIS 由 8 位字码组成。其中，第一位字码指示车型年份（参见表 3-4）；第二位字码可以用来指示装配厂，若无装配厂，车辆制造厂可规定其他内容；如果车辆制造厂生产的某种类型的车辆产量≥500 辆，第三位至第八位字码表示生产顺序号；如果年产量＜500 辆，则第三位、第四位、第五位字码应与 WMI 的 3 位字码一起来表示一个车辆制造厂，最后三位表示生产顺序号。

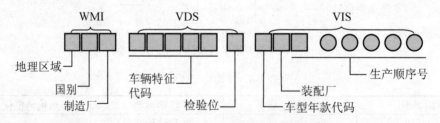

图 3-4　完整车辆和 / 或非完整车辆年产量≥500 辆的车辆制造厂车辆识别代码

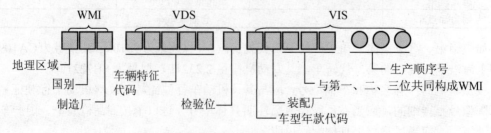

图 3-5　完整车辆和 / 或非完整车辆年产量＜500 辆的车辆制造厂车辆识别代码

表 3-4 标识年份的字码

年份	代码	年份	代码	年份	代码	年份	代码
1971	1	1981	B	1991	M	2001	1
1972	2	1982	C	1992	N	2002	2
1973	3	1983	D	1993	P	2003	3
1974	4	1984	E	1994	R	2004	4
1975	5	1985	F	1995	S	2005	5
1976	6	1986	G	1996	T	2006	6
1977	7	1987	H	1997	V	2007	7
1978	8	1988	J	1998	W	2008	8
1979	9	1989	K	1999	X	2009	9
1980	A	1990	L	2000	Y	2010	A

车辆识别代号（VIN 码）可以直接打刻在车架上，对于无车架车身而言，可以直接打刻在不易拆除或更换的车辆结构件上（参见图 3-6）；车辆识别代号（VIN 码）还可以打印在标牌上，但此标牌应当同样是永久固定在上述的车辆结构件上。

每辆机动车都必须具有唯一的车辆识别代号（VIN 码），并标示于车辆的指定位置。车辆识别代号（VIN 码）应当尽量标示在车辆右侧的前半部分、易于看到且能防止磨损或替换的车辆结构件上（玻璃除外），如受结构限制，亦可放在便于接近和观察的其他位置。车辆识别代号（VIN 码）还应当标示在产品标牌上（两轮摩托车和轻便摩托车可除外）。M1、N1 类车辆的车辆识别代号（VIN 码）还应当永久地标示在仪表板上靠近风窗立柱的位置，在白天不需移动任何部件从车外能够分辨出车辆识别代号（参见图 3-7）。车辆制造厂至少应在一种随车文件中标示车辆识别代号（VIN 码）。

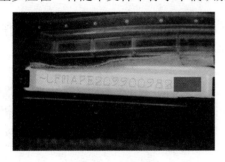

图 3-6 车架号

图 3-7 车辆识别代号（VIN 码）

④ 机动车的种类。

机动车的种类共分为八种，只可以从中选择其中一种。

第一类是客车，包括各类客车。

第二类是货车，包括各种载货汽车、自卸车、邮电车等。

第三类是客货两用车，是指既具有载客性能又有载货性能的汽车。

第四类是挂车，是指就其设计和技术特征需汽车牵引才能正常使用的一种无动力的道路机动车。

第五类是摩托车，是指以燃料或电瓶为动力的各种两轮、三轮摩托车，电动车和残疾人专用车。但考虑侧三轮和排气量无关，在投保单设计时把其单列出来。

第六类是拖拉机，按其使用性质分为农用型拖拉机和运输型拖拉机。农用型拖拉机是指以田间作业为主，通过铰接连接牵引挂车可进行运输作业的拖拉机。农用型拖拉机包括各种收割机。运输型拖拉机是指货箱与底盘一体，不通过牵引挂车可进行运输作业的拖拉机。

第七类是低速载货汽车，由公安机关交通管理部门核发号牌的运输型拖拉机为低速载货汽车，变形拖拉机归入低速载货汽车。

第八类是特种车，是一种不同于上述机动车类型并具有特种结构的车辆，主要用于各类装载油料、气体、液体等专用罐车，或适用于装有冷冻或加温设备的厢式车辆；或用于牵引（非集装箱拖头或货车牵引）、清障、清扫、起重、装卸、升降、搅拌、挖掘、推土、压路等的各种轮式专用车辆；或车内装有固定专用仪器设备，从事专业工作的监测、消防、清洁、医疗、电视转播、雷达、X光检查等车辆；或专门用于牵引集装箱箱体（货柜）的集装箱拖头等。选择特种车的需注明车辆的具体用途。

⑤ 核定载客/核定载质量。

核定载客按照投保车辆的《机动车行驶证》上载明的核定载客人数填写。核定载质量按照投保车辆的《机动车行驶证》上载明的核定载质量填写，单位是千克（kg）。

⑥ 车身颜色。

按照投保车辆车身颜色的主色系在"黑、白、红、灰、蓝、黄、绿、紫、粉、棕"这10种颜色中归类选择一种颜色；多颜色车辆，应选择面积较大的一种颜色；有《机动车登记证书》的车辆，按照登记证书中的"车身颜色"栏目填写。如实在无法归入上述色系中，才可以选择"其他颜色"。

⑦ 排量/功率。

排量是指发动机各个汽缸活塞从上止点移至下止点之间的工作容积的总和。在投保单上排量的单位为升（L），功率的单位为千瓦（kW）。

⑧ 初次登记年月。

填写投保车辆在公安机关交通管理部门进行初次登记的日期，可参照《机动车行驶证》上的"登记日期"填写。如果《机动车行驶证》上的"登记日期"与初次登记日期不相符时，此栏要追溯到真正的初次登记日期填写，如果确实无法提供初次登记日期，要如实填写"已使用年限"。

⑨ 已使用年限。

已使用年限是指投保车辆自上路行驶到保险期间起讫时已使用的年数，不足一年的不计算。

⑩ 年平均行驶里程。

年平均行驶里程等于投保车辆自出厂到投保单填写日的实际已行驶的总里程/已使用年份，不足一年按照一年计算。

（2）机动车的所有与使用状况。

① 车辆所属性质。

根据被保险人单位性质把车辆所属性质分为党政机关（团体）车辆、事业单位车辆、军队（武警）车辆、使（领）馆车辆、个体或私营企业车辆、其他企业车辆、其他车辆等。

② 车辆是否为未还清贷款的车辆。

了解贷款方是谁，一般推荐投保人选择保险范围较宽的险种，以保障财产安全。

③《机动车行驶证》所列明的车主名称。

投保人与《机动车行驶证》上的车主是否为同一人，如为两个人，应当在投保单特别约定栏内注明投保人与车主的关系。

④ 车辆的使用性质。

车辆使用性质主要分为营业与非营业两类。

⑤ 行驶区域。

行驶区域一般分为省内、境内、出入境、指定区域等。

4. 投保险种和期限

机动车辆保险险种分为交强险和商业车险。自 2006 年 7 月 1 日起，各种机动车必须投保交强险，交强险责任限额固定，可直接购买，无须挑选。

商业车险分基本险和附加险。基本险一般包括车损险、商业三者险、车上人员责任险、盗抢险等。附加险投保的前提是必须投保相应的基本险，各险种的保险金额和责任限额的确定方式不同。车损险可以按照新车价格、实际价值、协商价格三种方式确定；商业三者险赔偿限额按照约定赔偿限额填写，各附加险保险金额或赔偿限额依据规定分别确定。

机动车辆保险合同的期限通常为 1 年。投保人也可以根据实际需要选投短期保险。保险期限自约定起保日零时开始，至保险期满日 24 时止。起保日不得是投保当日，最早应是投保次日零时。

5. 特别约定

对于保险合同的未尽事宜，投保人和保险人协商后，在特别约定栏注明。约定事项应当清楚明了，约定内容不能与法律相抵触，否则约定内容无效。

6. 投保人签名/签章

投保人在对投保单所填写的各项内容核对无误，并对责任免除和被保险人义务明示理解后，在"投保人签名/签章"处签名或签章，并填写日期。对保险人来说，投保人签名/签章说明投保单内容是遵循诚信原则填写且已理解保险条款的内涵。对投保人来说，其签名/签章说明以上内容个人是如实告知，且对合同的内容已完全知晓。

7. 标的的初审情况

由保险业务员、保险经纪人、保险代理人对保险标的进行初步审核。

3.2.4 投保后的注意事项

1. 再次认真阅读机动车辆保险合同条款

投保人与保险公司签订机动车辆保险合同后，应当再次认真阅读机动车辆保险合同条款的内容，确信自己没有任何疑问并能完全理解保险合同条款。投保人还要注意检查收到的保险合同文件是否完整，除了机动车辆保险单以外，还应当包括机动车辆保险条款、机动车辆保险证等文件。

2. 妥善保管机动车辆保险单

机动车辆保险单是投保人购买机动车辆保险的主要凭证。在投保人或被保险人向保险公司索赔、申请变更保险合同内容或者申请其他服务时，必须提交保险单。因此，投保人应当将保险单放在安全可靠的地方，并记下保险公司名称、投保险种名称、保险单的号码以及保险金额等保险合同中的重要事项。如果投保人不慎将保险单遗失或损毁，可以向保险公司申请挂失或补发。

3. 随身携带保险证

投保人应当随身携带保险证，一旦发生保险事故，在报案时能够及时、准确地说明被保险人、保险车辆及保险单号等有关情况，使保险公司报案受理人员迅速处理报案并安排理赔人员及时进行现场查勘。

4. 定期检查机动车辆保险单

投保后驾驶人应当定期检查自己的机动车辆保险单，确认其是否仍在保险期限内，并根据投保车辆的实际情况检查是否仍然符合保险合同的要求，如有需要变更之处，应当及时到保险公司办理变更手续。

5. 车辆使用注意事项

被保险人及其驾驶人应当做好保险车辆的维护、保养工作，保险车辆装载必须符合规定，使其保持安全行驶技术状态。被保险人及其驾驶人应根据保险人提出的消除不安全因素和隐患的建议，及时采取相应的措施。

6. 其他的注意事项

根据机动车辆保险条款的责任免除规定，被保险人应注意以下事项：不得利用保险车辆从事非法活动；保险车辆不得肇事后逃逸；驾驶人不得饮酒、吸食或注射毒品、被药物麻醉后使用保险车辆；不得无证驾驶或驾驶与《机动车驾驶证》上准驾车型不相符的车辆以及公安机关交通管理部门规定的其他属于无有效驾驶证的情况下不得驾车；保险车辆应具备有效行驶证件；否则对因上述原因造成保险车辆损失和对第三者的经济赔偿责任，保险公司不承担赔偿责任。

复习题

1. 理想的保险公司应该满足哪些基本要求？
2. 如何选择机动车辆保险产品？
3. 机动车辆保险投保单中一般主要包括哪些内容？
4. 简述机动车辆保险的投保流程。

第 4 章

机动车辆保险承保实务

4.1 机动车辆保险承保流程

承保是指保险人与投保人订立保险合同的过程,主要包括展业、核保、签发单证、续保等程序。首先由保险展业人员为客户制订保险方案,客户根据自身保险利益的风险保障需求提出投保申请,经保险公司核保后同意承保的,双方共同订立保险单,在保险单上签章并收取保费后,保险人向投保人出具保险单或保险凭证,保险合同即告成立。保险期满,根据投保人的意愿可办理续保手续。在保险合同有效期内,如果保险标的的所有权发生改变,或投保人因某种原因要求更改或取消保险合同的,都需要进行批改作业。机动车辆保险承保流程参见图 4-1。

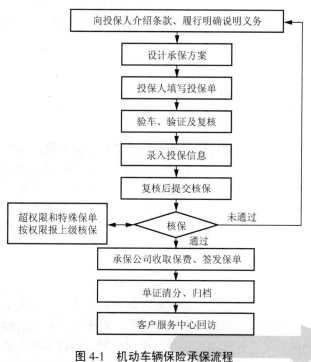

图 4-1 机动车辆保险承保流程

机动车辆保险与理赔

4.2 保险展业

保险展业是保险公司进行市场营销的过程，可以通过直接展业、保险代理人展业和保险经纪人展业三种方式进行。通过保险展业增加保险标的可以分散风险、扩大保险基金。展业面越宽，承保面越大，获得风险保障的风险单位数越多，风险就越能在空间上和时间上得以分散。

通过保险展业可以唤起人们对保险的潜在需求，保险人可以对保险标的和风险进行选择，从而避免营销过程中可能出现的逆选择问题；通过保险展业保险人可以争夺市场份额，提高经济效益，唤起全社会的风险意识，对树立整个保险业的良好形象起到重要的作用。因此保险展业的工作不是简单的推销，而是要求保险展业人员具有较高的综合素质。近年来，保险合同纠纷不断，保险展业人员在签订保险合同时没有尽到明确说明的义务，不具备相关专业知识和技能，因此要大力提高保险展业人员的素质，持证上岗。

4.2.1 展业准备

在进行展业活动前，保险展业人员必须做好各项准备，掌握一些必要的情况。

1. 学习掌握与机动车辆保险业务有关的法律、法规和规定

保险展业人员要学习掌握《保险法》、《中华人民共和国合同法》（以下简称《合同法》），中国保监会对保险特别是机动车辆保险的监管政策，保险同业机构达成的行业自律公约或协议，本保险公司对机动车辆保险经营管理的规定等保险业内的法律、法规和规定以及《道路交通安全法》、《交通事故处理程序规定》等与道路交通管理、交通事故处理有关的法律、法规。

2. 学习掌握保险基本原理、相关技能及实务操作规程等业务知识

保险展业人员要学习掌握保险基本原理，机动车辆保险条款、费率规章，承保规定以及机动车基本结构和原理等方面的知识。

3. 调查了解当地机动车及其保险的基本情况

保险展业人员应当调查了解所辖区域内机动车社会保有量，各类车型所占比例，承保情况，驾驶人的数量，机动车和承保车辆的历年事故发生频率、事故规律、出险赔付等情况；了解市场对机动车辆保险的需求、选择取向，掌握客户投保心理动态；了解当地保险公司的数量，各家保险公司机动车辆保险市场占有率、承保车辆数量、保费收入以及出险赔付等情况。

4. 调查了解展业对象的基本情况

调查了解展业对象的性质、规模、经营范围和经营情况；了解其拥有的车辆数量、车型和用途；了解车辆的状况、驾驶人的素质、运输对象（货物或人员）情况；了解车辆管理的情况，包括安全管理的组织机构和技术力量、对于安全管理的投入、以往发生事故的情况；了解历年投保情况，包括承保公司、投保险种、赔付率等；了解投保动机、信誉程度，防止逆向投保和道德风险。

4.2.2 展业宣传

在掌握必要的信息资料以后,保险公司就要进行保险宣传。在我国,由于国内保险业务停办了近二十多年,导致国民保险意识淡薄。保险要为社会所接受,就得依靠宣传。只有更多的人了解和认识保险,才能吸引更多的企业、家庭和个人投保,从而扩大保险的影响,提高保险的社会地位。

展业宣传要结合当地特点和保险案例并充分利用报刊、广播、电视、广告牌等各种媒介,开展多样化的宣传活动。

宣传的内容主要是机动车辆保险的职能和作用;本保险公司机动车辆保险的名优产品以及机构网络、人才、技术、资金、服务等方面的优势;基本险、附加险条款的主要内容和投保、承保、索赔手续等。

4.2.3 制订保险方案

在开展机动车辆保险业务的过程中,从加大保险产品的内涵,提高保险公司服务水平的角度出发,提倡和要求保险展业人员在开展业务的过程中应当向投保人或者被保险人提供完善的保险方案。由于投保人所面临的风险不同,因而对保险的需求也不尽相同,这就需要保险展业人员为投保人设计最佳的投保方案。

1. 保险方案制订的基本原则

(1) 充分保障的原则。

保险方案应当建立在对投保人所面临的风险进行专业评估的基础上,应当最大限度地分散风险。

(2) 公平合理的原则。

保险方案所提供的保障是适用的和必需的,尽可能用最小的成本实现最大的保障,防止提供不必要的保障。

(3) 如实告知的原则。

保险展业人员在制订保险方案的过程中应当根据最大诚信原则,履行如实告知的义务,将保险合同的有关规定,特别是可能对投保人或被保险人不利的规定详细告知。

2. 保险方案的主要内容

保险方案是在对投保人可能面临的风险进行识别和评估的基础上,保险展业人员为投保人设计的保险建议书。保险方案的主要内容包括:保险人情况介绍、投保标的风险评估、保险方案的总体建议、保险条款以及解释、保险金额和赔偿限额的确定、免赔额以及适用情况、赔偿处理的程序以及要求、服务体系以及承诺等。

4.2.4 检验投保车辆和有关证件

在保险展业人员为投保人制订了保险方案,投保人填写了机动车辆保险投保单后,保险业务员要检验投保人的投保车辆和有关证件(以下简称验车、验证),确定投保单内容和保险标的的真实可靠性,保证承保业务的质量。

1. 验车

保险业务员应该检验车辆牌照号码、发动机及车架号、车辆识别代号（VIN 码）等是否与《机动车行驶证》上注明的及投保单上填写的一致；车辆技术状况是否符合 GB7258-2004《机动车辆安全运行技术条件》的要求；是否配备消防设备；车辆内外有无破损。附加投保全车盗抢险的还应当检验是否加装防盗设备，并核对车辆夜间停放地点。

符合以下条件的机动车可以免予检验：

（1）仅投保交强险的机动车；

（2）购置时间在 1 个月以内的新车投保；

（3）按期续保且续保时未加保车损险及其附加险的机动车；

（4）新保商业三者险及其附加险的机动车。

免验范围以外的机动车均需验车承保，以下情况应严格检验：

（1）第一次投保车损险及其附加险的机动车；

（2）未按期续保的机动车；

（3）续保时增加投保车损险及其附加险的机动车；

（4）中途申请增加投保车损险及其附加险的机动车；

（5）营运车辆使用超过 6 年、非营运车辆使用超过 10 年投保车损险的机动车；

（6）特种车或发生重大车损事故后修复的机动车；

（7）出险事故率较高的机动车；

（8）新车购置价较高的机动车；

（9）本地区稀有车型；

（10）挂军牌、武警牌、外地号牌的机动车。

2. 验证

保险业务员应该检验《机动车行驶证》、有效移动证（临时牌照）是否真实、有效，是否经公安机关交通管理部门年检；核实投保车辆的合法性，各种证件是否与投保标的和投保单内容相符，投保人对投保车辆是否具有保险利益，并确定车辆使用性质和初次登记日期、已使用年限；约定驾驶人的，应检验约定驾驶人的机动车驾驶证，并对照投保单核实驾驶人的信息。

4.2.5 计算保险费

1. 核定费率

保险业务员依据投保人填写的车辆基本情况以及《机动车辆保险费率规章》的有关规定，按照车辆的种类、车辆使用性质、投保险别等因素确定费率。

确定费率时应当注意：投保车辆兼有两类使用性质的，按照高一类的费率档次确定；费率表中未列明且无法归类的投保车辆，或价值过高、风险集中的投保车辆，应特约承保，另定费率。

2. 计算填写保费

保险业务员根据投保人选择的险种计算出相应的保费,填写在"保险费小计"以及"保险费合计"栏中。

续保车辆的保险单上各险种"保险费小计"栏,填写按照该险种规定享受无赔款安全优待后应实际交付的保费。

4.3 核　　保

核保是保险经营过程中最重要的环节之一。保险公司除了要大量承揽业务以外,还要保证业务质量,否则会出现经营风险,使保险公司的赔付率上升,这样不仅会影响保险公司的正常经营,甚至还会影响保险公司的偿付能力,对经营者、投保人以至社会带来危害。

在我国保险市场逐步形成和完善的过程中,保险公司逐步认识到控制承保业务的质量对于保险公司稳定经营的重要性,于是从20世纪90年代开始强化核保制度,这对我国保险业的发展起到了积极的作用,核保制度得到广大保险从业人员的认同并日益得到完善。

4.3.1 核保的原理

1. 核保的概念

核保是指保险人对于投保人的投保申请进行风险评估,决定是否接受承保这一风险,并在接受承保风险的情况下,决定承保的费率和条件(包括使用的条款和附加条款、确定费率和免赔额等)的过程。

2. 核保的原则

(1) 保证长期承保利润。

避免只重视承保数量、忽略业务质量的片面做法,争取优质的业务进行承保,保证保险公司的经营效益。

(2) 提供优质的保险服务。

对承保的风险进行专业的评估,为客户设计优化的保险方案,确保被保险人支付的保费能真实反映风险等级的大小。

(3) 核保工作规范化。

核保人员要遵守国家法律、法规,遵守行业规章和市场准则,严格按照保险公司的制度,在权限范围内开展核保工作。

3. 核保的意义

(1) 防止逆选择问题,排除经营的道德风险。

无论是保险公司还是投保人都不可能如愿获得足够的信息,因此就产生了信息难题。投保人对自身情况的了解多于保险人,这就引发了逆选择问题。保险人不能确定投保人是否披露了全部的相关信息。投保人的实际可能损失是否高于确定险种费率时保险人估计的可能损失?投保人是否利用了保险人信息欠缺的弱点呢?保险公司通过建立核保制度,由资深人员运用专业技术和经验对投保标的进行风险评估，通过风险评估可以最大限度地解决信息不对称问题，排除道德风险。

（2）确保业务质量，实现稳定经营。

保险公司要实现稳定经营，关键要控制承保业务的质量。但是业务的拓展与管理相互制约，只有业务量充足才能充分发挥分散风险的作用，建立雄厚的保险基金。随着业务量的增加，特别是保险公司为了拓展新的业务领域，开发了一些不成熟的新险种，这样会增加保险公司的经营风险。通过建立核保制度，将展业和承保分离，严把承保关，确保保险公司的稳定经营。

（3）提供高质量的专业服务。

核保工作的核心是对承保风险的专业评估，因而保险公司可以为客户提供全面的和专业的风险管理意见和建议，设计风险处理的最佳方案等。加强对核保人员的培训，形成技术的先进性，以保持市场的竞争优势和领先地位。

（4）为保险中介市场的建立和完善创造必要的前提条件。

由于保险中介组织的经营目的、价值取向以及从业人员的水平等问题，保险公司在充分利用保险中介机构进行业务发展的同时，更要加强对保险中介组织的业务管理。核保制度是对中介业务质量控制的重要手段，所以保险公司核保制度的建立和完善是保险中介市场的建立和完善的必要的前提条件。

4. 核保机构

核保机构是指保险公司内部运行的以核保为主要目的的组织体系。核保机构设置模式如下。

（1）分级设置模式。

分级设置模式是根据内部机构设置情况、人员配备情况、开展业务需要、业务技术要求等设立数级核保组织。如中国人民财产保险股份有限公司设立的三级核保组织，即总公司、省分公司、地市分公司（营业部），这是我国普遍采用的一种模式。

（2）个案分派模式。

个案分派模式即根据投保金额、投保类型、投保申请的地理位置或递交投保申请的代理人分派个案，核保师可以根据自己的专业、特长专门从事某一类型的个案，有利于提高效率。

（3）核保中心模式。

核保中心模式即在一定的区域范围内设立一个核保中心，通过网络技术，对所辖的业务实行远程核保。这种模式的最大优点在于：一方面所有经营机构均可以得到核保中心的技术支持，最大限度的实现技术和优势的共享；另一方面核保中心可以对各机构的经营行为实行有效的控制和管理。

5. 核保人员的资格与管理

核保人员资格的取得必须具备相应的条件，如受教育情况、从事核保以及相关工作的经历、通过核保人员的资格考试等。

目前，核保人员一般分为三个等级，并根据核保人员的不同等级，授予不同的权限。

一级核保人主要负责审核特殊风险业务，包括高价值车辆的核保、特殊车型业务的核保、车队业务的核保、投保人特别要求业务的核保以及下级核保人员无力核保的业务。同时，还应及时解决其管辖范围内出现的有关核保技术方面的问题，如果自己无法解决应及时向上级核保部门反映。

二级核保人主要负责审核非标准业务，包括不属于三级核保人业务范围内的非标准业务，即在核保手册中没有明确指示核保条件的业务，主要是指在日常工作中可能出现的承保条件方面的问题，如保险金额、赔偿限额、免赔额等有特殊要求的业务。

三级核保人主要负责对常规业务的核保，即按照核保手册的有关规定对投保单的各个要素进行形式上的审核，亦称投保单核保。

4.3.2 核保的运作

1. 核保运行的基本流程

核保运作的基本模式是根据机动车辆保险业务和保险公司经营的特点确定的，其核心应当体现权限的管理和过程控制的目的，至于具体的模式没有统一的方案，由各家保险公司根据核保制度的精神，结合自身的具体情况确定合适的方案。图4-2为某保险公司核保流程。

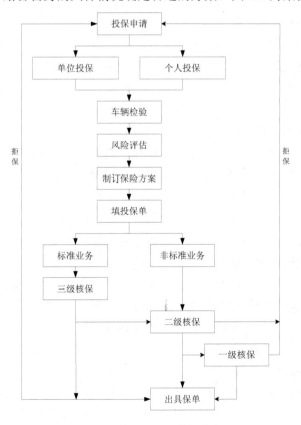

图4-2 某保险公司核保流程

其中，个人投保和单位投保一般由不同的部门来完成从车辆检验、风险评估、制订保险方案到填投保单的工作，因为单位投保车辆较多，经营成本较低，费率也可略低一些。各级核保因权限不同，对于非标准业务一般不经三级核保，而直接由二级核保和一级核保来完成。有些在权限范围内的业务，三级核保或二级核保后可直接出具保险单，不必进一步核保，以简化手续，降低经营成本。每一级核保未通过，则重新从验车开始新一轮核保流程。

2. 核保的依据

核保工作的主要依据是核保手册。核保手册包含了在进行机动车辆保险业务过程中可能涉及的所有文件、条款、费率、规定、程序、权限等。但是，在进行核保的过程中还可能遇到一些核保手册中没有明确规定的问题，在这种情况下，二级核保人和一级核保人应当注意运用保险的基本原理、相关的法律法规和自己的经验，通过研究分析来解决这些特殊的问题，必要时应请示上级核保部门。

3. 核保的具体方式

核保的具体方式应当根据保险公司的组织结构和经营情况进行选择和确定。通常将核保的方式分为标准业务核保和非标准业务核保、计算机智能核保和人工核保、集中核保和远程核保、事先核保和事后核保等。

（1）标准业务核保和非标准业务核保。

标准业务是指常规风险的机动车辆保险业务，这类风险的特点是其基本符合机动车辆保险险种设计所设定的风险情况，按照核保手册就能够进行核保。非标准业务是指风险具有较大特殊性的业务，这种特殊性主要体现为高风险、风险特殊、保险金额巨大等需有效控制的业务，而核保手册对于这类业务没有明确的规定。

标准业务可以依据核保手册的规定进行核保，通常由三级核保人完成标准业务的核保工作。而非标准业务则无法完全依据核保手册进行核保，应当由二级核保人或者一级核保人进行核保，必要时核保人应当向上级核保部门进行请示。

机动车辆保险非标准业务主要有保险价值浮动超过核保手册规定的范围的业务、特殊车型业务、军车和外地车业务、高档车辆的盗抢险业务，统保协议，代理协议等。

（2）计算机智能核保和人工核保。

计算机技术的发展和应用给核保工作带来了很大的变化，尤其是智能化计算机的发展和应用使得计算机已经完全可以胜任对标准业务的核保，应用计算机技术可以大大缓解人工核保的工作压力，提高效率和准确性，减少在核保过程中可能出现的人为的负面因素，但计算机不可能解决所有的核保问题，还需要与人工核保的方式结合起来。

（3）集中核保和远程核保。

从核保制度发展的过程分析，集中核保代表了核保技术发展的趋势。集中核保可以有效地解决统一标准和规范业务的问题，实现技术和经验最大限度的利用。但是，以往集中核保在实际工作遇到经营网点的分散、缺乏便捷和高效的沟通渠道等困难。

计算机技术的出现和广泛的应用，尤其是互联网技术的出现带动了核保领域的革命性进步，使远程核保应运而生。远程核保就是建立区域性的核保中心，利用互联网等现代通信技术，对辖区内的所有业务进行集中核保。这种核保的方式较以往任何一种核保方式均具有不可比拟的优势,它不仅可以利用核保中心人员技术的优势,还可以利用中心庞大的数据库,实现资源共享;同时远程核保还有利于对经营过程中的管理疏漏甚至道德风险进行有效的防范。

(4)事先核保与事后核保。

事先核保是指投保人提出申请后,核保人员在接受承保之前对保险标的风险进行评估和分析,决定是否接受承保;然后在决定接受承保的基础上,根据投保人的具体要求确定保险方案。事后核保主要是针对标的金额较小、风险较低、承保业务技术比较简单的业务。这些业务往往是由一些偏远的经营机构或者代理机构承办。保险公司从人力和经济的角度难以做到事先核保的,可以采用事后核保的方式,所以事后核保是对事先核保的一种补救措施。

4.3.3 核保实务

1. 各级核保人员的工作流程

(1)出单点复核工作流程。

① 审核投保单内容。

手续完备:投保单上要有投保人签章或签字,经办人签字,验车人、验证人签字。

内容完整:投保单上由投保人填写的内容必须完整、真实、准确。

文字清楚:投保单栏中未尽事项需在特别约定栏用文字说明,做到清楚明确。投保单若有涂改,投保人须在涂改处签字/签章(金额不允许修改)。

② 审核是否按照保险公司相关的验车规定验车,备齐验车资料。

③ 核对投保单录入内容与投保单填写内容是否一致,录入准确且初步审核同意按照投保单项目承保时,在投保单"复核意见"栏签字。

(2)业务处理中心核保流程。

① 属于本级核保权限内业务。

符合自动核保条件的业务,由业务处理系统自动核保后生成保险单,出单点可收取保费、出具保单、保险标志。

不符合自动核保条件的业务,由核保员按照本级公司的核保规定进行审核,核保通过时,生成保险单,出单点可收取保费、出具保单、保险标志。

需修改或调整的,在核保核赔系统内填写核保意见后及时退回出单员,由出单点业务人员负责与投保人协商调整后,重新填写投保单,修改录入信息后再次提交。

核保不通过时,应签署拒保意见。拒绝承保的,出单点业务人员(含代理人员)必须在投保单上签署"无法按此条件承保"。

② 超出本级核保权限的业务,在核保核赔系统内填写核保意见及时提交上一级核保人员。

③ 接到上一级核保人员的核保意见后,业务处理中心应当按照有关规定及时处理,确保出单时效。

2. 核保的基本内容

（1）投保要素是否齐全。
（2）被保险人性质的确定，条款种类和费率表的选择是否正确。
（3）险种组合、各险种的保险金额（限额）确定是否符合规定。
（4）新车购置价确定是否准确。
（5）折旧率是否符合规定，实际价值是否确定合理。
（6）续保保费调整、单车风险修正系数、车队费率浮动系数是否计算准确。
（7）是否符合本公司的核保规定。
（8）特别约定内容是否准确、合理。

4.4 缮制和签发保险单证

投保人提出保险要求，经保险人同意承保，保险合同成立。保险人应当及时向投保人签发保险单或者其他保险凭证。保险单或者其他保险凭证应当载明当事人双方约定的合同内容。当事人也可以约定采用其他书面形式载明合同内容。依法成立的保险合同，自成立时生效。投保人和保险人可以对合同的效力约定附条件或者附期限。

保险单或者保险凭证是订立保险合同、载明保险合同双方当事人权利和义务的书面凭证，是被保险人向保险人索赔的主要依据。因此，缮制保险单证工作质量的优劣往往直接影响机动车辆保险合同的顺利履行。

4.4.1 缮制保险单

缮制保险单是在承接保险业务后填制保险单的过程。业务内勤人员接到投保单及其附表后，根据核保人员签署的意见缮制保险单。保险单一般由电脑出单。缮制保险单时要求字迹清楚、数字准确、计算无误、内容完整。制单完毕后，制单人应在"制单"处签章。

缮制保险单时应当注意以下几个方面。

（1）双方协商并在投保单上填写的特别约定内容，应当完整地载明到保险单对应栏目内。如特别约定项目多，保险单"特别约定"栏内无法全部打印时，必须在"特别约定"栏中注明"详见特别约定清单"，并另外打印"特别约定清单"，附贴在保险单背面，且加盖骑缝章。

（2）须将承保险种对应的所有保险条款附贴在保险单正本背面，并统一加盖骑缝章。应注意，保险条款中责任免除、被保险人义务和免赔等规定的印刷字体，应当与其他内容的字体不同，以提醒被保险人注意阅读。

（3）机动车辆保险合同实行一车一单（保险单）和一车一证（保险证）制。根据保险单打印保险证并加盖业务专用章。保险单是索赔的有效文件，应妥善保存；保险证应随车携带，以便出现事故后能顺利报案。

保险单缮制完毕后,制单人应将保险单、投保单及其附表一起送复核人员复核。表4-1为某保险公司机动车交通事故责任强制保险单,表4-2为某财产保险股份有限公司机动车保险单。

表4-1 ××保险公司机动车交通事故责任强制保险单(正本)

保险单号:						
被保险人						
被保险人身份证号码(组织机构代码)						
地 址			联系电话			
被保险机动车	号牌号码		机动车种类		使用性质	
	发动机号码		识别代号(车架号)			
	厂牌型号		核定载客 人		核定载质量	千克
	排 量		功率		登记日期	
责任限额	死亡伤残赔偿限额	110000元	无责任死亡伤残赔偿限额		11000元	
	医疗费用赔偿限额	10000元	无责任医疗费用赔偿限额		1000元	
	财产损失赔偿限额	2000元	无责任财产损失赔偿限额		100元	
与道路交通安全违法行为和道路交通事故相联系的浮动比例						%
保险费合计(人民币大写):		(¥: 元)其中救助基金(%)¥:				元
保险期间自_____年_____月_____日零时起至_____年_____月_____日24时止						
保险合同争议解决方式						
特别约定						
重要提示	1. 请详细阅读保险条款,特别是责任免除和投保人、被保险人义务。 2. 收到本保险单后,请立即核对,如有不符或疏漏,请及时通知保险人并办理变更或补充手续。 3. 保险费应一次性缴清,请您及时仔细核对保险单和发票(收据),如果有不符,请及时与保险人联系。 4. 投保人应如实告知对保险费计算有影响的或被保险机动车因改装、加装、改变使用性质等导致危险程度增加的重要事实,并及时通知保险人办理批改手续。 5. 被保险人应当在交通事故发生后及时通知保险人。					
保险人	公司名称: 公司地址: 邮政编码: 服务电话: 签单日期: (保险人签章)					
保险人授权签字: 复核: 制单: 业务员: 代理/经纪人:						

机动车辆保险与理赔

表 4-2 ××财产保险股份有限公司机动车保险单

投　保　人：_____　　投保人身份证号码：_____

被　保　险　人：_____　　被保险人身份证号码：_____

行驶证车主：_____　　保　单　号：_____

根据投保人填写的投保单，本公司签发保险单，同意投保人按约定缴付保险费后，依照本保险单所载条款，批单以及其他双方约定的条件，承担保险责任。本保险单经保险人盖章且保险人授权代表签字生效。本保险单签发之日保险合同成立。

保险车辆情况	号牌号码		厂牌型号			
	VIN 码		车辆种类			
	发动机号		核定载客	人	核定载质量	千克
	初次登记日期		年平均行驶里程	公里	使用性质	
	行驶区域		已使用年限	年	新车购置价	元
承保险种	费率浮动		保险金额/责任限额（元）		保险费（元）	

保险费合计（人民币大写）：　　　　　　　　　　　　　　（¥：　　　　　　　元）

保险期间自_____年_____月_____日零时起至_____年_____月_____日24时止

特别约定	
保险合同争议解决方式	
重要提示	1. 本保险合同由保险条款、投保单、批单和特别约定组成。 2. 收到本保险单、承保险种对应的保险条款后，请立即核对，如有不符或疏漏，请在 48 小时内通知保险人并办理变更或补充手续；超过 48 小时未通知的，视为投保人无异议。 3. 请详细阅读承保险种对应的保险条款，特别是责任免除和投保人、被保险人义务。 4. 被保险机动车因改装、加装、改变使用性质等导致危险程度增加以及转卖、转让、赠送他人的，应书面通知保险人并办理变更手续。 5. 被保险人应当在交通事故发生后及时通知保险人。
保险人	公司名称：　　　　　　　　　　　公司地址： 邮政编码：　　　　　　　　　　　联系电话：　　　　　　　网址： 签单日期：　　　　　　　　　（保险人签章）

核保：　　　　　　　　　　制单：　　　　　　　　　　经办：

4.4.2　复核保险单

复核人员接到保险单、投保单及其附表后应当认真对照复核。复核人员应当严格履行职责，将保险单内容逐项复核。复核中尤其应当认真审核特别约定的内容、保险期间起讫时间以及保险金额的确定是否符合规定、费率厘定是否合理、保费计算是否正确等内容。

4.4.3 收取保费

经核保人员核保通过后，应当要求投保人一次性足额缴付保费后方可出具保险单、保险标志等车辆保险单证。交强险必须一次缴清，商业险一般情况下不得接受投保人分期付费的请求，个人业务、家庭自用车业务严禁分期付费。商业险业务分期付费方式只适用于各分公司的优质大客户、黄金客户，必须与客户签订分期付款交费协议书，并报分管领导审批。

4.4.4 签发保险单证

交强险保险单证和商业险保险单证应分开打印，交强险应采用中国保监会监制全国统一样式的交强险专用保险单、保险标志打印，不得以任何商业保险单替代交强险保险单进行打印。图 4-3 为内置型交强险保险标志（需粘贴在风挡玻璃右上角），图 4-4 为某保险公司机动车商业险保险证。

投保人因交强险保险单、保险标志发生损毁或者遗失申请补办的，保险人应当在收到补办申请及报失认定证明后的 5 个工作日内完成审核，补发相应的交强险保险单、保险标志；并通过业务系统重新打印保险单、保险标志，新保险单、保险标志的印刷流水号码与原保险单号码能够通过系统查询到对应关系。

图 4-3 内置型交强险保险标志

	第一联
×××财产保险股份有限公司	
机 动 车 辆 保 险 证	
网址： 全国客户服务电话：	

图 4-4 某保险公司机动车商业险保险证

第二联

保险须知

1. 请您仔细阅读保险合同，并履行合同中约定的义务。

2. 改装保险机动车、改变机动车使用性质、转卖、转让、馈赠保险机动车时，请向车辆管理部门申请变更，并及时通知本保险人办理批改手续。

3. 一旦发生机动车交通事故责任强制保险和其他机动车保险责任范围内的事故，请采取合理的保护、施救措施，立即向公安机关交通管理部门报案，并在48小时内分别通知您的强制保险和其他机动车保险的承保公司。

4. 发生符合《道路交通法》规定撤离现场、自行协商处理的事故，请立即通知本保险人，按照本保险人的提示处理事故，或根据有关法律规定提供事故双方当事人共同签名的、有关事故情况和双方当事人相关信息的记录。

5. 发生保险机动车碰撞固定物事故，或只有保险机动车损失的事故，请及时通知本保险人进行现场查勘。

6. 保险机动车发生保险事故后需要修理的，修理前请会同本保险人检验，共同确定修理方式、项目和费用后再行修理。

7. 发生涉及第三者的事故后，未经本保险人书面同意，请勿自行向第三者作出有关赔偿事宜的承诺，或放弃向第三者请求赔偿的权利。

8. 索赔时，请向本保险人提供能确认保险事故的性质、原因、损失程度的有效证明和材料。

9. 当发生与保险赔偿有关的仲裁或者诉讼时，请及时书面通知本保险人。

第三联

被保险人：
保　单　号：
号牌号码：　　　　　　　　厂牌型号：
发动机号：　　　　　　　　使用性质：
车　架　号：　　　　　　　核载（人／千克）：　　　／
承保险种：
保险期限：自　　年　　月　　日零时起
　　　　　至　　年　　月　　日二十四时止
承保公司报案电话：

图 4-4　某保险公司机动车商业险保险证（续）

4.4.5　清分单证

保险业务员应当对投保单、保险单、保费发票、保险证等进行清分归类。投保单的附表要粘贴在投保单背面，并在投保单及其附表上加盖骑缝章。

清分时按下列要求进行。

（1）清分给投保人的单证有保险单正本、公安机关交通管理部门留存联及条款、保费发票（保户留存联）、保险标志、有保险单附表、特别约定清单，新增设备明细表时需同时提供。

（2）计财部门留存的单证有保险单副本（财务留存联）、保险费发票（财务留存联）。

（3）业务部门留存的单证有保险单副本（业务留存联）、投保单、保费发票（业务留存联）等。

4.4.6 单证归档

留存业务部门的单证应当按照交强险和商业险分开整理、装订、归档。

交强险合同承保单证的整理排列顺序为：保费收据→保险单副本及其附表→投保单及其附表→行驶证和驾驶证复印件或组织机构代码证复印件→机动车上年度交通安全违法行为、交通事故及交强险赔偿记录→其他材料。

商业险保险合同承保单证的整理排列顺序为：保费收据→保险单副本及其附表→投保单及其附表→行驶证复印件或组织机构代码证复印件→发动机或车架号码拓印件、照片→其他材料。

每套承保单证按照保险单号顺序排列，装订成册，封面及装订按档案管理的规定办理。作废的保险单应加盖作废章，并同其他有效单证按顺序装订。各种有效单证应当指定专人保管，不得遗失，并按规定时间移交档案部门归档。

4.5 保险合同的变更

保险合同的变更是指在保险合同的有效期内，当事人根据主客观情况的变化，依据法律规定的条件和程序，在协商一致的基础上，对保险合同的某些条款进行修改或补充。

根据《保险法》的相关规定，投保人和保险人可以协商变更合同内容。变更保险合同的，应当由保险人在保险单或者其他保险凭证上批注或者附贴批单，或者由投保人和保险人订立变更的书面协议。

4.5.1 交强险保险合同变更事项

（1）被保险机动车所有权发生转移的。

（2）投保人未如实告知重要事项，对保费计算有影响的。

（3）被保险机动车变更核定载客、核定载质量的。

（4）在保险合同有效期限内，被保险机动车因改装、加装、使用性质改变等导致危险程度增加的。

（5）其他影响保费计算的变更。

4.5.2 商业险保险合同变更事项

（1）保险人变更（保险车辆转卖、转让、赠送他人）。

（2）保险车辆增、减危险程度。

（3）保险车辆变更使用性质。

（4）调整保险金额或责任限额。

（5）加保或退保部分险种。

（6）全部险种提前退保。

（7）或减少或变更约定驾驶人。

（8）变更其他事项。

4.5.3 批单

批单是为了对保险合同进行修改、补充或增删内容而由保险人出具的一种凭证。保险合同订立后，在有效期内，双方当事人都有权通过协议更改保险合同的内容。如被保险人需要更改险种、户名、地址、保险期限、保险金额等，均须经保险人同意后出立批单。批单可以在原保险单或保险凭证上批注，也可以另外出具一张变更合同内容的单证。保险单经过批改，应以批单所规定的内容为准。

1. 批改的性质

保险单批改在一定意义上等同于保险合同的变更，尤其是对保险单重要内容的批改，所以应当予以充分的重视和严格的管理。有些保险公司仅注意对保险单的核保工作而忽视对批改工作的管理，导致在批改环节出现了漏洞，造成管理质量问题。

2. 批改的种类

根据要求批改的内容，批改可以分为一般性批改和重要批改。一般性批改是指要求批改的内容不涉及保险合同的主要项目，这种批改对原保险合同没有产生实质性的影响，如对保险期限、被保险人的地址等资料的修改。重要批改是指对保险合同主要内容的修改，这种修改可能对原来的保险合同产生实质性的影响，如对保险金额、赔偿限额、使用性质等内容作出修改。

3. 批改的内容以及措辞

保险单的批改应当根据不同类型的批改采用统一、标准措辞的批单。批单的内容通常应包括批改申请人、批改的要求、批改前的内容、批改后的内容、是否增加保费、增加保费的计算方式、增加的保费等，并明确除本批改外原保险合同的其他内容不变。

例如，变更使用性质的批单措辞如下：

根据被保险人的申请，兹经双方同意本保险单中保险车辆的使用性质由原来的"自用"自2010年2月1日起变更为"营业用"。为此，应加收保险费人民币123元。

4. 批改的程序

对保险单进行批改应有被保险人的书面申请，书面申请应当明确提出要求修改保险合同的项目和原因，并由被保险人签字盖章。对批改的管理应当纳入统一核保工作体系，成为核保体系的一部分。对于批改要求，原则上视同一个投保申请进行处理。切忌将批改的管理置于核保管理体系之外，以免导致出现管理上的漏洞，产生混乱和失控。对于批改的审核工作按照批改的不同种类分别进行，对于一般性批改申请的可以由三级核保人完成，而对于重要批改申请的应当按照核保的有关权限规定，逐级上报审批。

5. 批改的方式

根据我国《保险法》的相关规定，保险单的批改可以采用两种方式：一是在原保险合同上进行批改；二是另外出具批单并附贴在原保险合同上。在实际工作中大多采用出具批单的方式。批单应采用统一的和标准的格式。批单的内容分为两部分：一是相对固定部分，主要是原保险单的主要内容，包括被保险人、保险单号码等；二是批改的内容。出具批单之后应加贴在原保险单正本、副本上并加盖骑缝章，使其成为保险合同的一部分。

6. 批改的效力

在实际操作中可能出现一份保险单多次批改的情况，在这种情况下就会出现批单效力的问题，即在多次批改或者多份批单的情况下，出现优先适用问题，或者说是批改的效力问题。

通常在保险合同进行多次变更时，对于适用顺序或者效力上采用两个标准：一是时间标准，即适用最近一次批改的效力优于之前的批改；二是批改方式标准，即手写批改的效力优于打字的批改。

保险公司现在通常出具的重要凭证还有抢救卡。抢救卡即保险机动车辆交通事故伤员抢救卡。抢救卡并不是保险合同的一种类型，其实质是一种担保凭证。抢救卡的出现是由于在交通事故中往往发生人身伤亡需要紧急送医，而保险公司不可能立即赔付。为了向被保险人提供更加全面的服务，保险公司在与有关医院协商的基础上推出了抢救卡。对于在保险公司投保了相应险种的被保险人，由保险公司向其提供一张抢救卡，一旦发生交通事故需要紧急抢救，伤员就可以凭抢救卡要求医院先行抢救，相关的抢救费用（在一定数额内，如5000元）由保险公司垫付。

4.6 保险合同的终止

保险合同的终止是指保险合同权利义务关系的绝对消灭。当保险合同终止后，保险合同的法律效力也立即终止。

4.6.1 交强险合同终止的种类

1. 保险人解除合同

投保人对重要事项未履行如实告知义务，保险人可以解除强制保险合同。解除合同前，保险人应出具"未履行如实告知义务通知书"通知投保人，如投保人自收到通知5日内仍未履行如实告知义务，保险人可以出具"机动车交通事故责任强制保险合同解除通知书"解除保险合同。

解除强制保险合同，保险公司应当收回保险单和保险标志，并出具"机动车交通事故责任强制保险合同解除通报书"通知公安机关交通管理部门。

2. 投保人解除保险合同

根据《机动车交通事故责任强制保险条款》第 23 条的规定,在下列三种情况下,投保人可以要求解除交强险合同:
(1) 被保险机动车被依法注销登记的;
(2) 被保险机动车办理停驶的;
(3) 被保险机动车经公安机关证实丢失的。

交强险合同解除后,投保人应当及时将保险单、保险标志交还保险人;无法交回保险标志的,应当向保险人说明情况,征得保险人的同意。

3. 保险合同有效期届满而自然终止

交强险的保险期间一般为 1 年(投保短期交强险的除外),自保险期间的终止日起,保险合同自然终止。

4. 保险车辆发生全部灭失或损毁致使合同终止

在保险期间内,保险标的如果因为发生风险事故导致车辆全部灭失或损毁,保险合同即行终止。

4.6.2 商业险保险合同终止的种类

1. 投保人要求解除合同

根据《保险法》的相关规定,除《保险法》另有规定或者保险合同另有约定外,保险合同成立后,投保人可以解除合同,保险人不得解除合同。

2. 保险人要求解除合同

根据《保险法》的相关规定,保险人法定解除权主要有以下几种:
(1) 投保人违反如实告知义务;
(2) 投保人、被保险人违反防灾减损义务;
(3) 保险标的的危险程度增加;
(4) 被保险人骗取保险金给付;
(5) 投保人或者被保险人故意制造保险事故;
(6) 保险标的发生部分损失,保险人赔偿后。

3. 保险车辆发生全部灭失或损毁(全损或推定全损)致使合同终止

在保险期间内,保险标的如果因为发生风险事故导致保险车辆全部灭失或损毁,保险合同即行终止。

4. 保险车辆因报废、转让、赠与他人等原因中途终止合同

机动车辆保险标的的过户、转让或者出售,应当事先书面通知保险人,经保险人同意并将保险单证批改后方能继续有效,否则自保险标的的过户、转让或者出售时起,保险责任即行终止。

5. 保险合同有效期届满而自然终止

商业险保险的保险期间为 1 年，自保险期间的终止日期起，保险合同自然终止。

4.6.3 保险合同终止通知

根据《保险法》和保险惯例的相关规定，保险合同除自然终止外，终止保险合同时，承保方均应发出书面通知（或出具批单代替）。表 4-3 为某保险公司机动车辆保险批单。

表 4-3　××保险公司机动车辆保险批单

批 单 号：

被保险人：　　　　　　　　　　　　　　　保险单号：

批文：

　　　　　　　　　　　　　　　　　　　保险人签章：
　　　　　　　　　　　　　　　　　　　　年　　月　　日

备注：

核保：　　　　　　　　制单：　　　　　　　　经办：

以保险车辆由于发生全损保险事故导致保险合同终止的情形为例，介绍表 4-3 中批文的表述方式如下文所述。

　　　　（牌照号）保险车辆，因发生全损保险事故，我公司已按照合同约定履行了保险赔偿义务。因此，有关该车辆的 NO.　　　　　　（保险单号）保险合同自　　　年　　　月　　　日零时终止。

特此批改（通知）。

4.6.4 保险合同终止退费

1. 交强险合同终止退费

根据《机动车交通事故责任强制保险条款》第 24 条的规定，发生《机动车交通事故责任强制保险条例》所列明的投保人、保险人解除交强险合同的情况时，保险人按照日费率收取自保险责任开始之日起至合同解除之日止期间的保费。

2. 商业险保险合同终止退费

（1）根据《保险法》的相关规定，下列情况下，合同解除（或终止）不退还保费。

① 合同自然终止或合同赔偿责任已全部履行完毕。

② 投保人故意不履行如实告知义务的，保险人对于合同解除前发生的保险事故，不承担赔偿或者给付保险金的责任，并不退还保费。

③ 未发生保险事故，被保险人或者受益人谎称发生了保险事故，向保险人提出赔偿或者给付保险金请求的，保险人有权解除合同，并不退还保费。投保人、被保险人故意制造保险事故的，保险人有权解除合同，不承担赔偿或者给付保险金的责任。除《保险法》第43条规定外，不退还保费。

④ 利用保险车辆从事非法活动，保险人提出解除合同的。

⑤ 法律规定保险人有权单方解除合同的其他事项。

（2）根据《保险法》的相关规定，下列情况下，合同解除时应当全额退还保费，但应当扣除保险手续费。

① 投保人对保险标的无可保利益或合同非法导致合同无效的。

② 保险责任开始前，投保人要求解除合同的，应当按照合同约定向保险人支付手续费，保险人应当退还保费。

（3）下列情况下，保险合同解除时应当办理退还保险费手续，退还保费应当按日计算。

① 在合同有效期内，保险标的的危险程度显著增加的，被保险人应当按照合同约定及时通知保险人，保险人可以按照合同约定增加保费或者解除合同。保险人解除合同的，应当将已收取的保费，按照合同约定扣除自保险责任开始之日起至合同解除之日止应收的部分后，退还投保人。

② 保险责任开始后，投保人要求解除合同的，保险人应当将已收取的保费，按照合同约定扣除自保险责任开始之日起至合同解除之日止应收的部分后，退还投保人。

③ 保险标的发生部分损失的，自保险人赔偿之日起30日内，投保人可以解除合同；除合同另有约定外，保险人也可以解除合同，但应当提前15日通知投保人。合同解除的，保险人应当将保险标的未受损失部分的保费，按照合同约定扣除自保险责任开始之日起至合同解除之日止应收的部分后，退还投保人。

4.7 续　　保

续保是指在原有的保险合同即将期满时，投保人在原有保险合同的基础上向保险人提出继续投保的申请，保险人根据投保人的实际情况，对原有合同条件稍加修改而继续签约承保的行为。做好续保工作对于巩固保险业务的来源非常重要。

4.7.1 通知续保

保险业务员应当在机动车辆保险合同临近期满前，一般为1个月以前，视情况需要通过上门、电话、信件、电子邮件等方式向投保人或被保险人及时发出续保通知，督促投保人或被保险人按时办理续保手续。

4.7.2 核定费率浮动

投保人续保时,保险业务员应当对保险标的进行再次审核,并根据实际情况进行费率浮动。对于交强险业务,按照《机动车交通事故责任强制保险条款》第 3 条的规定实行交强险费率与被保险机动车道路交通安全违法行为、交通事故记录相联系的浮动机制。对于商业险保险业务,按照商业险分为 A、B、C 三种的规定执行。费率调整系数表一般包括是否指定驾驶人,指定驾驶人的年龄、性别、年龄,是否约定行驶区域、行驶里程,是否多险种投保,是否续保业务,历史赔付记录,交通违法记录,承保数量,保险车辆车型等浮动因子。实现不同投保人之间的费率公平,鼓励车辆驾驶人安全驾驶。

复 习 题

1. 简述机动车辆保险承保的业务流程。
2. 在验车、验证的过程中,查验的主要内容有哪些?
3. 简述核保的流程和核保工作的基本内容。

第 5 章

机动车辆保险理赔实务

5.1 机动车辆保险理赔的原则和流程

机动车辆保险理赔是指保险人依据机动车辆保险合同的约定,对被保险人提出的给付赔偿金的请求进行处理的行为和过程。机动车辆保险理赔工作是保险职能的具体体现,是保险人执行保险合同,履行保险人义务,承担损失补偿责任的实现形式。做好机动车辆保险理赔工作对于维护被保险人的利益、加强机动车辆保险的经营与管理、提高保险公司的信誉和效益都具有十分重要的意义。

5.1.1 机动车辆保险理赔的原则

机动车辆保险业务量大、出险率高,且理赔工作技术性强、涉及面广、情况复杂。为了确保理赔的快捷与高效,在机动车辆保险理赔工作中必须坚持以下原则。

1. 树立为保户服务的指导思想的原则

树立服务意识是保险人在整个理赔工作中应当始终贯穿的主导思想。保险人应当坚持客户就是上帝、服务至上的基本原则。发生机动车辆保险事故后,保险查勘人员应当迅速赶赴事故现场,避免损失的扩大,尽量减轻事故造成的影响,及时安排损失财产的修复;简化程序,及时处理赔案,支付赔款,保证受害人得到及时的救助,切实保护被保险人的合法权益。

2. 重合同、守信用、实事求是的原则

在保险合同中明确规定了保险人与被保险人的权利和义务,保险合同双方都应当恪守合同约定。对于保险人而言,应严格按照合同条款受理赔案、确定损失,既不惜赔,也不滥赔。要向被保险人讲明道理,拒赔部分要讲事实、重证据、依法办事,只有这样才能树立保险公司的信誉,扩大保险的积极影响。

3. 主动、迅速、准确、合理的原则

"主动、迅速、准确、合理"是保险理赔人员在长期的实践中总结出的经验,是保险理赔工作优质服务的基本要求。

主动是指接到出险通知后，保险理赔人员应当积极主动地受理出险案件，进行案件的调查了解和现场查勘，掌握出险情况，进行事故分析，确定保险责任。对前来索赔的被保险人要热情接待，多替被保险人着想。

迅速是指保险理赔人员接到出险通知后要及时赶赴事故现场查勘，在索赔手续完备的情况下尽快赔偿被保险人的损失，即办得快、查得准、赔得及时。认真执行"迅速"二字可以缩短理赔时间，提高被保险人的满意度。

准确是指要求保险理赔人员对出险案件从查勘、定损、定责以至赔款计算等各个环节，都力求杜绝差错，不发生错赔、滥赔现象，保证双方当事人的合法权益。

合理是指保险理赔人员根据保险合同的规定，在现场查勘、损失财产定损及赔案处理等方面本着实事求是的原则，尊重客观事实，分清责任；同时又要结合具体案情具体分析，考虑实际情况适当灵活处理，合理定损。

上述理赔工作的八字原则是辩证的统一体，既不能单纯追求速度，不深入调查了解，不具体问题具体分析，盲目下结论，或计算不准确草率处理，发生错案，引起法律纠纷；也不能只讲求准确合理，忽视速度，不讲工作效率，使赔案久拖不决，影响保户的利益。总之，要以主动、热情、诚恳的工作态度，在尽可能短的时间内，最大限度地让被保险人得到应有的保障。

5.1.2 机动车辆保险理赔的流程

对于不同的保险公司和不同的业务，机动车辆保险理赔实务的流程有所差异。但总体而言，机动车辆保险理赔工作一般都要经过受理报案、现场查勘、确定保险责任并立案、定损、核损、赔款理算、核赔、结案处理、理赔案卷归档等几个步骤。图 5-1 为机动车辆保险一般赔案的理赔业务流程。

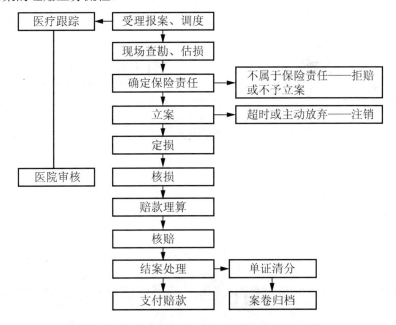

图 5-1 机动车辆保险一般赔案的理赔业务流程

5.2 受理报案

机动车发生保险事故后,被保险人应当及时向保险公司报案。除不可抗力外,被保险人应当在保险事故发生后的 48 小时内通知保险公司。根据《保险法》的相关规定,投保人、被保险人或者受益人知道保险事故发生后,应当及时通知保险人。否则,造成损失无法确定或扩大的部分,保险人不承担赔偿责任。通常被保险人可以通过电话、上门、传真等方式向保险人的理赔部门进行报案。各家保险公司也都开通了专线电话,指定专人受理报案事宜,如中国人保的"95518"全国统一客服电话。

对于在外地出险的,如果保险人在出险当地有分支机构的,被保险人可以直接向保险人在当地的分支机构报案。目前,一些全国性的保险公司内部均建立了相互代理的制度,即"代查勘、代定损"的"双代"制度,能够迅速向被保险人提供案件受理的服务。如果保险人在当地没有分支机构的,被保险人应当直接向承保的保险公司报案,并要求承保的保险公司对事故处理提出具体意见。

5.2.1 受理报案操作流程

接报案人员一旦接到报案电话应当按照图 5-2 所示的流程开展报案受理工作。

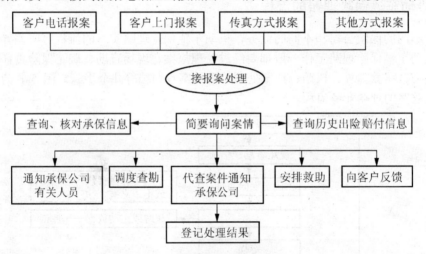

图 5-2 受理报案操作流程

5.2.2 询问案情与报案登记

1. 报案记录

被保险人报案时,保险公司应当对一些内容进行记录,主要包括以下内容。
(1)报案人的姓名、联系方式等报案人信息。
(2)被保险人的姓名、保险单号码、车辆厂牌型号、牌照号码、使用性质等保险车辆有关信息。
(3)出险时间、出险地点、出险原因、事故经过、驾驶人姓名、驾驶证号码、准驾车型、受损情况、估计损失金额等出险信息。

（4）询问是否涉及第三方车辆、财物损失以及事故是否涉及人员伤亡等信息；如果涉及则需询问第三者的名称、车牌号、伤亡人员的姓名、联系电话等信息；询问是否为第一现场，对道路交通事故，指导报案人报警并提供交通事故责任证明。对于单方责任、未涉及人员伤亡及重大第三者财产损失的事故，告知报案人保护现场，并安排现场查勘。

为保证报案登记记录内容的完整性，保险公司一般都事先制定"机动车辆保险出险报案登记表"。报案时，接报案人员应当按照出险报案登记表上的填写项目逐项询问并做详细记录，之后将有关信息详细录入核心业务系统。如果报案人不能在第一时间告知详细信息，应当告知报案人在24小时内通过来电、上门或其他形式将相关信息补报完整。表 5-1 为某财产保险公司机动车辆保险出险报案表。

表 5-1　×××财产保险公司机动车辆保险出险登记表

机 动 车 辆 出 险 报 案 表

报案编号：

被保险人				保险单号			
厂牌型号		号牌号码		牌照底色		车辆种类	
出险时间				出险原因			
报案人				报案时间			
报案方式				是否第一现场报案		□是　□否	
联系人				联系电话			
出险地点				出险地邮政编码			
出险地点分类	□高速公路　□普通公路　□城市道路			车辆已行驶里程		已使用年限	
	□乡村便道　□场院及其他						
处理部门	□交警　□其他交通事故处理部门			车辆初次登记日期			
	□保险公司　□自行处理			排量/功率			
驾驶员姓名				初次领证日期		年　月　日	
驾驶证号码							
准驾车型	□A　□B　□C　□其他			性别	□男　□女	年龄	
职业分类	□职业驾驶员　　□国家社会管理者　□企业管理人员						
	□私营企业主　　□专业技术人员　　□办事人员						
	□个体工商户　　□商业服务业员工　□产业工人						
	□农业劳动者　　□军人　　　　　　□其他						
文化程度	□研究生及以上　□大学本科　　　　□大专						
	□中专　　　　　□高中　　　　　　□初中及以下						
事故经过（请您如实填报事故经过，报案时的任何虚假、欺诈行为，均可能成为保险人拒绝赔偿的依据。）							
报案人员签字：　年　月　日							
事故处理结果：查勘人员签字：　年　月　日							

2. 查询承保、理赔信息

根据报案情况，接报案人员应当尽快调出事故车辆的保险单抄件。查询是否重复报案，对在 10 天内连续 2 次以上出险的车辆（包括事故车辆和第三者车辆）要进行认真核查，并将有关情况告知保险查勘人员，要求其在现场查勘时予以进一步调查。

3. 核对保险单信息

尽快对客户提供的保险单信息与核心业务系统中的保险单信息进行核对，查验出险时间是否在保险期限以内，核对驾驶人是否为保险单中约定的驾驶人，初步审核报案人所述事故原因与经过是否属于保险责任等。

对于明显不属于保险责任的，应向客户明确说明，并做好向客户解释的工作。同时在核心业务系统中记录拒赔或不予受理的理由，将有关信息提交客户服务中心，以便归档管理，并通知承保部门。

对属于保险责任范围内的事故和不能明确确定拒赔的案件，应当根据案情确定事故现场查勘或处理的方式，确保事故第一现场证据资料的合法性、完整性和准确性。同时立即通知保险查勘人员赶赴现场，进一步了解情况。

4. 指导填写有关保险单证，说明后续理赔安排

接报案人员在登记报案信息后，应当向被保险人说明索赔程序及注意事项。现场报案的应向被保险人提供《索赔申请书》（参见表 5-2）和《索赔须知》（参见表 5-3），并指导其据实详细填写。若被保险人为非现场报案，则应当在查勘现场时请被保险人及时填写。

表 5-2 ×××财产保险公司机动车辆保险索赔申请书

保险单号：　　　　　　　　　　　　　　　　　　　　　报案编号：

重要提示：请您如实填写以下内容，任何虚假、欺诈行为，均可能成为保险人拒绝赔偿的依据。					
被保险人		号牌号码		号　　牌	
厂牌型号		发动机号		车架号（VIN）	
报案人		报案时间		是否第一现场报案	
_____公司：_____年_____月_____日_____时，驾驶人_____（姓名），驾驶证号□□□□□□□□□□□□□□□□□□，初次领证日期____年____日____日，驾驶机动车_____（号牌号码），行至_____（出险地点），因_____（出险原因），发生_____的事故，造成_____的损失。					
你公司已将有关索赔的注意事项对我进行了告知。现按照保险合同的约定，向你公司提出索赔申请。					
被保险人声明：以上填写的内容和向你公司提交的索赔材料真实、可靠，没有任何虚假和隐瞒。如有虚假、欺诈行为，愿意承担由此产生的所有法律责任。					
被保险人签章： 　年　　月　　日 身份证号：□□□□□□□□□□□□□□□□□□					
联系电话		地　　址		邮政编码	

表 5-3　×××财产保险公司机动车辆保险索赔须知

机动车辆保险索赔须知				
被保险人（名称/姓名）				
由于您投保的机动车辆发生了事故，请您在向我公司提交《机动车辆保险索赔申请书》的同时，依照我公司的要求，提供以下有关单证。如果您遇到困难，请随时拨打×××保险公司的服务专线电话"×××"，我公司将竭诚为您提供优质、高效的保险服务。				
机动车辆索赔材料手续明细如下：				
1. □《机动车辆保险索赔申请书》				
2. □机动车辆保险单正本				
3. 交通事故处理部门出具的：□交通事故责任认定书　□调解书　□简易事故处理书　□其他事故证明				
4. 法院、仲裁机构出具的：□裁定书　□裁决书　□调解书　□判决书　□仲裁书				
5. 涉及车辆损失还需提供：□《机动车辆保险车辆损失情况确认书》及《修理项目清单》和《零部件更换项目清单》　□车辆修理的正式发票（即"汽车维修专用发票"）　□修理材料清单　□结算清单				
6. 涉及财产损失还需提供：□《机动车辆保险车辆财产损失确认书》　□设备总体造价及损失程度证明　□设备恢复的工程预算　□财产损失预算　□购置、修复受损财产的有关费用单据				
7. 涉及人员伤、残、亡损失还需提供： 　□县级以上医院诊断证明　□出院通知书　□需要护理人员证明　□医疗费报销凭证（须附处方及治疗、用药明细单据）　□残者需提供法医伤残鉴定书　□亡者需提供死亡证明　□被抚养人证明材料　□户籍派出所出具的受害者家庭情况证明　□户口　□丧失劳动能力证明　□交通费报销凭证　□住宿费报销凭证　□伤、残、亡人员误工证明及收入情况证明（收入超过纳税金额的应提交纳税证明）　□护理人员误工证明及收入情况证明（收入超过纳税金额的应提交纳税证明）　□向第三方支付赔偿费用的过款凭证（须由事故处理部门签章确认）				
8. 涉及车辆盗抢案件还需提供： 　□机动车行驶证（原件）　□出险地县级以上公安刑侦部门出具的盗抢案件立案证明　□已登报声明的证明　□车辆购置附加税凭证和收据（原件）或车辆购置税完税证明和代征车辆购置税缴税收据（原件）或免税证明（原件）　□机动车登记证明（原件）　□车辆停驶手续证明　□机动车来历证明　□全套车钥匙				
9. 被保险人索赔时，还须提供以下材料和证件，经保险公司验证后留存复印件： 　□保险车辆《机动车行驶证》　□肇事驾驶人员的《机动车驾驶证》				
10. 被保险人领取赔款时，须提供以下材料和证件，经保险公司验证后留存复印件： 　□领取赔款授权书　□被保险人身份证明　□领取赔款人员身份证明				
11. 需要提供的其他索赔证明和单据： （1）　　　　　　　　　　　　　　　　　　（2） （3）　　　　　　　　　　　　　　　　　　（4）				
敬请注意：为保证您能够获得更全面、合理的保险赔偿，我公司在理赔过程中，可能需要您进一步提供上述所列单证以外的其他证明材料。届时，我公司将及时通知您。感谢您对我们工作的理解与支持！				
被保险人			保险公司	
领到《索赔须知》日期	年　月　日		交付《索赔须知》日期	年　月　日
确认签字			经办人签字	
提交索赔材料日期	年　月　日		收到索赔材料日期	年　月　日
确认签字			经办人签字	

5.2.3 安排查勘定损

对属于保险责任范围内的事故和不能明确确定拒赔的案件，依据出险报案信息出具"机动车辆保险报案记录（代抄单）"，交由查勘人员赶赴现场开展查勘工作。同时将报案信息通知承保部门有关人员，以便其决定是否参加现场查勘工作。对需要提供现场救援的案件，应立即安排救援工作。

接到保险车辆在外地出险的报案，登记后，可视情况立即安排人员赶赴现场进行查勘或委托保险人在当地的分支机构协助代理查勘、定损，转入"双代"案件处理程序。接到外地保险车辆在本地出险的报案，登记后，按照车险"双代"规定进行处理，并通过电脑网络或电话、传真通知承保地公司。

5.3 现场查勘

5.3.1 现场查勘操作流程

保险车辆出险以后需要保险查勘人员及时赶赴事故现场会同被保险人及有关部门进行事故现场查勘工作。通过现场查勘，确定事故原因、事故责任、保险责任，初步估计损失情况，协助被保险人现场施救，向被保险人提供索赔指引等工作。

现场查勘应当由2位以上人员参加，并应尽量查勘第一现场。如果第一现场已经改变或被清理，则要及时调查了解有关情况。图5-3为某保险公司现场查勘流程。

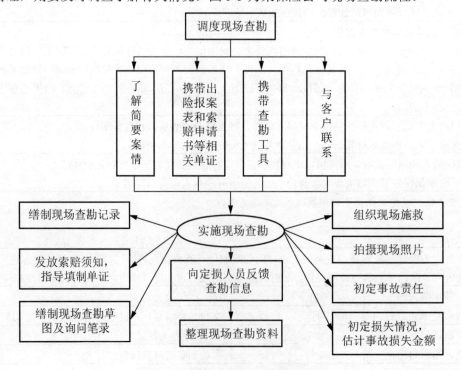

图5-3 某保险公司现场查勘操作流程

5.3.2 查勘准备

接到报案电话后,保险查勘人员要及时到达现场,出发前需要做一些适当的准备。

1. 查阅抄单

(1)保险期限。

查验保险单,确认出险时间是否在保险期限内。对于出险时间接近保险起止时间的案件要作出标记,重点核实。

(2)承保的险种。

查验保险单记录,重点注意以下问题:被保险人是否只承保了第三者责任险;对于报案称有人员伤亡的案件,注意被保险人是否承保了车上人员责任险,车上人员责任险是否为指定座位;对于火灾引发的车损案件,是否承保了自燃损失险;对于非机动车的碰撞案件,是否承保了无过失责任险。

(3)保险金额、责任限额。

注意各险种的保险金额、责任限额,以便现场查勘时心中有数。

(4)交费情况。

注意保费是否属于分期付款,是否依据约定缴足了保费。

2. 阅读报案记录

阅读报案记录应重点注意以下信息:
(1)被保险人的姓名,保险车辆车牌号;
(2)出险时间、地点、原因、处理机关、损失概要;
(3)被保险人、驾驶人及当事人的联系电话。

3. 携带查勘资料及工具

查勘资料主要包括出险报案表、保单抄件、索赔申请书、报案记录、现场查勘记录、索赔须知、询问笔录、事故车辆损失确认书。

查勘的工具主要包括定损笔记本电脑、数码相机、手电筒、卷尺、砂纸、笔、记录本等。

5.3.3 现场查勘的主要内容

现场查勘的主要内容包括查验保险情况、查明出险时间及出险地点、查明保险车辆的情况、查明驾驶人的情况、拍摄现场照片、了解出险经过及出险原因、施救整理受损财产及估计损失。

1. 查验保险情况

查验被保险人提供的保险证或保险单。若被保险人不能提供保险单或保险证,保险查勘人员应当根据"机动车辆保险出险报案记录(代抄单)"(参见表5-4)进行保险情况的核对确认。同时还应当注意了解保险车辆有无在其他的保险公司重复投保的情况。

表 5-4 ××保险公司机动车辆保险报案记录（代抄单）

保险单号：   报案编号：

被保险人		号牌号码		牌照底色	
厂牌型号		报案方式		□电话 □传真 □上门 □其他	
报案人		报案时间		联系电话	
出险时间		出险原因		是否第一现场报案：□是 □否	
出现地点		驾驶员姓名		准驾车型	
驾驶证初次领证日期			驾驶证号		
处理部门		承保公司		客户类别	
VIN 码		发动机号		车架号	
被保险人单位性质		车辆初次登记日期		已使用年限	
新车购置价		车辆使用性质		核定载客___人 核定载质量___千克	
保险期限		行驶区域		车辆种类	
约定驾驶人员	主驾驶员姓名		驾驶证号码		初次领证日期	
	从驾驶员姓名		驾驶证号码		初次领证日期	
			驾驶证号码		初次领证日期	

序号	承保险别	保险金额/责任限额	序号	承保险别	保险金额/责任限额
1			6		
2			7		
3			8		
4			9		
5			10		
争议解决方式			保险费		

特别约定	
事故经过	
保险单批改信息	
涉及损失类别	□本车车损 □本车车上人员伤亡 □本车车上财产损失 □第三者其他财产损失 □第三者车辆损失 □第三者人员伤亡 □第三者车上财产损失 □其他
本单批改次数		车辆出险次数		赔款次数		赔款总计	
被保险人住址				邮政编码			
联系人		固定电话		联系电话			

签单人：   经办人：   核保人：

抄单人：   抄单日期：

2. 查明出险时间

查明出险时间的主要目的是判断事故是否在保险有效期内。对接近保险起讫期出险的案件应当特别慎重，认真查实，以排除道德风险。

为了获得真实的出险时间，保险查勘人员应当仔细核对公安部门的证明与当事人的陈述时间是否一致，同时要了解保险车辆的启程时间、返回时间、行驶路线、伤者住院治疗时间等。如涉及装载货物出险的，还要了解委托运输单位的装卸货物时间等。同时，保险查勘人员对出险时间和报案时间进行比对，看其是否超过48小时。

确定出险时间有时还可以对事故原因的判断提供帮助。尤其是在一些特定时间（如每天尤其是节假日的13:00—16:00、20:00—23:00），对一些特定的驾驶群体（如青壮年的男性驾驶人、经营人员），出险后应当考虑是否存在酒后驾车问题，并设法与公安机关一起取证。

3. 查明出险地点

出险地点分为高速公路、普通公路、城市道路、乡村便道和机耕道、场院及其他。同时，保险查勘人员要查验出险地点与保险单约定的行驶区域范围是否相符，是否属于在责任免除地发生的损失，如保险车辆在营业性修理场所、收费停车场出险等。对擅自移动现场或谎报出险地点的要查明原因。

4. 查明保险车辆的情况

查明保险车辆及第三方车辆的车型、车牌号码、发动机号码、VIN码／车架号码、《机动车行驶证》，详细记录双方车辆已行驶公里数、车身颜色，并核对与保险单、保险证（或批单）是否相符。

查实保险车辆出险时使用性质与保险单载明的是否相符，以及是否运载危险品、车辆结构有无改装或加装。

对在保险期限内，因保险车辆改装、加装或非营业用车辆从事营业运输等导致保险车辆危险程度增加，且未及时书面通知保险人而发生的保险事故，保险人不承担赔偿责任。

根据《机动车登记规定》第16条的规定，有下列情形之一，在不影响安全和识别号牌的情况下，机动车所有人可以自行变更：小型、微型载客汽车加装前后防撞装置；货运机动车加装防风罩、水箱、工具箱、备胎架等；机动车增加车内装饰等。除此以外的其他项目均不允许改动。

车辆常见的非法改装形式有：增加货车栏板高度，加大货车轮胎，增加钢板弹簧的片数或厚度，增加车厢长度，开天窗，乘用车安装行李架，仿古婚车等。

5. 查明驾驶人的情况

查清驾驶人的姓名、驾驶证号码、准驾车型、初次领证日期、职业类型、《机动车行驶证》的号码等。注意检验驾驶证是否有效（按条款规定）；检验驾驶人是否是被保险人或其允许的驾驶人或保险合同中约定的驾驶人；特种车出险要查验是否具备国家有关部门核发的有效操作证；对驾驶营业性客车的驾驶人要查验是否具有国家有关行政管理部门核发的有效资格证书。核验完相关证件后,拍摄证件照片。

对在保险合同中约定驾驶人的,出险时要进行核对,若系非约定的驾驶人驾驶保险车辆发生事故,则应当在"查勘记录"中注明,以便理赔时增加免赔率。

6. 拍摄现场照片

现场照片应当为清晰的彩色照片,应当有 4 个角度(45°角)全方位事故现场全貌照片。拍摄的照片应当能反映事故现场全貌、制动痕迹、现场遗留物、碎片、撞击点等,反映事故车辆牌照号、VIN 码/车架号、发动机号、损失部位及损失程度、人员伤亡、物品损失等。现场照片应当有日期合成,反映现场查勘的具体时间。

7. 了解出险经过及出险原因

通过向当事人询问,了解出险经过,对照事故现场情况,分析判断出险原因,对有疑点的地方要进行核实。

如发现有驾驶人饮酒、吸食或注射毒品、被药物麻醉后使用保险车辆或无照驾驶、驾驶车辆与驾驶证准驾车型不符、超载等嫌疑时,应当要求当事人对事实予以确认并签名;如当事人予以否认,应当立即报公安机关交通管理部门协同处理。

注意了解事故原因是客观因素还是人为因素,是车辆自身因素还是受外界影响;是严重违章还是故意行为或违法行为。凡是与案情有关的重要情节都要尽量收集、记载。

8. 施救整理受损财产

保险查勘人员到达事故现场后,如果险情尚未控制,应当立即会同被保险人及其有关部门共同研究,确定施救措施,以防损失进一步扩大。

保险车辆受损后,如果当地的修理价格合理,应当安排就地修理,不得使车辆带"伤"行驶。如果当地的修理费用过高需拖回本地修理的,应当采取防护措施,拖拽牢固,以防再次发生事故。如果无法修复的,应当妥善处理事故车辆的残值部分。

9. 估计损失

查清事故车辆、受损货物和其他财产的损失情况及各方人员伤亡情况。对无法进行施救的货物及其他财产等,必要时应在现场进行定损,并注意查清标的车是否有新车标准配置以外的新增设备。查明各方人员伤亡情况。对事故所涉及的全部损失金额进行认真的评估并将其填写在"查勘记录"中的相关项目中。

5.3.4 出险现场分类与查勘方法

1. 出险现场分类

所有的交通事故都会有出险现场。根据实际情况,出险现场一般分为原始现场、变动现场和恢复现场三类。

(1)原始现场。

原始现场是指没有遭到任何改变和破坏的现场,是发生交通事故后车辆、伤亡人员以及与事故有关的物品、痕迹等所处的路段或地点等空间场所。

原始现场保留着与事故过程一一对应的各种变化形态，能真实地反映出事故的细节和后果，是分析事故过程和原因的最有力依据。必须强调原始现场的勘查价值，尽可能将事故现场的原始状态保留到现场勘查之时。

（2）变动现场。

变动现场是指交通事故发生后到现场勘查前，由于自然的或人为的原因，使现场的原始状态部分或全部发生变动的现场，包括正常变动现场、伪造现场和逃逸现场。

① 正常变动现场

下列原因导致的出险现场变动均属于正常变动：
- 为抢救伤者、排除险情而变动现场；
- 因保护不善，导致事故现场被过往车辆、行人破坏；
- 由于风吹、雨淋、日晒、下雪等自然因素，导致事故现场被破坏；
- 在一些主干道或繁华地段发生交通事故，为疏通交通阻塞而导致出险现场变化；
- 事故车辆如消防、救护、警备、工程救险车、首长、外宾、使节乘坐车等因任务需要而驶离现场；
- 其他正常原因导致事故现场变化，如车辆发生事故后，当事人没有发觉而离开现场。

② 伪造现场。

伪造现场是指当事人为了逃避事故责任、毁灭证据、达到嫁祸于人的目的或进行保险诈骗而故意变动或伪造的现场。

③ 逃逸现场。

逃逸现场是指当事人明知发生交通事故为逃避责任而驾车逃逸导致事故现场发生变动。

（3）恢复现场。

恢复现场是指根据有关证据、材料重新布置的现场。恢复现场有两种情况：其一，从实际事故现场撤出后，为满足事故分析或复查案件的需要，以原现场勘查记录为依据重新布置现场；其二，在事故现场发生正常变动后，为确认事故情况，根据目击者或当事人的指定重新布置现场。它仅用于再现现场情况，不具有勘查的价值。

2. 查勘方法

查勘前必须根据现场的具体情况，确定查勘范围、顺序和重点，拟订查勘方案，有步骤地开展查勘工作。根据现场特征的不同，主要有以下几种常用的查勘方法。

（1）沿着车辆行驶路线查勘法，按照事故过程的先后顺序进行调查。

（2）从中心（接触点）向外查勘法，适用于现场范围不大、痕迹及物体集中的现场。

（3）从外围向中心查勘法，适用于现场范围较大、痕迹及物体分散、中心不明确的现场。

（4）分片、分段查勘法，适用于范围分散、散落物及痕迹凌乱的现场。

（5）从最容易受破坏的地方开始调查，适用于痕迹、物体容易受自然条件（风、雨）或过往人、车破坏的现场。

5.3.5 现场查勘工作实施

现场查勘工作主要包括收取物证、现场摄影、现场丈量和绘制现场图等。

1. 收取物证

物证是分析事故原因最为客观的依据，收取物证是现场查勘的核心工作。事故现场物证的类型有散落物、附着物和各种痕迹。

（1）散落物。

散落物可分为车体散落物、人体散落物及他体散落物三类。

车体散落物主要包括零部件、钢片、木片、漆片、玻璃、胶条等。

人体散落物主要包括事故受伤人员的穿戴品、携带品、器官或组织的分离品。

他体散落物主要包括事故现场人、车之外的物证，如树皮、断枝、水泥、石块等。

（2）附着物。

附着物可分为喷洒或黏附物、创痕物与搁置物三类。

喷洒或黏附物主要包括血液、毛发、纤维、油脂等。

创痕物主要包括油漆微粒、橡胶颗粒、热熔塑料涂膜、反光膜等。

搁置物主要包括织物或粗糙面上的玻璃颗粒等。

（3）各种痕迹。

痕迹可分为地面痕迹、车体痕迹、人体痕迹和其他痕迹。

地面痕迹是指道路交通事故发生过程中，事故车辆车体及相关部位、人体以及与事故有关的物体等与地面接触而遗留在道路交通事故现场的印迹，可分为地面轮胎痕迹、地面挫划痕迹、地面沟槽痕迹等。

车体痕迹是指在道路交通事故中与其他车辆、人体、物体接触，造成车辆变形和破损遗留在车体上的印迹，以及车体上的灰尘或其他附着物等缺失留下的印迹。

人体痕迹是指在道路交通事故中与车辆、道路、物体接触，遗留在人体衣着和体表上的印迹。

其他痕迹是指道路交通事故中车辆、物体或人体与树木、道路交通设施、建筑物等接触，遗留在树木、道路交通设施、建筑物等物体表面的印迹。

2. 现场摄影

（1）现场摄影的原则。

对事故现场进行摄影时一般遵循以下原则：先原始、后变动，先重点、后一般，先容易、后困难，先易消失与被破坏的，后不易消失与被破坏的。一般情况下是由外向内逐步深入拍摄，即先拍方位照，再拍中心照，然后拍摄重点部位，最后拍摄细目照。

（2）现场摄影的方式。

现场摄影时应根据事故的实际情况和具体的拍摄目的选择不同的拍摄方式，常见的现场摄影方式有方位摄影、概览摄影、中心摄影、细目摄影、宣传摄影、测距摄影等。

① 方位摄影。

方位摄影的目的是为了表现事故现场所处的地理位置（参见图5-4）。拍摄的对象是以事故车辆为背景的整个事故现场及其周边的场景，应同时拍摄到参照物，如作为测量基准的物体以及路标、里程碑、标志牌等物体。

② 概览摄影。

概览摄影是指以事故现场中心为拍摄主题表现事故后果的现场,从不同角度表明现场车、物之间的位置关系(参见图 5-5)。

③ 中心摄影。

中心摄影以现场各主要部分作为画面主题的摄影,拍摄的对象主要是整体的车辆、尸体、车轮印迹等(参见图 5-6)。

④ 细目摄影。

细目摄影是为了表现物体局部状况,如车辆的接触痕迹、人体伤痕等(参见图 5-7)。

⑤ 宣传摄影。

宣传摄影是为了制作交通安全宣传拍摄的照片。

⑥ 测距摄影。

测距摄影是指以测量事故现场物体之间相对位置为目的的摄影。

图 5-4　方位摄影

图 5-5　概览摄影

图 5-6　中心摄影

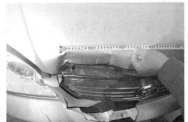

图 5-7　细目摄影

(3) 现场摄影的方法。

常见的现场摄影方法有相向拍摄、十字交叉拍摄、连续拍摄和比例拍摄四种。

① 相向拍摄法。

相向拍摄法即从两个相对的方向对现场中心部分进行拍摄。该方法可较为清楚地反映现场中心两个相对方向的情况。

② 十字交叉拍摄法。

十字交叉拍摄法即从四个不同的地点对现场中心部分进行交叉的拍摄。该方法可从前、后、左、右四个角度准确反映现场中心情况。

③ 连续拍摄法。

连续拍摄法即将面积较大的事故现场分段拍摄。为了获得事故现场完整的照片,需要对分段照片进行接片,所以在分段拍摄时,各照片取景应略有重合,并要求同样的拍摄距离和光圈等。

④ 比例拍摄法。

比例拍摄法即将带有刻度的尺子放在被损物体旁边进行的拍摄。该方法可确定被摄物体的实际大小和尺寸,常用于痕迹、碎片以及微小物证的摄影。

(4)现场摄影的一般技巧。

① 现场拍摄取景时,应当根据拍摄的目的和要求,合理确定拍摄的角度、距离和光照,力求所要表达的主体物突出、明显和准确。

② 为了记录事故的发生地,应当尽量选择静止的固定参照物进入拍摄画面。

③总成或高价值的零部件一定要拍摄照片,小的损失、低值零件视情况拍摄。

④对碰撞痕迹的拍摄,要合理选择拍摄角度和光线,以准确反映其凹陷、隆起、变形、断裂、穿孔或破碎等特征。

⑤如果刮擦痕迹表面为有颜色物质、血迹等可选择滤色镜拍摄。

⑥拍摄制动拖印时,为反映制动拖印的起止点及其特征,同时要注意拍摄反映起点与道路中心线或路边的关系的照片。

3. 现场丈量

现场丈量前要认定与事故有关的物体和痕迹,然后逐项进行并做好相应记录。首先确定事故现场方位,事故现场的方位以道路中心线与指北方向的夹角来表示。如果事故路段为弯道,以进入弯道的直线与指北方向夹角和转弯半径表示,丈量的内容如下。

(1)道路丈量。

道路的路面宽度、路肩宽度以及边沟的深度等参数一般需要丈量。

(2)事故车辆位置丈量。

事故车辆位置用车辆的四个轮胎外缘与地面接触中心点到道路边缘的垂直距离来确定,所以只需量取四个距离即可。车辆行驶方向可以根据现场遗留的痕迹判断,如从车上滴落油点、水点,一般其尖端的方向为车辆的行驶方向等。

(3)制动印痕丈量。

直线形的制动印痕的拖印距离直接测量即可。测量弧形的制动印痕的拖印距离时,一般是先四等分弧形印痕,分别丈量等分点至道路一边的垂直距离,再量出制动印痕的长度即可。

(4)事故接触部位丈量。

事故接触部位的丈量最关键的是先准确判定事故接触部位。事故接触部位是形成事故的作用点,是事故车辆的变形损坏点,因此可以根据物体的运动、受力、损坏形状以及散落距离等因素科学判断事故接触部位。对事故接触部位进行丈量时,一般应测量车与车、车与人或者车与其他物体接触部位距地面的高度、接触部位的形状大小等。

(5)其他的丈量。

如果事故现场还有毛发、血皮、纤维、车身漆皮、玻璃碎片、脱落的车辆零部件、泥土等遗留物,并且它们可能对事故认定起重要作用,则需要一并丈量它们散落的距离或黏附的高度等。

4. 绘制现场图

对重大赔案的查勘应当绘制事故现场草图。事故现场草图应当在出险现场当场绘制。由于在查勘现场绘制且绘制时间较短,所以对事故现场草图不要求十分工整,只要求内容完整,尺寸数字准确,物体位置、形状、尺寸、距离的大小基本成比例即可。

(1) 事故现场草图的基本内容。

事故现场草图要反映事故车辆的方位、道路情况及外界影响因素,要表明车辆以及与事故有关的遗留痕迹和散落物的相互位置。简单的平面图加上适当的文字说明即可反映事故现场概况。如果道路线形复杂,为了准确地表达事故现场的空间位置和道路纵横断面几何线形的变化,事故现场草图也经常采用立体图或剖面图等。

(2) 事故现场草图的绘制过程。

① 选比例。

根据出险情况,选用适当比例进行草图的总体构思。

② 画轮廓。

按照近似比例画出道路边缘线和中心线。确定道路走向,在图的右上方绘制指北标志。标注道路中心线与指北线的夹角。

③ 画车辆。

以同一近似比例绘制事故车辆,再以事故车辆为中心绘制各有关物体图例。

④ 标尺寸。

根据现场具体条件,选择基准点和定位法,为现场出险的车辆和主要物品、痕迹定位,标注尺寸。

⑤ 小处理。

根据需要绘制立体图、剖面图和局部放大图,必要的地方加注文字说明。

⑥ 先校核。

两名保险查勘人员一名负责绘制现场草图,另一名负责校核。

⑦ 后签名。

草图绘制完成后,由绘图人员、校核人员、当事人、见证人分别签名。现场查勘结束后,应当根据现场查勘草图所标明的尺寸和位置,按照正投影的绘图原理,选用一定比例和线形,工整准确地绘制出正式的事故现场图,这是理赔和申请申诉的依据。

5.3.6 特殊案件现场查勘

保险车辆发生自燃、被盗抢、水浸等事故时,除按照上述相关要求进行现场查勘外,还必须按照各自事故的特点增加以下相关内容。

1. 保险车辆发生自燃

查勘时必须详细了解发生自燃的原因、起火点,以及当时、当地的气候条件(是否持续高温、干燥)、事故车辆连续行驶时间、车上是否存放易燃物品、车上是否配备消防设施、车上人员是否有吸烟习惯等。查勘火灾现场情况,查找是否有故意纵火的痕迹,根据案情判断事故当事人是否有故意纵火的嫌疑。特别是对出险日期与投保日期接近、车龄长、车况差、新车价值较高的事故车辆，查勘时必须严格谨慎。对于自燃事故，查勘后必须做详细的笔录，并经当事人签名确认。同时明确告知被保险人索赔时必须提供公安消防部门的火灾事故证明。

2. 保险事故车因暴雨、水灾等发生水浸

查勘时，如事故车辆仍在事故现场并处于危险之中，保险查勘人员应当马上联系拖车。在拖车到达前，保险查勘人员应详细查勘事故现场，了解出险经过。查勘水是否淹及排气管口，了解水淹后驾驶人是否仍继续行驶。拖车到达后，应当将事故车辆直接拖至维修厂进行检验，进行施救处理，防止损失进一步扩大。对水浸车案件必须做详细的笔录，并要求当事人签名确认。同时告知客户索赔时须提供出险当日有效的气象资料或证明。

3. 被盗抢车事故现场查勘

查勘时要详细了解事故车辆停放地点、周边环境，负责管理部门，是否有事故车辆出入停车场记录凭证，并复印相关资料；有摄像记录的停车场应当调出相关影像资料，同时详细了解出险原因、被盗抢经过、是否租借或从事运营、车上防盗设施配备、车辆平常使用人、经常使用地点、钥匙及《机动车行驶证》保管、周边治安、停车场管理责任等情况。如果发现有利于案件侦破的线索应当及时通知公安机关，以便于案件侦破。此类案件必须做详细的笔录，并要求当事人签名确认。

对于涉及全车盗抢的事故，向被保险人或当事人发放"机动车辆出险（盗抢）证明"、"机动车辆保险权益转让书"，并告知其提供保险单、《机动车行驶证》、《机动车登记证书》、机动车来历凭证、车辆购置税完税证明（车辆购置附加费缴费证明）或免税证明、车辆停驶手续及出险地县级以上公安刑侦部门出具的盗抢立案证明。明确说明未能提供车辆停驶手续或出险地县级以上公安刑侦部门出具的盗抢立案证明的，不予赔付。

根据《中华人民共和国机动车登记办法》第82条的规定，机动车来历凭证是指：

（1）在国内购买的机动车，其来历凭证是全国统一的机动车销售发票或者旧机动车交易发票；在国外购买的机动车，其来历凭证是该车销售单位开具的销售发票；

（2）人民法院调解、裁定或者判决所有权转移的机动车，其来历凭证是人民法院出具的已经生效的《调解书》、《裁定书》或者《判决书》以及相应的《协助执行通知书》；

（3）仲裁机构仲裁裁决所有权转移的机动车，其来历凭证是《仲裁裁决书》和人民法院出具的《协助执行通知书》；

（4）继承、赠予、协议抵偿债务的机动车，其来历凭证是继承、赠予、协议抵偿债务的相关文书和公证机关出具的《公证书》；

（5）资产重组或者资产整体买卖中包含的机动车，其来历凭证是资产主管部门的批准文件；

（6）国家机关统一采购并调拨到下属单位未注册登记的机动车，其来历凭证是全国统一的机动车销售发票和该部门出具的调拨证明；

（7）国家机关已注册登记并调拨到下属单位的机动车，其来历凭证是该部门出具的调拨证明；

（8）更换发动机、车身、车架的来历凭证，是销售单位开具的发票或者修理单位开具的发票。

4. 涉及人员伤亡案件的现场查勘

查勘人员应当详细了解并记录人员伤亡情况，对轻伤不需住院治疗的案件应当记录伤者的身份、受伤部位、受伤程度等情况；对伤亡较严重的事故，必须报公安机关交通管理部门处理，并记录人员伤亡的详细情况，了解记录伤亡人员治疗或停放地点、联系人及联系电话。

保险公司各分支机构客户服务中心应聘专业医疗技术人员或外聘专业机构对伤人案件进行全程跟踪。事故第一现场保险查勘人员应当在查勘后24小时内将查勘资料移交伤人案件管理岗人员，由其进行进一步跟踪了解。伤人案件管理岗人员接到通知后，应当在1个工作日内与伤者或其联系人取得联系，对于住院治疗的应当在接到通知后24小时内前往医院查勘，按照"机动车辆保险伤残人员费用管理表"列明的项目核实伤者的身份、职业、工资收入、伤残情况等，并按照格式要求填写上述表格。了解伤者户口所在地、常住地、工作单位、联系方式等信息。同时向伤者和医院说明保险公司赔偿标准，对超标部分保险公司不予赔付。查勘后根据伤情估计住院和治疗的时间，在估计的时间内，各分支机构客户服务中心应当合理安排跟踪了解治疗及医疗费使用情况，发现违规用药、多次安排不必要的检查、"小病大治"等现象时，应当及时提醒伤者及医院。对于死亡人员，应当在接到报案后3个工作日内，了解死亡人员的身份、年龄、职业、工作单位、户籍所在地、抚养人员等情况。

对于涉及人身伤亡的事故查勘后，如果伤者是公职人员或有固定工作的，可以向报案人或被保险人发放"误工证明及收入情况证明"，建议其提供给伤者，并要求伤者在索赔时提供。

5. 短期内多次报案案件的查勘

对于客户服务中心接报案人员提示需认真查实的出险时间接近的案件，须认真核查两起（或多起）相似案件的详细情况，尤其要核对事故车辆的损失部位和损失痕迹。对于相关案件痕迹相符或相似的情况，一方面应当立即查验相关案件的事故现场、修理情况等；另一方面应当立即向客户服务中心汇报。客户服务中心安排人员立即查询上期案件现场查勘的有关情况，以便最终确定是否属于重复报案案件。如果属于，按照拒赔案件处理。

现场查勘结束后，保险查勘人员应当立即将查勘情况录入核心业务系统，并将有关情况反馈给保险公司客户服务中心定损人员。

5.3.7 缮制现场查勘记录

对重大、复杂的或有疑问的案件、被盗车案件，要仔细询问了解案情，同时在"机动车辆保险事故现场查勘询问笔录"上做询问记录，并由被询问人过目签字确认。应当认真、完整、准确地缮制"机动车辆保险事故现场查勘记录"（参见表5-5），并要求被保险人或肇事驾驶人及受损害方对现场查勘记录内容进行确认和签字。

机动车辆保险与理赔

表 5-5　某保险公司机动车辆保险事故现场查勘记录

保险单号：　　　　　　　　　　　　　　　　　　　报案编号：

出险时间：	年 月 日 时	出险地点：	省　市　县	案件性质：	□自赔　□代理
查勘时间：	年 月 日 时	查勘地点：	省　市　县	是否第一现场：	□是　□否

保险车辆	厂牌型号：		发动机号：		号牌底色：	
	号牌号码：		车架号（VIN）：		初次登记日期：	
	驾驶人姓名：		驾驶证号：		准驾车型：	
	初次领证日期：　年 月 日		性别：□男　□女		联系方式：	

三者车辆	厂牌型号：		号牌号码：		交强险保单：	
	驾驶人姓名：		驾驶证号：		起保日期：	
	初次领证日期：　年 月 日		性别：□男　□女	准驾车型：	联系方式：	

事故信息	出险原因	□碰撞　□倾覆　□坠落　□火灾　□爆炸　□自燃　□外界物体坠落、倒塌 □雷击　□暴风　□暴雨　□洪水　□雹灾　□玻璃单独破碎其他
	事故类型	□单方肇事　□双方事故　□多方事故　□仅涉及财产损失　□涉及人员伤亡
	事故涉及的第三方车辆数：	第三者伤亡人数：伤　人，亡　人	车上人员伤亡人数：伤　人，亡　人
	事故处理方式：□交警　□自行协商　□保险公司　□其他（　　）		是否需要施救：□是　□否
	预计事故责任划分：□全部　□主要　□同等　□次要　□无责		核定施救费金额：

查勘信息	被保险机动车出险时的使用性质	□家庭自用　□营业　□非营业
	被保险机动车驾驶人是否具有有效驾驶证	□是　　　　　　　　　□否
	被保险机动车驾驶人准驾车型与实际驾驶车辆是否相符	□是　　　　　　　　　□否
	被保险机动车驾驶人是否为酒后或醉酒驾车	□是　　　　　　　　　□否
	被保险机动车发生事故时的肇事人是否为合同约定的驾驶人	□是　　　　　　　　　□否
	驾驶专用机械车、特种车及营业性客车的人员是否有相应的有效操作证、资格证	□是　　　　　　　　　□否
	出险地点是否发生在合同约定的行驶区域以外	□是　　　　　　　　　□否
	是否存在其他条款规定的责任免除或增加免赔率的情形	□是　　　　　　　　　□否
	查勘意见（事故经过、施救过程、查勘情况简单描述和初步责任判断）：	

失责估任计判断及损	案件处理等级：	理算顺序：	询问笔录　张，现场草图　张；事故照片　张
	涉及险种	□交通事故责任强制保险　□商业车损险　□商业三者险　□车上人员责任险 □自燃损失险　□盗抢险　□玻璃单独破碎险　□车上货物责任险　□其他	
	立案建议	交强险：　□立案　□不立案　□待确定（原因：　　　　　） 商业保险：□立案　□不立案　□待确定（原因：　　　　　）	
	事故估损金额	总计：	本车损失：	第三者车辆损失：
		本车车上人员伤亡：	第三者人员伤亡：	本车车上财产损失：
		第三者车上财产损失：	第三者其他财产损失：	其他：

查勘人员签字：　　　　　　　　　　　　　　　被保险人（当事人）签字：

5.4 立　　案

立案人员根据报案记录、查勘记录及收集的相关证明资料等，依据保险条款及相关法规对保险责任作出判断和确定。属于保险责任范围的案件，按照要求进行立案登记；不属于保险责任的案件，应当在出险通知书和机动车辆保险报案、立案登记簿上标注"因××××不予立案"，向被保险人送达"机动车辆保险拒赔通知书"并作出必要的解释。本地公司承保车辆在外地出险，接到出险地公司的通知后，本地公司应当将代查勘公司名称登录报案、立案登记簿。

5.5 定　　损

保险事故的定损是保险理赔工作的重要环节，是赔款理算的基础和前提。定损是对保险事故所造成的损失情况进行现场和专业的调查和查勘，对损失的项目和程度进行客观描述和专业的记录，对损失价值进行确定的过程。实际工作中，结合保险案例的具体情况可以采取协商定损、公估定损、聘请专家定损的定损模式。

5.5.1 定损流程

保险车辆出险后的定损工作包括车辆损失的确定、人员伤亡费用的确定、其他财产损失的确定、施救费用的确定和残值处理等内容。图5-8是定损操作流程。

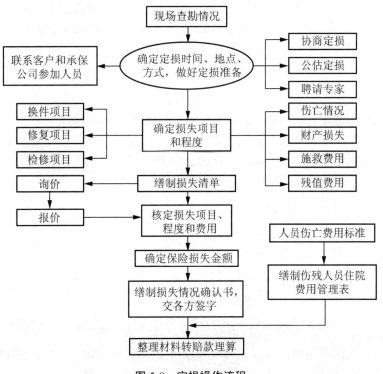

图5-8　定损操作流程

5.5.2 车辆损失的确定

1. 核对事故车辆相关信息

核对事故车辆的厂牌、型号、VIN码、牌照号、车架号（要求拓印/拍摄车架号）、发动机号、吨位或座位等是否同《机动车行驶证》、保险单上的内容完全一致。以临时牌照号投保的车辆要查核临时牌照号的有效期限、行驶的规定路线。

2. 检验确定损失

（1）根据现场查勘情况，认真检查事故车辆，确定受损部位、损失项目、损失程度，本着以修复为主的原则确定换件项目、维修项目，并进行登记。

（2）对投保新车出厂时车辆标准配置以外新增设备进行区分，并分别确定损失项目和金额。

（3）损失严重的，应当将车辆解体后进行损失项目确认，对估损金额超过本级处理权限的，应当及时报上级主管部门安排协助定损。

（4）对无法一次确定损失的，应当根据具体情况安排再次定损。

（5）在维修方案、维修换件项目等方面与修理厂存在分歧的，应当在修理过程中安排复勘，出厂前安排验车，对损失进行重新认定。

3. 拍摄车辆损失照片

车辆损失照片应有呈45°角且反映车辆号牌及受损财产部位和程度的近景照片。拍照时应当对照维修换件清单上的项目逐一拍摄，如损失点难以在照片上反映清楚，可以在损失部位做标记或用笔、杆件等做参照物进行拍摄。对玻璃单独破裂事故的定损，照片必须有反映车牌号的整车照片、玻璃损坏整体照片、局部照片，照片上能反映定损时间。对于修理厂代理索赔的案件，修理厂必须提供能反映玻璃更换日期、玻璃更换过程的照片（包括换前整体照片、拆卸后照片、安装后照片）。

4. 出具损失情况确认书

根据当地汽车零配件价格和工时费标准确定换件零配件价格和维修、换件工时费，出具"机动车辆保险车辆损失情况确认书"（含零部件更换项目清单和修理项目清单）。对规定需要询报价的事故车辆，按规定进行询价。"机动车辆保险车辆损失情况确认书"一式两份，经被保险人签字确认，保险人、被保险人各执一份。

5. 车辆定损时应注意的问题

（1）区分事故损失与非事故损失。

应当注意区分本次事故造成的损失和非本次事故造成的损失，以及事故损失和正常维修保养的界限，对确定为事故损失的部位应当坚持以修复为主的原则。如事故车辆一方提出扩大修理范围或应予修理而要求更换部件的，超出部分的费用由其自行承担，并在定损时明确注明。

（2）损失鉴定。

如车辆损失原因不明确，或仅从外观难以确定部件是否损坏，需要进行技术鉴定。经相关部门负责人审批后，可以进行技术鉴定的，鉴定费用可以赔偿。

(3) 追加修理项目。

事故车辆解体后发现尚有因本次事故造成的损失而未被确认的项目，需要增加修理的，由被保险人或修理单位填写"保险车辆增加修理项目申请单"，经定损人员核实并逐级审批后，出具"机动车辆保险车辆损失情况确认书"，最后经被保险人同意并签字后方可追加修理项目和费用。

(4) 未定损先修车情况的处理。

事故车辆未经保险公司和被保险人共同查勘定损而自行送修的，保险人有权重新核定修理费用或拒绝赔偿。在重新核定时，应当对照查勘记录，逐项核对修理项目和费用，剔除其扩大修理和其他不合理的项目和费用。

(5) 残值处理。

残值处理是指保险公司根据保险合同履行了赔偿并取得对于受损标的的所有权后，对于这些受损标的的处理。在通常情况下，对于残值的处理均采用协商作价归还被保险人的做法，并在保险赔款中予以扣除。如协商不成，也可以将已经赔偿的受损物资收回。这些受损物资可以委托有关部门进行拍卖处理，处理所得款项应当冲减赔款。一时无法处理的，则应当交保险公司的损余物资管理部门收回。

(6) 不得强制派修。

保险车辆或第三者事故车辆在确定损失金额后，可以推荐被保险人到指定的协作修理厂维修，但不能强制送修。如被保险人自选修理厂，而与修理厂在修理方案、价格上产生分歧，要求保险公司给予支持时，定损人员可以给予被保险人在技术与价格咨询方面的帮助。

(7) 协作修理厂的管理。

保险公司认定协作修理厂时应当采取公开招标的方式，依据汽车维修行业管理规定、修理厂的资质信誉、厂房设备情况、管理人员与技术人员的素质以及与保险公司业务合作情况和协助保险公司开展车险增值服务、开展车辆救援的能力等方面进行综合评定。对已认定的修理厂，要与其签署合作协议，并采取临时抽查和定期检查的办法对协作修理厂进行考核，考核不合格的，应终止与其的合作关系。

5.5.3 人员伤亡费用的确定

《最高人民法院关于审理人身损害赔偿案件适用法律若干问题的解释》（2003年12月4日最高人民法院审判委员会第1299次会议通过）第17条第1款规定："受害人遭受人身损害，因就医治疗支出的各项费用以及因误工减少的收入，包括医疗费、误工费、护理费、交通费、住宿费、住院伙食补助费、必要的营养费，赔偿义务人应当予以赔偿。"第17条第2款规定："受害人因伤致残的，其因增加生活上需要所支出的必要费用以及因丧失劳动能力导致的收入损失，包括残疾赔偿金、残疾辅助器具费、被扶养人生活费，以及因康复护理、继续治疗实际发生的必要的康复费、护理费、后续治疗费，赔偿义务人也应当予以赔偿。"第17条第3款规定："受害人死亡的，赔偿义务人除应当根据抢救治疗情况赔偿本条第一款规定的相关费用外，还应当赔偿丧葬费、被扶养人生活费、死亡补偿费以及受害人亲属办理丧葬事宜支出的交通费、住宿费和误工损失等其他合理费用。"

1. 人员伤亡费用的赔偿标准

(1) 医疗费。

医疗费根据医疗机构出具的医药费、住院费等收款凭证,结合病历和诊断证明等相关证据确定。赔偿义务人对治疗的必要性和合理性有异议的,应当承担相应的举证责任。

医疗费的赔偿数额,按照一审法庭辩论终结前实际发生的数额确定。器官功能恢复训练所必要的康复费、适当的整容费以及其他后续治疗费,赔偿权利人可以待实际发生后另行起诉。但根据医疗证明或者鉴定结论确定必然发生的费用,可以与已经发生的医疗费一并予以赔偿。

(2) 误工费。

误工费根据受害人的误工时间和收入状况确定。

误工时间根据受害人接受治疗的医疗机构出具的证明确定。受害人因伤致残持续误工的,误工时间可以计算至定残日前1天。

受害人有固定收入的,误工费按照实际减少的收入计算。受害人无固定收入的,按照其最近3年的平均收入计算;受害人不能举证证明其最近3年的平均收入状况的,可以参照受诉人民法院所在地相同或者相近行业上一年度职工的平均工资计算。

(3) 护理费。

护理费根据护理人员的收入状况和护理人数、护理期限确定。

护理人员有收入的,参照误工费的规定计算;护理人员没有收入或者雇用护工的,参照当地护工从事同等级别护理的劳务报酬标准计算。护理人员原则上为1人,但医疗机构或者鉴定机构有明确意见的,可以参照确定护理人员人数。

护理期限应当计算至受害人恢复生活自理能力时止。受害人因残疾不能恢复生活自理能力的,可以根据其年龄、健康状况等因素确定合理的护理期限,但最长不超过20年。

受害人定残后的护理,应当根据其护理依赖程度并结合配制残疾辅助器具的情况确定护理级别。

(4) 交通费。

交通费根据受害人及其必要的陪护人员因就医或者转院治疗实际发生的费用计算。交通费应当以正式票据为凭;有关凭据应当与就医地点、时间、人数、次数相符合。

(5) 住院伙食补助费。

住院伙食补助费可以参照当地国家机关一般工作人员的出差伙食补助标准予以确定。

受害人确有必要到外地治疗,因客观原因不能住院,受害人本人及其陪护人员实际发生的住宿费和伙食费,其合理部分应予赔偿。

(6) 营养费。

营养费根据受害人伤残情况参照医疗机构的意见确定。

(7) 残疾赔偿金。

残疾赔偿金根据受害人丧失劳动能力程度或者伤残等级,按照受诉人民法院所在地上一年度城镇居民人均可支配收入或者农村居民人均纯收入标准,自定残之日起按20年计算。但60周岁以上的,年龄每增加1岁减少1年;75周岁以上的,按5年计算。

受害人因伤致残但实际收入没有减少，或者伤残等级较轻但造成职业妨害严重影响其劳动就业的，可以对残疾赔偿金作相应调整。

(8) 残疾辅助器具费。

残疾辅助器具费按照普通适用器具的合理费用标准计算。伤情有特殊需要的，可以参照辅助器具配制机构的意见确定相应的合理费用标准。

辅助器具的更换周期和赔偿期限参照配制机构的意见确定。

(9) 丧葬费。

丧葬费按照受诉人民法院所在地上一年度职工月平均工资标准，以6个月总额计算。

(10) 被扶养人生活费。

被扶养人生活费根据扶养人丧失劳动能力程度，按照受诉人民法院所在地上一年度城镇居民人均消费性支出和农村居民人均年生活消费支出标准计算。被扶养人为未成年人的，计算至18周岁；被扶养人无劳动能力又无其他生活来源的，计算20年。但60周岁以上的，年龄每增加1岁减少1年；75周岁以上的，按5年计算。

(11) 死亡赔偿金。

死亡赔偿金按照受诉人民法院所在地上一年度城镇居民人均可支配收入或者农村居民人均纯收入标准，按20年计算。但60周岁以上的，年龄每增加1岁减少1年；75周岁以上的，按5年计算。

(12) 精神损害抚慰金。

受害人或者死者的近亲属遭受精神损害，赔偿权利人向人民法院请求赔偿精神损害抚慰金的，适用《最高人民法院关于确定民事侵权精神损害赔偿责任若干问题的解释》予以确定。

机动车交通事故责任强制保险在死亡伤残责任限额内，原则上最后赔付精神损害抚慰金。

2. 确定人员伤亡费用应注意的几个问题

(1) 事故发生后，涉及人员伤亡的，由接报案人员通知医疗跟踪人员进行医疗跟踪，了解伤者受伤和治疗的情况、各类检查和用药情况及伤残鉴定情况。

(2) 伤者需要转院或赴外地治疗的，须由所在医院出具证明并经事故处理部门同意方可负责。伤残鉴定费需经过保险人同意，方可赔偿。

(3) 定损人员应当及时审核被保险人提供的有关单证，对不属于保险责任范围内的损失和不合理的费用，如精神损失补偿费、请客送礼费等应当予以剔除，并在人员伤亡费用清单上"保险人的意见"栏内注明剔除项目及金额。

5.5.4 其他财产损失的确定

保险事故导致的财产损失，除了车辆本身的损失外，还可能会造成第三者的财产损失和车上货物的损失。

交通事故精神损害赔偿责任是基于保险车辆发生交通意外，致使第三者或车上人员受到伤害，受害方据此提出精神损害赔偿要求。此时应当根据人民法院的判决中确定的应由被保险人承担的法律责任，按照合同约定，在赔偿限额范围内予以赔偿。

第三者财产损失赔偿责任是基于被保险人的侵权行为产生的，应当根据《中华人民共和国民法通则》的有关规定按照被损害财产的实际损失予以赔偿。确定的方式可以采用与被害人协商，协商不成可以采用仲裁或者诉讼的方式。

对于车上承运货物的损失，应当会同被保险人和有关人员对受损的货物进行逐项清理，以确定损失数量、损失程度和损失金额。在损失金额的确定方面应当坚持从保险利益原则出发，注意掌握在出险当时的标的，或者已经实现的价值，确保体现补偿原则。

在对第三者车上货物损失确定的过程中，实际定损费用往往与第三者向被保险人索要的赔偿费用有一定的差距。保险公司定损人员应当向被保险人解释清楚，即保险公司只对直接损失费用进行赔偿，超出部分应由被保险人与第三者进行协商处理。

5.5.5 施救费用的确定

施救费用是指当保险标的遭遇保险责任范围内的灾害事故时，被保险人或其代理人、雇佣人员等采取必要、合理的措施进行施救，以防止损失的进一步扩大而支出的费用。

施救费用的确定要严格按照保险条款规定事项，并注意以下几点。

（1）被保险人使用他人（非专业消防单位）的消防设备，施救保险车辆所消耗的费用及设备损失可以赔偿。

（2）保险车辆出险后，雇用吊车和其他车辆进行抢救的费用，以及将事故车辆拖运到修理厂的运输费用，按当地物价部门颁布的收费标准予以赔偿。

（3）在抢救过程中，因抢救而损坏他人的财产，如果应由被保险人承担赔偿责任的，可酌情予以赔偿。但在抢救时，抢救人员个人物品的丢失，不予赔偿。

（4）抢救车辆在拖运受损保险车辆途中发生意外事故造成的损失和费用支出，如果该抢救车辆是被保险人自己或他人义务派来抢救的，应予赔偿；如果该抢救车辆是有偿的，则不予赔偿。

（5）保险车辆出险后，被保险人赶赴肇事现场处理所支出的费用，不予负责。

（6）保险公司只对保险车辆的救护费用负责。保险车辆发生保险事故后，涉及两车以上的，应当按责分摊施救费用。受损保险车辆与其所装货物（或其拖带其他保险公司承保的挂车）同时被施救，其救货（或救护其他保险公司承保的挂车）的费用应予剔除。如果它们之间的施救费用分不清楚，则应按保险车辆与货物（其他保险公司承保的挂车）的实际价值进行比例分摊赔偿。

（7）保险车辆为进口车或特种车，在发生保险责任范围内的事故后，当地确实不能修理的，经保险公司同意去外地修理的移送费，可予负责。但护送车辆者的工资和差旅费，不予负责。

（8）施救、保护费用与修理费用应分别理算。当施救、保护费用与修理费用相加，估计已达到或超过保险车辆的实际价值时，则可推定全损予以赔偿。

（9）车损险的施救费用是一个单独的保险金额，但第三者责任险的施救费用则不是一个单独的责任限额。第三者责任险的施救费用与第三者损失金额相加不得超过第三者责任险的责任限额。

（10）施救费应根据事故责任、相对应险种的有关规定扣减相应的免赔率。

5.6 核 损

核损是指核损人员对保险责任认定,对事故中涉及的车辆损失、人员伤亡费用、其他财产损失、施救费用和残值的确定金额的合理性进行复核的过程。核损能够提高定损金额的准确性、标准性和统一性。

5.6.1 对是否构成保险责任的复核

确定损失对象是否属于保险标的,事故原因是否构成保险责任,是否构成责任免除。

5.6.2 车辆损失的复核

1. 对提交的定损资料进行审核

审核定损工作是否按规定的要求完成,如"机动车辆保险车辆损失情况确认书"是否缮制规范,是否按照要求逐项列明维修、换件项目及其工时和价格,是否按要求拍摄损失照片,损失照片是否清晰、完整地反映"机动车辆保险车辆损失情况确认书"上列明的损失情况。如发现有不合格项目,应当及时通知定损人员重新提供清晰完整的定损资料。

2. 损失核定

对照损失照片和"机动车辆保险车辆损失情况确认书",审核换件项目及价格是否合理,维修项目及维修工时费是否合理,对不合理的部分提出剔除或修改意见。

3. 核损意见反馈

核损工作完成后,核损人员应当将核损结果马上反馈给定损人员,由定损人员及时通知被保险人和协议修理厂。对核损结果没有异议的,应与被保险人签订损失确认书;如存在异议,可提出修改意见后再次提交核损人员审定。

4. 现场核损

对定损人员或协作定损单位提交的定损资料不能真实地反映车辆损失情况或通过照片难以核定损失,且损失金额较大、换件项目较多的事故,核损人员应当安排人员到现场进行复核,并出具审核意见。对于多次出现估损偏高的定损人员或协作定损单位,核损人员应随机对其定损的事故车进行现场核损,检查其是否存在故意虚报损失的情况。

5.6.3 人员伤亡费用的复核

伤人案件的核损工作应当由具有临床经验的专业医生承担。各分支机构可以根据业务发展需要,从社会上招聘专业医生或聘请专业机构或专业人员进行伤人案件的核损。核损人员自接到查勘人员或接报案人员提交的资料后,应当对案件的整个过程,从住院、治疗到出院进行全程跟踪。在治疗期间,应当根据具体情况对伤者进行探访或探视,了解伤者治疗及康复情况,并做详细记录。人员伤亡费用的复核主要涉及以下单证:

(1) 机动车辆保险人员伤亡费用清单；
(2) 机动车辆保险伤残人员费用管理表；
(3) 机动车辆保险赔案票据粘贴用纸；
(4) 误工证明及收入情况证明；
(5) 法律文书（事故责任认定书、调解书、裁定书、裁决书、判决书等）；
(6) 伤残、死亡证明；
(7) 其他费用清单；
(8) 机动车辆保险权益转让书；
(9) 机动车辆保险赔案流转时限卡。

5.6.4 其他财产损失的复核

对其他财产损失项目、数量、损失单价及维修方案的合理性和造价进行审核。

5.6.5 施救费用的复核

重点复核保险车辆出险后，雇用吊车和其他车辆进行抢救的费用，以及将保险车辆拖运到修理厂的运输费用是否在当地物价部门颁布的收费标准内；是否已将非承保财产的施救费用剔除。施救费应当根据事故责任、相对应险种的有关规定扣减相应的免赔率。

5.6.6 残值的复核

残值采用协商作价归还被保险人的，重点对残值作价金额进行复核。

5.7 赔款理算

赔款理算是在对提交的索赔资料进行审核的基础上，根据保险条款、事故证明等确定保险责任及赔偿比例计算赔款、缮制赔款计算书的过程（参见图 5-9）。

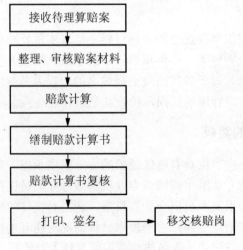

图 5-9 赔款理算实务流程

5.7.1 审核单证

在接收待理算的赔案时,应当对赔案资料进行清点,核对签名、签章是否齐全有效,并主要审核下列单证:

(1) 抄单、批单;
(2) 车损、物损损失确认书;
(3) 伤亡人员费用核损结果;
(4) 查勘记录、事故证明;
(5) 事故现场照片、车损、物损照片;
(6) 被保险人签名确认的书面索赔申请、报案记录;
(7) 其他相关证明、票据;
(8) 委托代理索赔委托书、权益转让书等其他相关材料。

如赔案资料完整无误,应当在"赔案资料交接表"上进行登记,由双方签字确认;对资料不完整的,应当及时要求补充提供有关证明或资料。

5.7.2 交强险赔款理算

交强险实施后,赔偿的原则是由交强险先进行赔付,不足的部分再由商业车险来补充,因此交强险的赔款理算将影响商业车险的赔款理算。

1. 基本计算公式

保险人在交强险各分项赔偿限额内,对受害人死亡伤残费用、医疗费用、财产损失分别计算赔偿。

(1) 总赔款=Σ各分项损失赔款=死亡伤残费用赔款+医疗费用赔款+财产损失赔款。
(2) 各分项损失赔款=各分项核定损失承担金额。
(3) 各分项核定损失承担金额超过交强险各分项赔偿限额的,按照各分项赔偿限额计算赔偿。

2. 保险事故涉及多个受害人的情形

(1) 基本计算公式中相应项目的表达方式。

Σ各分项损失赔款=Σ各受害人各分项核定损失承担金额

死亡伤残费用赔款=Σ各受害人死亡伤残费用核定承担金额

医疗费用赔款=Σ各受害人医疗费用核定承担金额

财产损失赔款=Σ各受害人财产损失核定承担金额

(2) 各受害人各分项核定损失承担金额之和超过被保险机动车交强险相应分项赔偿限额的,各分项损失赔款为交强险各分项赔偿限额。

(3) 各受害人各分项核定损失承担金额之和超过保险机动车交强险相应分项赔偿限额的,各受害人在被保险机动车交强险分项赔偿限额内应得到的赔偿金额为:

被保险机动车交强险对某一受害人分项损失的赔偿金额=交强险分项赔偿限额×(事故中某一受害人的分项核定损失承担金额÷事故中所有受害人的分项核定损失承担金额之和)。

3. 保险事故涉及多个肇事机动车的情形

（1）各被保险机动车的保险人分别在各自的交强险各分项赔偿限额内，对受害人的分项损失承担赔偿责任。

（2）各方机动车按其适用的交强险分项赔偿限额占总分项赔偿限额的比例，对受害人的各分项损失进行分摊。

某分项核定损失承担金额＝该分项损失金额×适用的交强险该分项赔偿限额÷（Σ各致害方交强险该分项赔偿限额）

（3）肇事机动车均有责任或均无责任的，简化为各方机动车对受害人的各分项损失进行平均分摊。

（4）初次计算后，如果有致害方交强险限额未赔足的情况，同时有受害方损失没有得到充分补偿，则对受害方的损失在交强险剩余限额内再次进行分配，在交强险限额内补足。对于待分配的各项损失合计没有超过剩余赔偿限额的，按分配结果赔付各方；超过剩余赔偿限额的，则按每项分配金额占各项分配金额总和的比例乘以剩余赔偿金额分摊；直至受损各方均得到足额赔偿或应赔付各方交强险无剩余限额。

5.7.3　机动车辆商业保险赔款理算

1. 车损险的赔款计算

（1）投保时按保险车辆的新车购置价格确定保险金额的。

① 全部损失。

保险车辆发生全部损失包括实际全损和推定全损两种。

实际全损是指在保险事故中车辆发生整体损毁。

推定全损是指在保险事故中车辆受损严重失去修复价值，或事故后的施救费用与修复费用之和超过车辆价值的，即推定车辆全损。

保险金额高于保险事故发生时保险车辆的实际价值（以下简称"实际价值"）时：

赔款＝（实际价值－残值－交强险赔偿金额）×事故责任比例×（1－免赔率之和）

● "实际价值"按保险事故发生时同种类型车辆市场新车购置价（含车辆购置附加费（税）减去该车已使用年限折旧后确定。每满1年扣除1年折旧，不足1年的部分不计折旧。实际价值有可能低于投保时保险车辆的实际价值。

● "免赔率之和"是指依据保险车辆驾驶人在事故中所负事故责任比例而由其自负的免赔率、违反安全装载规定而需要加扣的免赔率、同一保险年度内多次出险每次加扣的免赔率、非约定驾驶人驾驶保险车辆肇事后需要加扣的免赔率之和。

● 在确定"事故责任比例"时，如果由于公安机关交通管理部门判定的事故责任比例与实际"赔偿比例"不一致时，经过核赔人员认真审核，认为此种判定符合实际情况、判定合理，此处的"事故责任比例"可以用"赔偿比例"代替。

保险金额等于或低于实际价值时：

赔款＝（保险金额－残值－交强险赔偿金额）×事故责任比例×（1－免赔率之和）

如果保险金额低于实际价值，因总残余价值里有一部分是属被保险人自保的，所以在

这里残值应计算为:

$$残值 = 总残余价值 \times (保险金额 \div 实际价值)$$

② 部分损失赔款计算。

赔款＝（实际修理费用－残值－交强险对财产损失赔偿金额）×事故责任比例×（1－免赔率之和）

若赔款大于等于实际价值,则按照实际价值赔付,则赔款等于实际价值；若赔款小于实际价值,则按照实际计算出的赔款赔付。

③ 施救费赔款计算。

施救费赔款＝[实际施救费用×（保险财产价值÷实际施救财产总价值）－交强险对施救费赔偿金额]×事故责任比例×（1－免赔率之和）

（2）按照投保时保险车辆的实际价值确定保险金额或协商确定保险金额的。

① 全部损失。

全部损失的计算方法同"按投保时保险车辆的新车购置价确定保险金额的"全部损失的计算方法。

● 保险金额高于保险事故发生时保险车辆的实际价值时：

赔款＝（实际价值－残值－交强险赔偿金额）×事故责任比例×（1－免赔率之和）

● 保险金额等于或低于实际价值时：

赔款＝（保险金额－残值－交强险赔偿金额）×事故责任比例×（1－免赔率之和）

如果保险金额低于实际价值,因总残余价值里有一部分是属被保险人自保的,所以这里残值应计算为：

$$残值 = 总残余价值 \times (保险金额 \div 实际价值)$$

② 部分损失赔款计算。

赔款＝（实际修理费用－残值－交强险对财产损失赔偿金额）×事故责任比例×（保险金额÷投保时保险车辆的新车购置价）×（1－免赔率之和）

若赔款大于等于实际价值,则按照实际价值赔付,则赔款等于实际价值；若赔款小于实际价值,则按照实际计算出的赔款赔付。

③ 施救费赔款计算。

施救费赔款＝[实际施救费用×（保险金额÷投保时保险车辆的新车购置价）－交强险对施救费赔偿金额]×事故责任比例×（保险财产价值÷实际施救财产总价值）×（1－免赔率之和）

（3）保险合同效力。

保险车辆发生部分损失后,根据保险金额不同的确定方式,保险合同效力会有以下几种情况。

① 按投保时保险车辆的实际价值确定保险金额,一次赔款金额与免赔金额之和（不含施救费）达到保险事故发生时保险车辆的实际价值的,保险合同终止,保险人不退还车损险及其附加险的保费。

② 保险金额低于投保时保险车辆的实际价值,一次赔款金额与免赔金额之和（不含施救费）达到保险金额的,保险合同终止,保险人不退还车损险及其附加险的保费。

③ 保险金额高于投保时保险车辆的实际价值，一次赔款金额与免赔金额之和（不含施救费）达到保险事故发生时保险车辆的实际价值且未达到保险金额的，在保险车辆修复并经保险人验车同意后保险责任继续有效至保险合同终止日；但保险人不退还保险车辆修理期间的保费。

④ 保险金额高于投保时保险车辆的实际价值，一次赔款金额与免赔金额之和（不含施救费）达到保险金额的，保险合同终止，且保险人不退还车损险及其附加险的保费。

2. 商业三者险的赔款计算

商业三者险的赔偿金额按照《道路交通安全法》及国家政府机构制定的相关文件、管理规定或条例规定的赔偿范围、项目和标准，以及保险公司保险合同的约定进行确定和计算。

（1）当被保险人按事故责任比例应承担的赔偿金额超过责任限额时赔款的计算。

$$赔款 = 责任限额 \times (1 - 免赔率之和)$$

（2）当被保险人按事故责任比例应承担的赔偿金额低于责任限额时赔款的计算。

$$赔款 = 应承担的赔偿金额 \times (1 - 免赔率之和)$$

任何肇事方未投保交强险或交强险保险合同已经失效的，视同其投保了交强险进行计算。

（3）挂车的赔款计算。

① 主车与挂车连接时发生保险事故，保险人在主车的责任限额内承担赔偿责任。

主车与挂车由不同的保险公司承保的，按主车、挂车责任限额占总责任限额的比例分摊赔款。

$$主车应承担的赔款 = 赔款 \times [主车责任限额 \div (主车责任限额 + 挂车责任限额)]$$

$$挂车应承担的赔款 = 赔款 \times [挂车责任限额 \div (主车责任限额 + 挂车责任限额)]$$

② 挂车在未与主车连接时发生保险事故，保险人在挂车的责任限额内承担赔偿责任。

（4）车损险、第三者责任险赔款计算应注意的问题。

① 赔款计算依据公安机关交通管理部门出具的《道路交通事故认定书》以及据此作出的《道路交通事故损害赔偿协议书》。

当调解结果与《道路交通事故认定书》一致时，对于调解结果中认定的超出被保险人责任范围内的金额，保险人不予赔偿；对于被保险人承担的赔偿金额低于其应按责赔偿的金额的，保险人只对被保险人实际赔偿的金额在限额内赔偿。

② 对于不属于保险合同中规定的赔偿项目但被保险人已自行承诺或支付的费用，保险人不予承担。

③ 人民法院判决被保险人应赔偿第三者的金额，如精神损害抚慰金等，保险人不予承担。

④ 保险人对第三者责任事故赔偿后，对受害第三者的任何赔偿费用的增加不再负责。

⑤ 车辆损失的残值确定，应以车辆损失部分的零部件残值计算。

3. 车上人员责任险的赔款计算

（1）当被保险人按事故责任比例应承担的每座车上人员伤亡赔偿金额未超过保险合同载明的每人责任限额时：

$$每人赔款 = 应承担的赔偿金额$$

（2）当被保险人按事故责任比例应承担的每座车上人员伤亡赔偿金额超过保险合同载明的每人责任限额时：

$$每人赔款 = 责任限额$$

（3）车上人员责任险总赔款计算如下，赔偿人数以投保座位数为限。

$$赔款 = \Sigma 每人赔款$$

4. 车上货物责任险

（1）全部损失。

$$赔款 = 赔偿金额 \times (1 - 免赔率之和)$$

（2）部分损失。

$$赔款 = 实际修理费用 - 残值$$

赔款金额不得超过本险种保险金额。对全车盗抢险收回车辆有关费用的计算，作为特殊案件按照损余物资处理的有关规定执行。

5. 附加险赔款计算

（1）玻璃单独破碎险。

$$赔款 = 实际修理费用$$

（2）火灾、爆炸、自燃损失险。

① 全部损失。

$$赔款 = (保险金额 - 残值) \times (1 - 20\%)$$

② 部分损失。

$$赔款 = (实际修理费用 - 残值) \times (1 - 20\%)$$

"实际修理费用－残值"不得超过本险种保险金额。

③ 施救费用。

$$赔款 = 实际施救费用 \times (保险财产价值 \div 实际施救财产总价值) \times (1 - 20\%)$$

"实际施救费用×（保险财产价值÷实际施救财产总价值）"以不超过保险金额为限。

（3）自燃损失险。

① 全部损失。

$$赔款 = (保险金额 - 残值) \times (1 - 20\%)$$

② 部分损失。

$$赔款 = (实际修理费用 - 残值) \times (1 - 20\%)$$

"实际修理费用－残值"不得超过本险种保险金额。

③ 施救费用。

$$赔款 = 实际施救费用 \times (保险财产价值 \div 实际施救财产总价值) \times (1 - 20\%)$$

"实际施救费用×（保险财产价值÷实际施救财产总价值）"以不超过保险金额为限。

（4）车身划痕损失险。

在保险金额内按实际损失计算赔偿，赔款＝实际损失金额×（1－15%）；并使用批单冲减保险金额，批文格式如下文所示：

鉴于被保险人发生《车身划痕损失险》责任范围内的保险事故，保险人已履行赔偿义务，支付赔款××元。根据保险合同的约定，本保险合同尚余保险金额×××元，特此批改。

注：在保险期限内，赔款累计达到本险种保险金额，本险种保险责任终止。

（5）车辆停驶损失险。

① 全部损失。

赔款＝保险合同中约定的日赔偿金额×保险合同中约定的最高赔偿天数

② 部分损失。

在计算赔偿天数时，首先比较"机动车辆保险车辆损失情况确认书"中约定的修理天数和实际修理天数，两者以短者为准。即"机动车辆保险车辆损失情况确认书"中约定的修理天数大于或等于实际修理天数，以实际修理天数为计算基础；"机动车辆保险车辆损失情况确认书"中约定的修理天数小于实际修理天数，以约定的修理天数为计算基础。

- 赔偿天数未超过保险合同中约定的最高赔偿天数时

赔款＝保险合同中约定的日赔偿金额×赔偿天数

- 赔偿天数超过保险合同中约定的最高赔偿天数时

赔款＝保险合同中约定的日赔偿金额×保险合同中约定的最高赔偿天数

赔偿后，使用批单批改保险合同中约定的最高赔偿天数，批文格式如下文所示：

鉴于被保险人发生《车辆停驶损失险》责任范围内的保险事故，保险人已履行赔偿义务，支付赔款×××元。根据保险合同的约定，本保险合同尚余赔偿天数××天，特此批改。

在保险期限内，赔款金额累计达到保险单载明的保险金额，本附加险保险责任终止。

注：保险期限内发生保险事故时，约定赔偿天数超过保险合同终止期限部分，仍应赔偿。

（6）车上货物责任险。

当被保险人按事故责任比例应承担的车上货物损失金额未超过保险合同载明的责任限额时：

赔款＝应承担的赔偿金额×（1－20%）

当被保险人按事故责任比例应承担的车上货物损失金额超过保险合同载明的责任限额时：

赔款＝责任限额×（1－20%）

（7）无过失责任险。

当无过失责任险损失金额未超过责任限额时：

赔款＝实际损失×（1－20%）

当无过失责任险损失金额超过责任限额时：

赔款＝责任限额×（1－20%）

事故处理裁决书载明保险车辆及驾驶人在事故中无过失并按道路交通处理规定承担10%赔偿费用的案件，其赔款应在第三者责任险中列支。

（8）不计免赔率特约条款。

赔款等于一次赔款中已承保且出险的各险种免赔额之和，下列被保险人自行承担的负赔金额，保险人不负责赔偿：

① 车损险中应当由第三方负责赔偿而确实无法找到第三方的；

② 被保险人根据有关法律法规规定选择自行协商方式处理交通事故，但不能证明事故原因的；

③ 因违反安全装载规定而增加的；

④ 投保时指定驾驶人，保险事故发生时为非指定驾驶人使用被保险机动车而增加的；

⑤ 投保时约定行驶区域，保险事故发生在约定行驶区域以外而增加的；

⑥ 因保险期间内发生多次保险事故而增加的；

⑦ 发生机动车盗抢保险规定的全车损失保险事故时，被保险人未能提供《机动车行驶证》、《机动车登记证书》、机动车来历凭证、车辆购置税完税证明（车辆购置附加费缴费证明）或免税证明而增加的。

5.7.4 缮制赔款计算书

在经过赔款理算之后，要根据有关单证缮制赔款计算书。赔款计算书是支付赔款的正式凭证，保险业务员要对赔款计算书中各栏内容详细填写，确保项目齐全、数字正确，损失计算要分险种、分项目计算并列明计算公式。赔款计算书缮制完毕后，经办人员要签章并注明缮制日期，送核赔人审核。表 5-6 为某保险公司机动车辆保险赔款计算书。

表 5-6 某保险公司机动车辆保险赔款计算书

保险单号：　　　　　　　　　　　　　　立案编号：
报案编号：　　　　　　　　　　　　　　赔款计算书号：

被保险人			条款类别	
厂牌型号		车辆购置价		事故类别	
号牌号码		车损险保险金额		责任比例	
出险日期	年　月　日	三者险责任限额		免赔比例	
出险地点			保险期限	自 年 月 日零时起至 年 月 日24时止

分险别赔款计算公式

交强险
医疗费用赔偿
死亡伤残赔偿
财产损失赔偿

支付抢救费用（人民币大写）：
垫付抢救费用（人民币大写）：
交强险赔款合计（人民币大写）：

车损险

三者险

附加险

续表

鉴定费：	元	代查勘费：	元	诉讼、仲裁费：	元
其他费用：	元	预付赔款：	元	损余物资/残值金额：	元
商业保险赔款合计（人民币大写）：				元（¥	元）
赔款总计（人民币大写）：				元（¥	元）
经理签字：		主管签字：	核赔师签字：		经办人签字：
年 月 日		年 月 日	年 月 日		年 月 日
上级审批意见：					
年 月 日					

5.8 核 赔

5.8.1 核赔的意义

核赔是负责理赔质量的人员在授权范围内按照保险条款及保险公司内部的有关规章制度对赔案进行审核的工作。通过核赔，可以对核保风险控制的效果、防灾防损工作的实施进行监督和检验核赔制度的运用，可以在保险公司内部建立一套平衡制约、运作有序的内部控制机制。

5.8.2 核赔的操作流程

核赔是对整个案件信息的审核（参见图 5-10）。如果确认赔案符合要求则核赔同意，案件审核转入支付环节；如果赔案不符合要求则需退回相应环节处理。

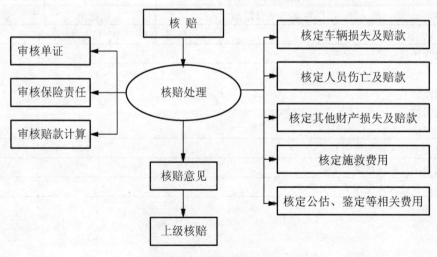

图 5-10 核赔操作流程

5.8.3 核赔的主要内容

1. 审核单证

对赔案单证进行审核，主要包括以下几项：
（1）审核所有索赔单证是否严格按照单证填写规范填写；
（2）审核确认被保险人按照规定提供的单证、证明及材料是否齐全有效，有无涂改、伪造；
（3）审核各理赔经办人员是否规范填写赔案有关单证并签字，必备单证是否齐全；
（4）重要信息涂改是否加盖修正章；
（5）签章是否齐全，赔案单证是否按规定次序摆放。

2. 审核保险责任

对保险责任进行审核，主要项目包括：
（1）确定被保险人是否有可保利益；
（2）确定出险标的是否与保险标的相符合；
（3）出险原因是否属保险责任；
（4）出险时间是否在保险期限内；
（5）事故责任划分是否合理；
（6）赔偿责任是否与承保险别相符；
（7）有无涉及违反被保险义务或特别约定规定的情况；
（8）是否涉及代位追偿。

3. 审核核损金额

审核核损金额是否合理包括以下项目：
（1）财产损失核定是否合理；
（2）施救费用确定是否合理；
（3）残值确定是否合理，未确定的是否按照规定回收；
（4）人员伤亡费用核定是否合理；
（5）其他费用核定是否合理。

4. 审核赔款计算的准确性

审核赔款计算的准确性包括以下项目：
（1）核损金额是否正确；
（2）残值是否扣除；
（3）赔偿比例确定是否正确；
（4）责任比例确定是否正确；
（5）免赔率（额）使用是否正确；
（6）计算公式是否正确；
（7）计算结果是否正确；
（8）理算报告是否规范。

5. 签署核赔审批意见

在"赔款计算书"上签署核赔意见。

5.9 结案处理

机动车辆保险已审批案件的结案工作主要包括打印赔款收据、清分单证和结案登记三个流程。结案岗人员收到已审批的赔案后,根据最后审批的赔付金额,按照被保险人提供的收款人、账号等信息打印赔款收据。"赔款收据"一式四联分别用于收据核销、支付赔款时交与保户、财务记账、赔案归档。

5.9.1 打印赔款收据

"赔款收据"一式四联,分别用于收据核销、支付赔款时交与保户、财务记账、赔案归档。

5.9.2 清分单证

结案岗人员应将一联赔款收据交被保险人,一联赔款收据连同一联"机动车辆保险赔款计算书"送会计部门作付款凭证,一联赔款收据和另一联"机动车辆保险赔款计算书"连同其他全案单证材料存入赔案案卷。

5.9.3 结案登记

对已支付赔款的案件进行结案登记,缮制结案报告。对于注销或拒赔案件,在结案处理时,应当注明注销或拒赔原因。

5.10 理赔案卷的管理

理赔案卷须一案一卷整理、装订、登记、保管。赔款案卷要做到单证齐全、编排有序、目录清楚、装订整齐,照片及原始单据一律粘贴整齐并附说明。理赔案卷按分级审批、分级留存的原则管理,即各级分支机构负责管理其审批权限范围内的赔案案卷,并按档案管理的要求进行保管。各级机构应建立赔案档案管理制度。案卷单证主要包括:

(1)案卷目录;
(2)机动车辆保险赔案审批表;
(3)赔款收据;
(4)机动车辆保险赔款计算书;
(5)机动车辆保险结案报告书;
(6)机动车辆保险出险报案表;
(7)机动车辆保险报案记录(代抄单);

（8）机动车辆保险索赔申请书；

（9）事故责任认定书、事故调解书、判决书或出险证明文件；

（10）机动车辆保险事故现场查勘记录；

（11）机动车辆保险事故现场查勘草图；

（12）机动车辆保险事故现场查勘询问笔录及附页；

（13）机动车辆保险车辆损失情况确认书（包括零部件更换项目清单及清单附页、修理项目清单及清单附页）；

（14）保险车辆增加修理项目申请单；

（15）机动车辆保险财产损失确认书；

（16）机动车辆保险人员伤亡费用清单；

（17）机动车辆保险伤残人员费用管理表；

（18）误工证明及收入情况证明；

（19）机动车辆保险赔案票据粘贴用纸（有关原始单据）；

（20）机动车辆保险赔案照片粘贴用纸（照片）；

（21）机动车行驶证、机动车驾驶证复印件；

（22）机动车辆保险简易案件赔款协议书；

（23）机动车辆保险权益转让书；

（24）机动车辆保险领取赔款通知书；

（25）机动车辆保险赔款统计明细表；

（26）机动车辆保险拒赔通知书；

（27）机动车辆保险拒赔案件报告书；

（28）机动车辆保险代位追偿案件登记簿；

（29）机动车辆保险诉讼、仲裁案件审批表；

（30）机动车辆保险结案催告、注销通知书；

（31）机动车辆救助调度记录清单；

（32）机动车辆特约救助书；

（33）机动车辆救助特约条款赔款结算书；

（34）机动车辆保险预付赔款申请书；

（35）机动车辆保险预付赔款审批表；

（36）机动车辆保险拒赔通知书；

（37）机动车辆保险拒赔案件报告书；

（38）机动车辆保险损余物资回收处理单；

（39）机动车辆保险异地出险联系函；

（40）机动车辆保险受理查勘、定损复函；

（41）其他有关证明及材料。

5.11 特殊案件的处理

5.11.1 简易案件

机动车辆保险业务中,很多的案件案情简单、出险原因清楚、保险责任明确、事故损失金额不大且不涉及第三者车辆和人员伤亡,对于同时满足上述条件的案件可以在查勘后迅速定损,实行简易赔案处理。简易案件处理规程简化了理赔手续,加快了理赔速度,为被保险人提供了方便。图5-11为简易案件的处理流程。

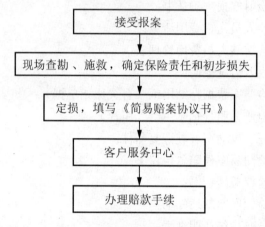

图 5-11 简易案件的处理流程

1. 简易案件处理规程和要求

(1) 接到报案后,调度人员应迅速通知2名查勘人员赶赴第一现场调查、取证,认真询问、拍照、绘制草图并尽快定损,填制详细的查勘记录。

(2) 定损人员应当逐项确定损失换件与维修项目及金额,填写"机动车辆保险简易案件赔款协议书",并由被保险人或其指定授权人签字确认。必要时可电话咨询核损人员。

(3) 有关资料交理算员计算赔款,缮制理算报告。

(4) 相应权限的核赔岗人员审核后签字。

(5) 财务部门通知被保险人或其指定授权人领取赔款。

2. 简易案件的主要优点

(1) 无须事故证明,但必须有第一现场查勘记录和照片。

(2) 减少到修理厂定损环节,无须先修车后索赔。

(3) 将理算和领取赔款一次完成,减少被保险人的索赔成本。

5.11.2 疑难案件

1. 疑难案件分类

疑难案件分为争议案件和疑点案件两种情况。疑难案件应及时报本级核赔委员会进行会审。

争议案件是指保险人和被保险人对条款理解有异议或责任认定有争议的案件，在实际操作中应当采用集体讨论研究、聘请专家论证和向上级公司请示等方式解决，保证案件圆满处理。

疑点案件是指赔案要素不完全、定损过程中存在疑点或与被保险人协商不能达成一致的赔案。

2. 疑难案件处理程序

在查勘定损的过程中发现的有疑点的案件，定损人员必须对疑点问题进行调查落实，在查勘记录上重点详细说明，并及时报客户服务中心负责人。在理算和审批的过程中发现有疑点的案件，由客户服务中心负责人指定业务骨干负责进行调查，认真查看案卷资料，熟悉案情，掌握基本情况。由客户服务中心提出调查方案并组织实施调查。必要时联合执法机关和技术部门共同进行调查。调查结束后，整理资料，写出疑难案件调查报告，重大案件须报核赔委员会审核。

骗赔、错赔案件和虚假赔案由分公司组织相关部门人员负责进行调查。重大伤人案件调查由客户服务中心伤人案件核损人员负责完成，有必要的可以聘请专业机构。

5.11.3 注销案件

注销案件是指保险车辆发生保险责任范围内的事故，被保险人报立案后未行使保险金请求权致使案件失效注销的案件。注销案件分为超出索赔时效注销和主动声明放弃索赔权利注销两种情况。

对超出索赔时效注销，即自被保险人知道保险事故发生之日起 2 年内未提出索赔申请的案件，由客户服务中心在 2 年期满前 10 天发出"机动车辆保险结案催告、注销通知书"。被保险人仍未索赔的，将案件做注销处理。

对主动声明放弃索赔权利注销的案件，在客户服务中心发出"机动车辆保险结案催告、注销通知书"后，由被保险人在回执栏签署放弃索赔权利意见，将案件予以注销处理。对涉及第三方损害赔偿的案件，被保险人主动声明放弃索赔权利的，要慎重处理。

5.11.4 拒赔案件

1. 拒赔案件类别

（1）立案前拒赔。

① 接报案人员接到报案并查阅保险单信息后，对于超出保险期限、未投保险种出险等明显不属于保险责任的情形，应当明确告知报案人拒赔理由，并在计算机业务系统内登记后做报案注销处理。对在报案环节不能明显判断为非保险责任的案件，按照正常案件受理。

② 如报案人要求提供书面拒赔材料的，按照"立案后拒赔"程序处理。

③ 客户服务中心查勘人员现场查勘后，发现明显不属于保险责任的，应当出具现场查勘报告，并在报告中注明该次事故不属于保险责任，向被保险人解释说明拒赔理由，让被

保险人在查勘报告上签名确认；然后将相关查勘资料提交到相应权限级别的核赔人员逐级审批后归档，并对报案记录做注销处理。

(2) 立案后拒赔。

立案后在理算、核赔等业务处理环节发现的不属于保险责任的案件，由发现岗位人员缮制"机动车辆保险拒赔案件报告书"按核赔权限逐级审批。重大案件须提交核赔委员会会审，如审核结论为拒赔，由客户服务中心签发"机动车辆保险拒赔通知书"；如通过审核后暂无充足拒赔理由，按照理赔正常案件流程处理。

2. 拒赔案件处理流程

拒赔案件要严格依据《保险法》、《机动车辆保险条款》有关规定处理。拒赔要有确凿的证据和充分的理由，慎重决定。拒赔前，应当向被保险人明确说明原因，认真听取意见并向被保险人做好解释工作。图 5-12 为拒赔案件的处理流程。

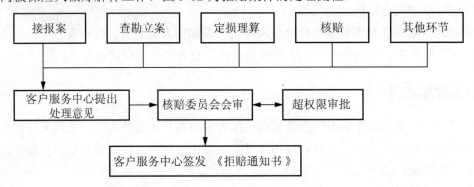

图 5-12　拒赔案件的处理流程

5.11.5　预付案件

机动车辆保险原则上不能预付赔款，特殊情况，对估损金额超过 20 万、责任明确、被保险人提出预付赔款请求且暂不能结案的案件，可申请预付赔款。

1. 预付类别

预付类别具体可分为两种情况，即可确定最低金额的预付案件和重大赔案预付案件。

(1) 可确定最低金额的预付案件。

可确定最低金额的预付案件是指保险人自收到赔偿或者给付保险金的请求和有关证明、资料之日起 60 日内，已经确定保险责任但对其赔偿或者给付保险金的数额不能确定的，可以根据已有证明和资料能够确定的最低数额预先支付；保险人最终确定赔偿或者给付保险金的数额后，再支付相应的差额。

(2) 重大赔案预付案件。

重大赔案预付案件是指伤亡惨重、社会影响面大、被保险人无力承担损失的重大案件，经审核确定为保险责任，但赔款金额暂不能确定的，可在估计赔偿金额的 50% 内先行预付；

最终确定赔偿金额后，再支付相应差额。

2. 预付赔款的处理流程

所有的预付案件必须在完成查勘定损确定估损金额或已确定部分损失金额后，由被保险人提出申请（参见图 5-13）。

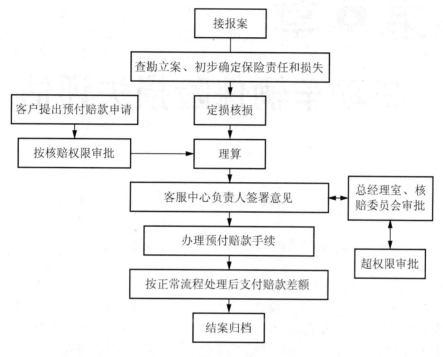

图 5-13 预付赔款处理流程图

复 习 题

1. 简述机动车辆保险理赔工作的原则和流程。
2. 现场查勘的主要内容有哪些？
3. 如何拍摄现场照片？
4. 简要说明如何确定车辆损失？
5. 核赔的主要工作内容有哪些？
6. 甲、乙、丙三辆机动车发生交通事故，各自承担 60%、20%、20% 的赔偿责任，其中甲车投保家庭自用汽车损失险、第三者责任险和交强险，第三者责任险责任限额 10 万元。此次事故造成甲车车辆损失 1000 元、乙车车辆损失 2000 元、丙车车辆损失 3000 元，同时乙车车上人员医疗费用 6000 元，丙车车上财产损失 600 元，丙车车上死亡 1 人，死亡伤残费用 10 万元，另外路产损失 1200 元。计算甲车车损险、第三者责任险、交强险的赔偿金额分别为多少？

第6章

机动车辆保险损失评估

6.1 概 述

对发生了交通事故的承保车辆进行准确的评估是保险公司及公估公司一项十分重要的工作。

保险公司及公估公司为了更好地完成保险赔付业务,设置了专门的机动车拆检定损中心,配备专职的查勘、定损人员。保险公司内部建立了有效便捷的报价系统,控制了配件价格。为了更加有效地降低理赔成本,要求定损人员对事故车辆造成的损失作出准确的鉴定。由于事故车辆的损失是随机的,每一辆事故车辆造成的损失都有差异,因此,提高查勘、定损人员的思想道德素质和业务素质是至关重要的。

6.1.1 拆检定损机构及相关人员的职责

1. 机动车拆检定损中心的职责范围

机动车拆检定损中心的职责范围是指接到报案或出险通知后,指派查勘定损人员迅速赶到事故现场、停车场或指定及非指定修理厂等,对出险事故车辆进行查勘、定损、估价,受理保险公司系统内部异地委托代理业务的查勘、定损、估价。接受有关部门(公安机关交通管理部门)的委托,对非保险车辆进行查勘、定损、估价。

2. 查勘、定损人员的任务

查勘、定损人员的任务是接到任务及相关资料后,利用必要的设备和技术手段做好事故车辆的查勘工作,对事故车辆及受损部位进行拍照。定损人员确定事故车辆的损伤部位,并确定受损总成及零部件的更换或修理项目。核价人员在此基础上,对零配件价格及修理工时费用作出正确的核定,做到各司其职、各负其责。

6.1.2 事故车辆的定损原则及方法

1. 定损原则

（1）修理范围的限定原则。

修理范围仅限本次事故所造成的车身损失。界定属于本次事故造成的损失部位，一般应在"新"上做文章，即有新脱落的漆皮痕迹和新的金属刮痕；非本次事故造成的损失碰刮处有油污、锈迹和灰尘，凡是自然磨损（如轮胎爆裂，零部件老化、锈蚀等）不在赔偿范围之内；如果被保险人或第三者提出扩大修理范围或应修理而要求更换的，超出部分的费用应当由其自行承担，并在定损确认书上明确注明。

（2）能修不换的原则。

能修复的零配件尽量修复，不要随便更换；能局部修复的不能扩大到整体修复（主要针对车身油漆）。

（3）配件更换的原则。

能更换零件的不能更换总成。

（4）修理工时费的确定的原则。

修理工时费的确定根据修复工艺及当地的工时费标准确定。

（5）配件核价原价。

配件价格实行报价中心报价核价管理。

（6）换件残值应合理作价的原则。

如果被保险人接受，则在定损金额中扣除；如果被保险人不愿意接受，则保险人拥有处理权。

2. 定损方法

在实际运作过程中经常存在着这样的问题：被保险人与保险人在定损范围与价格上存在严重的分歧，被保险人总希望得到高的赔偿价格，希望多换一些零部件；而保险人正好相反，总希望赔付得少一点，实现经济效益的最大化。而一些公估公司处在中介人的位置，在对车辆进行估价、定损时既要考虑保险公司的经济利益，又要考虑被保险人的利益，即事故车辆修复后基本性能的恢复。所以说，无论是保险公司的定损人员，还是公估公司的定损人员都要考虑双方的利益，进行公平公正的定损。另外，近些年在机动车辆保险业内时常有骗保案件发生。因此，定损人员应当掌握正确的定损方法。

（1）弄清肇事起源点，由此确定肇事部位的撞击、震动可能引起哪些部位损伤。

（2）确定维修方案，并据此对损坏的零部件由表及里进行登记，并分别进行修复或更换的分类。鉴定、登记时可以按照以下顺序进行：由前到后，由左到右，先登记外附件（即钣金覆盖件、外装饰件），再按发动机、底盘、电器、仪表等进行分类。

（3）根据已经确定的维修方案及修复工艺难易程度确定工时费。

（4）根据所掌握的机动车配件价格确定材料费用。

（5）定损时各方（被保险人、第三者、修理厂、保险公司）均应在场，再明确修理范围及项目，确定所需费用，签订"事故车辆估损单"协议后方可让事故车辆进厂修理。

3. 其他特殊情况的处理

（1）受损事故车辆未经保险人的同意而由被保险人自行送修的，保险人有权重新核定修理费用或拒绝赔偿。再重新核定时，应对照现场查勘记录，逐项核对修理费用，剔除其扩大修理的费用或其他不合理的项目和费用。

（2）受损事故车辆解体后，如发现尚有因本次事故造成的损失部位没有定损的，经定损人员核实后，可追加修理项目和费用。

（3）经保险人的同意，对事故车辆损失原因进行鉴定的费用应负责赔偿。

（4）如果被保险人要求自选修理厂修理的，必须先确定保险责任和保险金额。

（5）对重大事故及特殊车型的定损。对于重大事故，为尽量避免道德风险，在保证修理质量的前提下，应当尽可能推荐被保险人到特约修理厂去维修，以避免在分解过程中弄虚作假以及有意扩大损坏部位、加大损坏程度现象的发生。如果被保险人坚持自选修理厂，则可以在工时费包干的前提下，由定损人员现场监督分解，并尽快确定更换项目。

（6）去外地查勘定损的处理方法与技巧。赴外地查勘定损的困难要大得多，特别是对第三者车辆（事故发生地当地车辆）无责任情况下，协商修理定价往往更为艰辛。

估价应当留有余地，为应对修理厂对外地客户哄抬价格，估价时应当留一定的余地作为让步条件。估价切忌拖泥带水，能实行费用包干的，应尽可能包干，且一般情况下不能留待查项目，对确实无法判断的可现场分解。若无法与修理厂达成共识，定损人员可以请当地的保险公司协助代查勘、代定损。

6.2 机动车辆碰撞损失评估

在机动车辆保险责任中，因碰撞所造成的损失是最常见的，也是损失最大的项目。因此，定损人员必须了解机动车的基本结构，掌握机动车碰撞事故的分类及特征，掌握碰撞造成的损失，掌握常见修复方法，掌握机动车（本章节的机动车主要以汽车为代表）基本件的修理与更换标准，掌握各部位修复所需要的工时标准等。

6.2.1 汽车碰撞事故分类及汽车碰撞损坏类型

1. 汽车碰撞事故分类

汽车碰撞事故可以分为单车事故和多车事故。

单车事故又可以细分为翻车事故与障碍物碰撞事故。翻车事故一般是驶离路面或高速转弯造成的，其严重程度与事故车辆的车速和翻车路况有关，既可能是人、车均无大碍的局面，也可能造成车毁人亡的严重后果，图6-1列举了翻车情形。与障碍物碰撞事故可以分为前撞、尾撞和侧撞，其中前撞和尾撞较常见，而侧撞较少发生。与障碍物碰撞的前撞和尾撞又可以根据障碍物的特征和碰撞方向的不同再分类，图6-2为几种典型的汽车与障碍物碰撞情形。尽管在单车事故中，侧撞较少发生，但当障碍物具有一定的速度时也有可能发生（参见图6-3）。单车事故汽车可受到前、后、左、右、上、下的冲击载荷，且对汽车施加冲击载荷的障碍物既可以是有生命的人体或运动物体，也可以是无生命的物体。

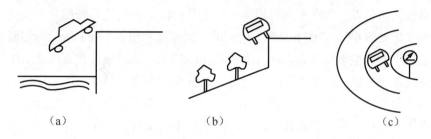

图 6-1 翻车情形

(a) 正向坠崖翻车； (b) 侧向坠崖翻车； (c) 高速转弯翻车

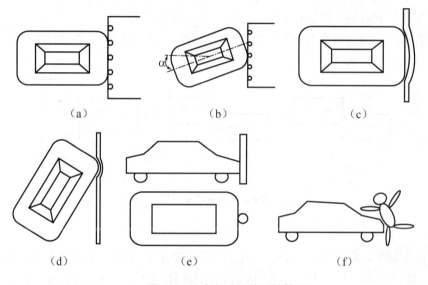

图 6-2 汽车与障碍物碰撞情形

(a) 与刚性墙正碰； (b) 与刚性墙斜碰； (c) 与护栏正碰；
(d) 与护栏斜碰； (e) 与刚性柱碰撞； (f) 与行人碰撞

显然，障碍物的特性和运动状态对汽车事故的后果影响较大，这些特性包括质量、形状、尺寸和刚性等。这些特性参数的实际变化范围很大，如人体的质量远比牛这类动物体的质量小，而路面和混凝土墙的刚性远比护栏和松土的刚性大。障碍物特性和状态的千变万化导致的结果是对事故车辆及乘客造成不同类型和不同程度的伤害。

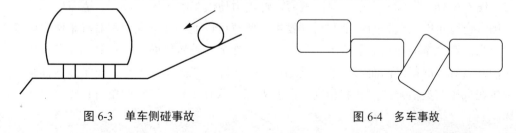

图 6-3 单车侧碰事故　　　　　图 6-4 多车事故

多车事故为两辆以上的汽车同时相撞（参见图6-4），但讨论其特征时可以只考虑两车相撞的情形（参见图6-5）。图6-5（a）所示的正面相撞和图6-5（c）所示的侧面相撞都是具有极大危险性的典型事故状态，且占事故的70%以上。追尾事故在市内交通中发生时，一般相对碰撞速度较低。但由于追尾可能造成被撞车辆中乘客颈部的严重损伤和致残，故其后果仍然十分严重。从图6-5不难看出，在多车事故中，不同汽车所受的碰撞类型是不一样的。在图6-5（a）所示的正面碰撞中，两辆汽车均受前撞；在图6-5（b）所示的追尾事故中，前面的汽车受到尾撞，而后面的汽车却受前撞；在图6-5（c）所示的侧撞事故中，一辆汽车受侧碰，而另一辆汽车却受前撞。在多车事故中，汽车的变形模式也是千变万化的，但与单车事故比有两个明显的特征：

（1）在多车事故中一般没有来自上、下方向的冲击载荷；

（2）给事故车辆施加冲击力的均为其他的车辆，尽管不同汽车的刚性不一样，但没有单车事故中障碍物的刚性变化大。

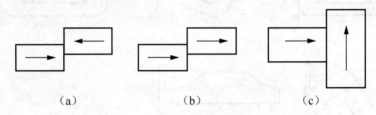

图6-5 两车相撞情形

（a）面相撞；（b）追尾；（c）侧面相撞

在实际生活中，除了以上描述的典型的单车事故和典型的多车事故以外，还有这两类典型事故的综合事故。如在多车事故中，一辆或多辆汽车与行人或其他的障碍物发生碰撞。对于这类综合性事故的分析可以结合典型的单车事故和典型的多车事故分析方法来讨论。

2. 汽车碰撞损坏类型

根据汽车车架和车身结构的损坏情况可以将汽车碰撞分成多种碰撞类型，每种碰撞类型都有其自身特点，很容易区分开。

（1）侧弯。

汽车的前部、中部或后部在冲击力的作用下偏离原来的行驶方向发生的碰撞损坏称为侧弯。图6-6（a）所示为汽车的前部侧弯，冲击力使汽车的一边伸长、一边缩短。

侧弯也有可能在汽车的中部和后部发生。侧弯可以通过视觉观察和对汽车侧面的检查判别出来：在汽车的伸长侧面留下一条刮痕，而在另一缩短侧面会有折皱。发动机罩不能正常的开启等情况都是侧面损坏的明显特征。对于非承载式车身汽车，折皱或侧面损坏一般发生在汽车车架横梁的内部和相反方向的外部。承载式车身汽车的车身也能够发生侧面损坏。

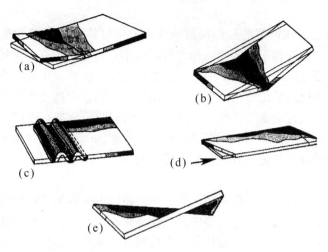

图 6-6 汽车车架和车身的碰撞损坏类型

(a)侧弯;(b)凹陷;(c)折皱或压溃;(d)菱形损坏;(e)扭曲

(2)凹陷。

凹陷就是出现汽车的前罩区域比正常的规定低的情况。损坏的车身或车架背部呈现凹陷形状。凹陷一般是由于正面碰撞和追尾碰撞引起的,有可能发生在汽车的一侧或两侧[参见图 6-6(b)]。当发生凹陷时,可以看到在汽车翼子板和车门之间顶部变窄,底部变宽;也可以看到车门闩眼处过低。凹陷是一种普通碰撞损坏类型,大量存在于交通事故中。尽管折皱或扭结在汽车车架本身并不明显,但是一定的凹陷将破坏汽车车身的钣金件的结合。

(3)折皱或压溃。

折皱就是在车架上(非承载式车身汽车)或侧梁(承载式车身汽车)微小的弯曲。如果仅仅考虑车架或侧梁上的折皱位置,则常常是另一种类型损坏。

如果在车架或在车架边梁内侧有折皱,则表明有内向的侧面损坏;如果车架或在车架边梁外侧有折皱,则表明有向外的侧面损坏;如果车架或在车架边梁的上表面有折皱,一般表明是向上凹陷类型;如果折皱在相反的方向即位于车架的下表面,则一般为向下凹陷类型。

压溃是一种简单、具有广泛性的折皱损坏。这种损坏使得汽车框架的任何部分都比规定要短[参见图 6-6(c)]。压溃损坏一般发生在前罩板之前或后窗之后。车门没有明显的损坏痕迹,然而在前翼子板、发动机罩和车架棱角等处会有折皱和变形。

在决定严重压溃损坏的修理方法时,定损人员必须记住一点:在承载式车身上,高强度钢加热后易于拉伸,但这种方法要严格限制,因为这些钢材加热处理不当会使其强度降低。另外,对弯曲横梁冷法拉直可能导致板件撕裂或拉断。然而对小的撕裂(2cm 或小于 2cm),可用焊接的方法修复。定损人员必须合理地考虑零件是修理还是换新件。如果结构部件纽绞,即弯曲超过 90°,该零件应当更换新件;如果弯曲小于 90°,可能拉直并且能够满足设计强度,该零件可以修理。用简单的方法拉直纽绞零部件可能会使汽车结构性能下降。当这种未达到设计标准的汽车再发生事故时,气囊将有可能不能正常打开,这样就会危及乘客的生命。

(4) 菱形损坏。

菱形损坏就是一辆汽车的一侧向前或向后发生位移，使车架或车身不再是方形。如图 6-6（d）所示，汽车的形状类似一个平行四边形，这是由于汽车碰撞发生在前部或尾部的一角或偏离质心方向所造成的。明显的迹象就是发动机罩和车尾行李舱盖发生了位移。在后驾驶室后侧围板的后轮罩附近或在后侧围板与车顶盖交接处可能会出现折皱。折皱也可能出现在乘客室或行李舱的地板上。通常，压溃和凹陷会带有菱形损坏。

菱形损坏经常发生在非承载式车身汽车上。车架的一边梁相对于另一边梁向前或向后运动。可以通过量规交叉测量方法来验证菱形损坏。

(5) 扭曲。

扭曲即汽车的一角要比正常的高，而另一角要比正常的低［参见图 6-6（e）］。当一辆汽车以高速撞击到路边或高级公路中间的隔离带时，有可能发生扭曲型损坏。后侧车角发生碰撞也常发生扭曲损坏。仔细检查能发现板件不明显的损伤。然而真正的损坏一般隐藏在下部。由于碰撞，汽车的一角向上扭曲，同样，相应的另一角向下扭曲。由于弹簧弹性弱，所以如果汽车的一角凹陷到接近地面的程度，应当检查是否有扭曲损坏。当汽车发生翻滚时也会有扭曲。

只有非承载式车身汽车才能真正发生扭曲。车架的一段垂直向上变形，而另一端垂直向下变形（参见图 6-7）。从一侧观察，看到两侧纵梁在中间交叉。

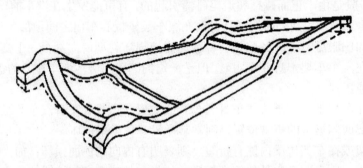

图 6-7 典型车架扭曲损坏情况

承载式车身汽车前后横梁并没有连接，因此并不存在真正意义上的"扭曲"。

承载式车身损坏相似的扭曲是前部元件和后部元件发生相反的凹陷。如右前侧向上凹陷，左后侧向下凹陷，左前侧向下凹陷而右后侧向上凹陷。

要区别车架扭曲和车身扭曲，因为它们的修理方法和修理工时是不同的。对于承载式车身汽车而言，在校正每一段的凹陷时应对汽车的拉伸修理进行评估。

对于非承载式车身汽车需要两方面的拉伸修理，即汽车前沿的拉伸修理和汽车后端的修理。

6.2.2 事故车辆车身碰撞损伤的诊断与测量

要准确地评估一辆碰撞事故车辆，就要对其受损情况作出精确诊断。要确切地评估出汽车受损的严重程度、范围及受损部件。一辆没有经过准确诊断的汽车会在修理过程中发现新的损伤情况，这样会造成修理工艺及修理方案的改变，从而造成修理成本的改变；由于要控制修理成本，往往会造成修理质量的不尽如人意，甚至留下安全隐患。对碰撞作出准确的诊断是衡量一名定损人员水平的重要标志。

通常，一般定损人员都能对碰撞部位直接造成的零部件损伤作诊断，但是对于与其相关联零部件的影响以及发生在碰撞部位附近的损伤则可能忽视。因此，对于现代汽车来说，较大的碰撞损伤只用目测来鉴定是不够的，还必须借助相应的工具及仪器设备来鉴定汽车的损伤。

1. 在进行碰撞评估损伤鉴定之前应注意以下安全事项

（1）在查勘碰撞受损的汽车之前，首先看车上是否有破碎的玻璃，是否有锋利的刀状或锯齿状金属边角。对危险部位标识安全警示或进行处理。

（2）如果闻到有汽油泄漏的气味，切勿使用明火，切勿开关电器设备。事故较大时，可考虑切断蓄电池电源。

（3）如果有机油或齿轮油泄露，要当心滑倒。

（4）在检验电器设备的状态时，不要造成新的损伤。如在车门变形的情况下，检验电动车窗玻璃升降功能时，切勿盲目升降，以免造成玻璃损坏。

（5）应当在光线良好的场所进行碰撞诊断，如果损伤涉及底盘或需在车下进行细致检查时，务必使用汽车举升机，以保证定损人员的安全。

2. 了解基本的碰撞损伤鉴定步骤

（1）了解车身结构的类型。

（2）以目测确定碰撞部位。

（3）以目测确定碰撞的方向及碰撞力大小，并检查可能有的损伤。

（4）确定损伤是否限制在车身范围内，是否还包含功能部件或零配件（如车轮、悬架、发动机及附件等）。

（5）沿着碰撞路线系统地检查部件的损伤，直到没有任何损伤痕迹的位置。如立柱的损伤可以通过检查门的配合状况来确定。

（6）测量汽车的主要零部件，通过比较维修手册车身尺寸图标上的标定尺寸和实际汽车上的尺寸来检查汽车车身是否产生变形量。

（7）用适当的工具或仪器检查悬架和整个车身的损伤情况。

一般而言，汽车损伤鉴定步骤可按照图6-8所示的步骤进行。

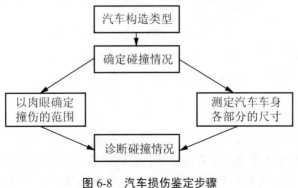

图6-8　汽车损伤鉴定步骤

3. 目测确定碰撞损伤程度

大多数情况下,碰撞部位能显示出结构变形或断裂迹象。肉眼检查时,定损人员可以先后退几步,对汽车进行总体观察;从碰撞的位置估计受撞范围大小及方向,并判断碰撞是如何扩散的;从总体上查看汽车是否有扭转、弯曲变形。再查看整辆汽车,设法确定损伤位置及所有损伤是否都由同一事故引起。

碰撞力沿车身扩散,并使许多的部位发生变形,碰撞力具有穿过车身坚固部位最终抵达并损坏薄弱部件,扩散并深入至车身部件内的特性。因此,为了查找汽车损伤,定损人员必须沿碰撞力扩散的路径查找车身的薄弱部位。沿碰撞力扩散方向逐处检查,确认是否有损伤和损伤程度。定损人员可以从以下几方面加以识别。

(1)钣金件截面突然变形。

碰撞所造成的钣金件截面变形与钣金件本身设计的结构变形不一样,钣金件本身设计的结构变形处表面油漆完好无损,而碰撞所造成的钣金件的截面变形处油漆起皮、开裂。设计车身时,要使碰撞产生的能量能够按照一条既定的路线传递,按照指定的方向吸收。

(2)零部件支架断裂、脱落及遗失。

发动机支架、变速器支架、发动机各附件支架是碰撞应力吸收处,发动机支架、变速器支架、发动机各附件支架在汽车设计时就有保护重要零部件不受损伤的功能。在碰撞事故中常有各种支架断裂、脱落及遗失现象。

(3)检查车身每一部位的间隙和配合。

车门是以铰链装在车身立柱上的,通常立柱变形就会造成车门与车门、车门与立柱的间隙不均匀。另外,还可以通过简单地开关车门检查车门锁机与锁扣的配合,从锁机与锁扣的配合可以判断车门是否下沉,从而判断立柱是否变形,查看铰链的灵活程度可以判断立柱及车门铰链处是否变形。

在汽车前端碰撞事故中,检查后车门与后翼子板、门槛、车顶侧板的间隙,并做左右对比是判断碰撞应力扩散范围的主要手段。

(4)检查汽车本身的惯性损伤。

当汽车受到碰撞时,一些质量较大的部件(如装配在橡胶支座上的发动机附离合器总成)在惯性力的作用下会造成固定件(橡胶垫、支架等)和周围部件及钢板的位移、断裂,应对其进行检查。对于非承载式车身汽车还需检查车身与发动机及底盘结合部是否变形。

(5)检查来自乘客及行李的损伤。

乘客和行李在碰撞中由于惯性力作用还能引起车身的二次损伤,损伤的程度因乘客的位置及碰撞的力度而异,其中常见的损伤有转向盘、仪表工作台、转向柱护板及座椅等。行李碰撞是造成行李箱中部分设备(如CD机、音频功率放大器等)损伤的主要原因。

6.2.3 碰撞造成的常损零件修与换的掌握

在汽车碰撞的损失评估中,受损零件修与换的标准是一个难题。在保证汽车修理质量的前提下,"用最小的成本完成受损部位修复"是评估事故车辆的原则。碰撞中常损零件有承载式车身结构钣金件、非结构钣金件、塑料件、玻璃制品及车身内外装饰等。

1. 承载式车身结构钣金件修与换的掌握

碰撞受损的承载式车身结构钣金件是更换还是修复？美国汽车撞伤修理业协会经过大量的研究得出关于损伤结构件修复与更换的一个简单判断原则，即"弯曲变形就修，折曲变形就换"。

（1）弯曲变形的特点。

① 损伤部位与非损伤部位的过渡平滑、连续。

② 通过拉拔矫正可以使其恢复到事故前的形状，而不会留下永久的塑性变形。

（2）折曲变形的特点。

① 弯曲变形剧烈，曲率半径小于3mm，通常在很短长度上弯曲可达90°以上。

② 矫正后，零件上仍有明显的裂纹和开裂，或者出现永久变形带，不经调温加热处理不能恢复到事故前的状态。

（3）承载式车身结构钣金件换与修的依据。

掌握了"弯曲"与"折曲"概念后，可以作为判断承载式车身结构钣金件是更换还是修复的依据。定损人员必须懂得：

① 在车身折曲后的矫正过程中钢板内部发生了什么变化；

② 为什么那些仅有一些小的折曲变形或有裂纹的大结构钣金件也必须更换；

③ 当决定采用更换结构钣金件时，应当完全遵照制造厂的建议。这一点非常重要。当需要切割或分割钣金件时，制造厂的工艺要求必须遵守。一些制造厂不允许反复分割结构钣金件，另一些制造厂规定只有在遵循厂定工艺时才同意分割。所有的制造厂家都强调不要割断可能降低乘客安全性的区域、降低汽车性能的区域或者影响关键尺寸的地方。然而，在我国，多数的汽车修理厂没有做到完全按照制造厂的工艺要求更换车身结构钣金件。所以，在我国应采用"弯曲变形就修，折曲变形就可以换"，而不是"必须更换"，从而避免产生更大的车身损伤。

2. 非结构钣金件修与换的掌握

非结构钣金件又称覆盖钣金件。承载式车身的覆盖钣金件通常包括可拆卸的前翼子板、车门、发动机盖、行李箱盖和不可拆卸的后翼子板、车顶等。

（1）可拆卸件修与换的掌握。

① 前翼子板。

前翼子板的损伤程度没有达到必须将其从车上拆下来才能修复的程度，如整体形状还在，只是中间局部凹陷时，一般不考虑更换。损伤程度达到必须将其从车上拆下来才能修复的程度，并且前翼子板的材料价格低廉、供应流畅，材料价格达到或接近整形修复的工时费，应当考虑更换。

如果每米长度超过3个折曲、破裂变形，或已无基准形状，则应当考虑更换（一般来说，当每米折曲、破裂变形超过3个时，整形和热处理后很难恢复其尺寸）。

如果每米长度不足3个折曲、破裂变形，且基准形状还在，则应当考虑整形修复。

如果修复工时费明显小于更换费用，则应当考虑以修理为主。

② 车门。

如果门框产生塑性变形，一般来说是无法修复的，应当考虑更换。许多汽车的车门面板是作为单独零件供应的，损坏后可以单独更换，不必更换总成。

③ 发动机盖和行李箱盖。

发动机盖和行李箱盖大多用2个冲压成形的冷轧钢板经翻边胶粘制成。

判断发动机盖和行李箱盖是否碰撞损伤变形，应当看是否要将两层分开修理。如果不需分开，则不应考虑更换；若需分开整形修理，应当首先考虑工时费加辅料费与其价值的关系，如果工时费加辅料费接近或超过其价值，则不应考虑修理，反之，应当考虑修理。

（2）不可拆卸件修与换的掌握。

碰撞损伤的汽车中最常见的不可拆卸件就是三厢车的后翼子板。由于更换后翼子板需要从车身上将其切割下来，而国内绝大多数汽车修理厂在切割和焊接方面满足不了制造厂提出的工艺要求，从而造成车身新的损伤，所以，后翼子板只要有修理的可能都应当修复，而不应该和前翼子板一样存在值不值得修理的问题。

3. 塑料件修理与更换的掌握

目前，基于降低车身自重的考虑，在塑料工业日益发展的条件下，车身各种零部件越来越多地使用了各种塑料，特别是在车身前端（包括保险杠、格栅、挡泥板、防碎石板、仪表工作台、仪表板等）。塑料在汽车上的应用就产生了修理碰伤的新课题。

许多损坏的塑料件都可以修复而不用更换，特别是不必从车上拆下零件，如划痕、擦伤、撕裂和刺穿等。此外，由于某些零件不一定有现货供应，修理往往可迅速进行，从而缩短修理工期。

塑料件修与换的掌握应当考虑以下几个方面的因素：对于燃油箱及要求严格的安全结构件，必须考虑更换；整体破碎以更换为主；价值较低、更换方便的零件应当以更换为主；应力集中部位，应当以更换为主；基础零件，并且尺寸较大，受损以划痕、撕裂、擦伤或穿孔为主，这些零件拆装麻烦、更换成本高或无现货供应，应当以修理为主；表面无漆面的、不能使用氰基丙烯酸酯黏结法修理的且表面光洁度要求较高的塑料件，由于修理处会留下明显的痕迹，一般应当考虑更换。

（1）前、后保险杠及附件。

保险杠主要起装饰及初步吸收碰撞能量的作用，大多用塑料制成。对于用热塑性塑料制成、价格昂贵、表面烤漆的保险杠，如破损不多，可焊接。保险杠饰条破损后基本以换为主。保险杠使用内衬的多为中高档轿车，常以泡沫制成，一般可重复使用。对于铁质保险杠骨架，轻度碰撞常采用钣金修复，价值较低的中度以上的碰撞常采用更换的方法修复。铝合金的保险杠骨架修复难度较大，中度以上的碰撞多以更换为主。保险杠支架多为铁质，一般价格较低，轻度碰撞常用钣金修复，中度以上碰撞多为更换。保险杠等多为转向信号灯和雾灯，表面破损后多更换；对于价格较高的雾灯且只损坏少数支撑部位的，常用焊接和黏结修理的方法修复。

（2）前护栅及附件。

前护栅及附件由饰条、铭牌等组成，破损后多以更换为主。

4. 玻璃制品的定损

目前，汽车上的玻璃制品越来越多，如前、后风窗，车窗，天窗，后视镜和灯具等。

（1）前、后风窗玻璃及附件。

风窗玻璃因撞击而损坏时基本以更换为主。前风窗玻璃胶条有密封式和粘贴式，密封式无需胶条，粘贴式必须同时更换。粘贴在风窗玻璃上的内视镜，破损后一般以更换为主。

需注意的是，后风窗玻璃为带加热除霜的钢化玻璃，价格可能偏高。有些汽车的前风窗玻璃带有自动灯光和自动刮水器功能，价格也会偏高。

（2）天窗玻璃。

天窗玻璃破碎时一般需要更换。

（3）前照灯及角灯。

现代汽车灯具的表面多由聚碳酸酯（PC）或玻璃制成。灯具常见的损坏形式有：调节螺钉损坏，需更换，并重新校光；表面用玻璃制成的，破损后如有玻璃灯片供应的，可以考虑更换玻璃灯片；若为整体式的结构，只能更换；若只是划痕，可以考虑通过抛光去除划痕；对于氙气前照灯，更换时应当注意氙气发生器是无须更换的；价格昂贵的前照灯，只是支撑部位局部破损的，可以采取塑料焊接法修复。

（4）尾灯。

尾灯的损坏按照处理前照灯的方法处理。

5. 车身内外装饰修与换的掌握

（1）仪表板及中央操纵饰件。

仪表板因正面撞击或侧面撞击常造成整体变形、皱折和固定爪破损。整体变形在弹性限度内，待骨架校正后重新装回即可。皱折影响美观，对美观要求较高的新车或高级车最好更换。因仪表板的价格昂贵，老旧车型更换意义不大。少数固定爪破损常以焊修为主，多数固定爪破损以更换为主。

左、右出风口常在侧面撞击时破碎，右出风口也常因二次碰撞被前排乘客的右手支撑时压坏。左右饰框常在侧面碰撞时损坏，严重的正面碰撞也会造成支爪断裂，均以更换为主。杂物箱常因二次碰撞被前排乘客的膝盖撞破，一般以更换为主。

严重的碰撞会造成车身底板变形，车身底板变形后会造成过道罩破裂，以更换为主。

（2）前座椅及附件、安全带。

座椅及附件因撞击造成的损伤常为骨架、导轨变形和棘轮、齿轮根切等。

骨架、导轨变形常可以校正，棘轮、齿轮根切通常必须更换棘轮、齿轮机构。许多的车型因购买不到棘轮、齿轮机构常需更换座椅总成。

大多数安全带在中度以下碰撞后还能使用，但必须严格检验。前部严重碰撞的安全带，收紧器处会变形，从安全角度考虑，建议更换。中高档轿车上安装有安全带自动收紧装置，收紧器上拉力传感器感应到严重的正面撞击后，电控自动收紧装置会点火，引爆收紧装置，从而达到快速收紧安全带的作用，但是安全带自动收紧装置必须更换。

（3）A柱及饰件、前围、暖风系统、集雨栅等。

A柱因碰撞产生的损伤多以整形修复为主。由于A柱为结构钢，当产生折弯变形时，以更换外片、整形整体为主要修复方式。A柱有上下内饰板，破损后一般以更换为主。前围多为结构件，整形与更换按承载式结构钣金构件整修与更换原则执行，A柱内饰板因撞击破损以更换为主。较严重的碰撞常会造成暖风机壳体、进气罩的破碎，以更换为主，暖风散热器、鼓风机一般在碰撞中不会损坏。集雨栅为塑料件，通常价格较低，因撞击常造成破损，以更换为主。

（4）侧车身、B柱及饰件、门槛及饰件等。

B柱的整修与更换同A柱。车身侧面内饰的破损以更换为主。一般碰撞造成的边梁变形以整形修复为主。边梁保护膜是评估中经常遗漏的项目，只要边梁需要整形，边梁保护膜就要更换。门槛饰条破损后一般以更换为主。

（5）车身地板。

车身地板常因撞击造成变形，多以整修方式修复。对于整修无法修复的车身地板，基于现有的修理能力，建议考虑更换车身总成。

（6）车顶及内外饰件。

严重的碰撞和倾覆会造成车顶损伤。车顶损坏时，只要能修复的，原则上不予更换。内饰的修复同于车门内饰的修复。落水槽饰条为铝合金外表烤漆，损伤后一般应予更换。

6.2.4 汽车主要结构件的定损分析

1. 发动机定损分析

汽车发生一般故障时大多数不会使发动机受到损伤。只有比较严重的碰撞、发动机拖底、发动机进水时才可能导致发动机损坏。

（1）发动机及附件碰撞损坏认定及修复。

① 发动机附件。

发动机附件因撞击破损和变形时以更换为主。油底壳轻度变形一般无须修理，放油螺塞处碰伤至中度以上的变形以更换为主。发动机支架及胶垫因撞击变形、破损的，以更换为主。进气系统因撞击破损和变形的，以更换为主。排气系统中最常见的撞击损伤形式为发动机移位造成排气管变形。由于排气管长期在高温下工作，氧化严重，通常无法整修。消声器吊耳因变形超过弹性极限而破损，这也是常见的损坏现象，应当更换。

② 散热器及附件。

铝合金散热器修与换的掌握与汽车的档次有关。由于中低档车的散热器的价格较低，中度以上损伤一般可以更换；高档车的价格较贵，中度以下损伤常采用氩弧焊修复。但水室破损后，一般需更换，而水室在遭受撞击后最易破损。水管破损应当更换。水泵带轮变形后通常以更换为主。风扇护罩轻度变形一般以整形校正为主，严重变形需更换。主动风扇与从动风扇的损坏常为叶片破碎，由于扇叶做成了不可拆式，破碎后需要更换总成。风扇传动带在碰撞后一般不会损坏，因正常使用也会磨损，拆下后如需更换，应当确定是否系碰撞所致。

③ 散热器框架。

根据"弯曲变形就修，折曲变形就换"的基本原则，考虑散热器框架形状复杂，轻度变形时可以钣金修复，中度以上的变形往往不易修复，只能更换。

④ 铸造基础件。

发动机缸体大多是用球墨铸铁或铝合金铸造。受到冲击载荷时，固定支架常会断裂，而球墨铸铁或铝合金铸件都是可以焊接的。

一般情况下，对发动机缸体的断裂是可以进行焊接的。当然，不论是球墨铸铁还是铝合金铸件，焊接都会造成其变形。这种变形通常用肉眼是看不出来的，但由于焊接部位附近对形状尺寸的要求较高，如在发动机汽缸壁附近产生断裂，用焊接的方法修复常常是行不通的，一般应当考虑更换。

（2）发动机拖底。

① 发动机拖底的形成原因。

汽车发动机在以下几种情况下易拖底：第一，通过性能较差的汽车通过坑洼路段时，可能会因为颠簸而使位于较低部位的发动机油底壳与路面相接触，从而导致发动机拖底；第二，汽车在坑洼程度并不严重的路段行驶，由于速度偏高，遇到坑洼时上下颠簸厉害，也可能导致发动机拖底；第三，汽车在路面良好的路段行驶，没有察觉到前车坠落的石块，有可能导致发动机拖底；第四，汽车不慎驶入路坡等处时，被石头垫起，造成拖底。

② 发动机拖底后的损坏范围。

发动机拖底后往往会对机件造成一些损失，这些损失可以分为直接损失和间接损失。

直接损失包括发动机拖底后会造成油底壳凹陷；如果程度较重，还可能使壳体破损，导致机油泄露；如果程度严重，甚至会导致油底壳里面的机件变形、损坏，无法工作。

间接损失包括发动机拖底以后，如果驾驶人没有及时熄火，油底壳内的机油将会大量泄露，导致机油泵无油可泵，使发动机的曲轴轴瓦、连杆轴瓦得不到机油的充分润滑和冷却，轴瓦很快从干磨到烧蚀，然后与曲轴活塞抱死。另外，由于机油压力的降低，发动机的凸轮轴、活塞和汽缸缸筒也会因缺油而磨损。

③ 非保险责任的发动机损坏。

由于发动机保养不当，可能会造成机油减少、油道堵塞和连杆螺栓松动等现象。这样，在运转过程中，连杆轴瓦就会烧蚀、磨损，增大了连杆瓦座间的冲击力，最后将连杆螺栓冲断或造成螺母脱落，瓦盖与连杆脱开，其固定作用消失。这样一来，当活塞下行时，连杆冲向缸体，造成捣缸。发动机的这种损坏情况不属于保险责任，定损人员必须严格掌握。如被保险人有异议，可以要求保存损坏的发动机零件及油底壳中的残留物，以供分析原因之用。

个别汽车发动机在捣缸时，连杆轴瓦及瓦盖脱开的瞬间，向下的冲击作用会将瓦盖击向油底壳，将油底壳打漏造成机油泄露，油底壳破损处向外翻起。这种损坏情况，如不仔细观察，会感觉与发动机拖底的事故非常相似——区别就在于破损处内凹或外翻，凡属于拖底的故障，破损处一定内凹。处理此类问题时，定损人员要通过仔细分析，找出损坏原因来确定是否属于保险责任，同时也可以有力地说服客户。

（3）发动机进水后的损坏分析。

四冲程工作循环的发动机包括进气形成、压缩行程、做功行程和排气行程。当处于进气行程时进气门打开、排气门关闭，活塞在外力作用下下行，缸内形成真空，燃油和空气的混合气被吸入汽缸，活塞位于下止点附近时，进气行程基本结束。当处于压缩行程时，进气门、排气门均关闭,活塞在外力作用下上行,压缩进入汽缸的混合气,使其压力和温度均提高做好点火燃烧的准备,当活塞位于上止点附近时,压缩行程基本结束。当混合气被点燃(汽油发动机)或压燃(柴油发动机)以后,做功行程开始,活塞被爆炸燃烧的燃气驱动着下行,对外输出功率,此时进气门、排气门仍关闭。当做功行程结束时,排气门打开,活塞上行,排出燃烧后产生的废气,当活塞到达上止点附近时,排气行程结束,进气门打开、排气门关闭,发动机的工作进入下一个循环。

如果汽车进了水,水就有可能通过进气门进入汽缸。由于发动机汽缸内已经进了水,在发动机的压缩冲程,活塞在上行压缩时所遇到的不再只是混合气,还有水。由于水是不可压缩的,故曲轴和连杆所承受的负荷就要极大地增加,有可能造成弯曲,在随后的持续运转过程中就有可能导致进一步的弯曲、断裂,甚至捣坏汽缸。

需要说明的是,同样是动态条件下的损坏,由于发动机的结构不同、转速高低不同、车速快慢不等、发动机进气管口安装位置不一、吸入水量多少不一等,其所造成的损坏程度自然也就有所不同。如对于柴油发动机来说,由于其压缩比大,发动机在压缩冲程结束时的汽缸压力要比汽油发动机高,一旦进了水,所造成的危害要比汽油发动机大得多。

如果发动机在较高转速条件下直接吸入了水,完全有可能导致连杆折断、活塞破碎、气门弯曲及缸体被严重捣坏等故障。有时候发动机因进水导致自然熄火,机件经清洗后可以继续使用,但有个别的汽车经一段时间的使用后造成连杆折断捣坏缸体,这是因为当时的进水导致了连杆的轻微弯曲,为日后的故障留下了隐患。

2. 底盘定损分析

(1) 机械零部件的定损。

① 铸造基础件。

变速器、主减速器和差速器的壳体往往用球墨铸铁或铝合金铸造。受到冲击载荷时,常常会造成固定支架的断裂,而球墨铸铁或铝合金铸件都是可以焊接的。

变速器、主减速器和差速器的壳体断裂可以焊接。但焊接会造成壳体的变形。这种变形虽然用肉眼看不出来,但会影响尺寸精度,若在变速器、主减速器和差速器等的轴承座附近产生断裂,用焊接的方法修复常常是行不通的,一般应当考虑更换。

② 悬架系统和转向系统零件。

对于非承载式车身来说,车轮定位正确与否的前提是正确的车架形状和尺寸。对于承载式车身来说,正确的车轮定位的前提是正确的车身定位尺寸。车身定位尺寸的允许偏差一般为1~3mm。

悬架系统中的任何零件都不允许用校正法修理,当车轮定位仪检测出车轮定位不合格时,用肉眼无法判断出具体损伤和变形的零部件,因而,不要轻易作出更换某个零件的决定。

车轮外倾、主销内倾和主销后倾等都与车身定位尺寸密切相关。如果数据不对,应当首先分析是否是因碰撞造成的,由于碰撞不可能造成轮胎磨损不均匀,可以通过检查轮胎磨损是否均匀,初步判断事故前的车轮定位情况。

检查车身定位尺寸,在消除了诸如摆臂橡胶套的磨损等原因校正好车身,使相关定位尺寸正确后,再做车轮定位检测。如果此时车轮定位检测仍不合格,再根据其结构、维修手册等判断其具体损伤部件,逐一更换检测,直到损伤部件得到确认为止。上述过程复杂而烦琐,且技术含量较高,同时悬架系统中的零件都属于价格较高的安全部件,故定损时切不可轻率马虎。

③ 车轮。

轮辋遭撞击后以变形损伤为主,应当考虑更换。轮胎遭撞击后会出现爆胎,应当考虑更换。轮罩遭撞击后常会产生破损,应当考虑更换。

④ 前悬架零件。

前纵梁及悬架座:承载式车身汽车前纵梁及悬架座属于结构件,按照结构件方法处理。

前悬架系统及相关零部件:制动盘、悬架臂、转向节、稳定杆和发动机托架均为安全部件,变形后均应当更换。对于减震器,主要鉴定其是否在碰撞前已损坏。减震器是易损件,正常使用到一定程度会漏油,如果表面已有油迹,说明在碰撞前已损坏;如果表面无油迹,碰撞造成了弯曲变形,应当考虑更换。

⑤ 方向盘及制动系统。

遭到撞击损伤后,从安全角度出发应当更换。安装有安全气囊的汽车,驾驶人气囊都安装在方向盘上。当气囊因碰撞引爆后,不仅要更换气囊,通常还要更换气囊传感器与控制模块等。需要注意的是,有些车型的碰撞传感器是与 SRS/ECU 装成一体的,要避免汽车修理厂重复报价。

变速器操纵系统遭撞击变形后,轻度的变形常以整形修复为主,中度以上的变形以更换为主。

⑥ 后桥及悬架。

后桥及后悬架:后悬架按照前悬架方法处理;后桥副梁按照前桥副梁方法处理。

后部地板、后纵梁及附件:后纵梁损坏时换前纵梁方法处理,其他同车身地板处理方法相似。备胎盖在严重的追尾碰撞中会破损,以更换为主。

⑦ 变速器及传动轴。

传动轴及附件:中低档轿车多为前轮驱动,碰撞常会造成外侧等角速万向节破损,需要更换。有时还会造成半轴弯曲,也以更换为主。

变速器:变速器损坏后,内部机件基本都可以独立更换,对齿轮、同步器、轴承等的鉴定,碰撞后只有断裂、掉牙才属于保险责任,正常磨损不属于保险责任,在定损中要注意界定和区分。

从保险的角度来看,变速器的损失主要是拖底,其他情况的损失极小。

(2)自动变速器拖底后的处理。

自动变速器拖底后的处理流程如下。

① 报案。

保险查勘人员接到自动变速器拖底碰撞的报案后应当立即通知事故车辆,就地熄火停放,请现场人员观察自动变速器下面是否有红色的液压油漏出(大部分自动变速器液压油为红色)。不允许现场人员移动车辆,更不允许任何人擅自启动发动机。

② 根据查勘结果救援。

根据现场查勘结果分别采取不同的救援处理方案。

假如自动变速器油底壳只有变形而没有漏油，可将事故车辆拖到附近的修理厂。进行事故车辆的牵引时，原则上距离不要超过 3km，变速器应置于空挡，车速不得大于 10km／h。

假如认定自动变速器油底壳已经漏油或虽然没有漏油但离汽车修理厂路途较远时，不允许直接牵引，要采用可以将事故车辆拖走的拖车将其托运到汽车修理厂。

③ 修复处理。

将属于保险责任的事故车辆运到汽车修理厂修复。

自动变速器壳体损坏后，一般情况下只需更换壳体就可以了。有时候汽车配件市场上可能只有自动变速器总成而没有单独的壳体。

3. 电器设备定损分析

（1）蓄电池。

蓄电池的损坏多以壳体四个侧面的破裂为主，应当考虑更换。

（2）发电机。

发电机常见损伤为带轮、散热叶轮变形，壳体破损，转子轴弯曲变形等。带轮变形应更换；散热叶轮变形可校正；壳体破损、转子轴弯曲以更换发电机总成为主。

（3）刮水器系统。

刮水器片、刮水器臂、刮水器电动机等因撞击损坏主要以更换为主。而固定支架、联动杆等，中度以下的变形损伤以整形修复为主，严重变形需更换。刮水器喷水壶只在较严重的碰撞中才会损坏，损坏后以更换为主。刮水器喷水电动机、喷水管和喷水嘴被撞坏的情况较少，若撞坏以更换为主。

（4）冷凝器及制冷系统。

空调冷凝器采用铝合金制成，中、低档车的冷凝器一般价格较低，中度以上损伤一般可以更换；高档车的冷凝器价格较贵，中度以下损伤常可采用氩弧焊修复。储液罐因碰撞变形一般以更换为主。如果系统在碰撞中以开口状态暴露于潮湿的空气中时间较长，则应当更换干燥器，否则会造成空调系统工作时的"冰堵"。

压缩机因碰撞造成的损伤有壳体破裂、带轮变形、离合器变形等，壳体破裂一般需要更换，带轮变形、离合器变形一般也需更换。空调管有多根，损伤的空调管一定要注明是哪一根；汽车空调管有铝管和胶管两种，铝管常见的碰撞损伤有变形、折弯和断裂等，变形后一般校正；价格较低的空调管折弯、断裂时一般更换；价格较高的空调管折弯、断裂时一般采取截去折弯、断裂处，再接一节用氩弧焊接的方法修复。胶管的破损一般需要更换。

空调蒸发器大多用塑性塑料制成，常见损伤多为箱体破损。局部破损可用塑料焊修复，严重破损一般需更换，决定更换时一定要考虑有无壳体单独更换。蒸发器修与换基本同于冷凝器。膨胀阀因碰撞损伤的可能性极小。

（5）电器设备保护装置。

有些电器件在遭受碰撞后，外观虽无损伤，却显示"坏了"的信息，其实这有可能是假象。如果电路过载或短路就会出现大电流，导致导线发热、绝缘损伤，有可能酿成火灾。

因此，电路中必须设置保护装置。熔断器、熔丝器、大限流熔断器和短路器都是过流保护装置，它们可以单独使用，也可以配合使用。碰撞会造成系统过载，相关保护装置会因过载而工作，出现断路，导致相关电器装置无法工作。此时只需更换相关的熔断器、熔丝链、大限流熔断器和断路器即可，无须更换相连的电器件。

6.3 机动车水灾损失评估

夏季暴雨、洪水等自然灾害会造成机动车损坏，在给被保险人带来不便和损失的同时，也给保险公司造成损失。如 2009 年 7 月 10 日，北京的暴雨造成大量的机动车受损，被保险人和各大保险公司均损失惨重。

对于因水灾损坏机动车的理赔，由于保险条款的约定，保险车辆在水淹中启动或水淹后操作不当致使发动机损坏，保险人不承担保险责任。这就使得当水灾造成发动机损坏时，哪些属于保险责任，哪些不属于保险责任就变得非常重要，证据不足常会造成保险索赔纠纷，甚至于产生民事诉讼。

由于机动车水灾损失通常是众多标的同时受损，在短时间内要对众多的车型、不同受损程度的机动车进行较科学的损失评估，往往一般定损人员感到很棘手，从大量的水灾案例得出，做好机动车（本章节的机动车主要以汽车为代表）水灾理赔工作必须从以下几个方面入手：

（1）认真、细致和快捷地到现场查勘；

（2）分车型对不同受损程度的标的进行损失评定；

（3）对同一地区、同一车型、相似受损程度的标的制定一致的损失评定标准。

6.3.1 水灾损失时汽车的施救与保养

1. 汽车防水、涉水方法

汽车遇暴雨或洪水时，如果驾驶人意识到有可能影响安全时应当停车避雨；如果必须行驶，则应当采取必要的防护措施。

（1）雨前准备。

暴雨中出车或准备涉水时，应当先将空气滤清器拆下或将进气软管抬高，或将排气管通过橡胶软管接高。使汽车的进气口、排气口尽量远离水面，减少发动机进水的可能性。

（2）高处停车。

雨季时，停车、存车要尽量选择地势较高处。不要存放在容易积水的地方，以免低洼地带的积水越来越深，而周围停放的汽车又限制了移动，从而使汽车慢慢被水淹没。

（3）行车避水。

行车时应当尽量躲避对方来车行驶时所拥起的水浪，必要时可停车让对方先行通过。

（4）科学涉水。

不了解积水深度时不要轻易地让汽车涉水。如果是很浅的水域，最好均衡加油安全驶过；不要盲目紧随前方的汽车，而应当观察前方的汽车通过的情况再行决定自己是否通过；

当水淹没高度达到车轮半径时，应当尽量避免让汽车涉水。不得不过时，可以将排气管通过软管接高，同时采用挂低挡、少加油、慢而匀速行驶的方法通过，尽量避免让水进入排气管。

（5）谨慎涉水。

不应当采用低挡、大油门、发动机高转速的方式通过。

2. 汽车被淹后的施救

施救进水汽车时一定要遵循"及时、科学"的原则，既保证及时救援，又避免扩大损失。

（1）严禁水中启动汽车。

汽车因进水熄火后，驾驶人绝对不能抱着侥幸心理贸然启动，否则会造成发动机进水，引起损坏。当汽车被水浸入时，驾驶人应当马上熄火，及时求援并拨打报案电话。

实践证明，因雨受损汽车大多是因水中熄火后驾驶人再次启动而造成发动机损坏的。

（2）科学拖车。

施救进水汽车时一般应采用硬牵引，或将前轮托起后牵引；一般不要采用软牵引的方式救援。如果采用软牵引拖车，一旦前车减速，被拖汽车往往会采用挂挡、利用发动机制动力的方式减速，导致被拖汽车的发动机损坏。如果能将进水汽车的前轮托起后牵引可以避免因误挂挡而引起的发动机损坏。

（3）及时告知被保险人及承修厂商。

在将进水汽车拖出水域后，应当及时告知被保险人和承修厂商关于被保险人应尽的施救义务。最好印刷统一的、格式化的告知书，交被保险人或当事人签收，以最大限度地防止损失进一步扩大。

容易受损的电器（如汽车电脑、音响、仪表、继电器、电机、开关、电器设备等）应当尽快从车上拆下，进行排水清洁，电子元件用无水酒精清洗（不要长时间清洗以免腐蚀电子元件）晾干，避免因进水引起电器短路。某些贵重的电器设备（如汽车电脑）如果烘干及时完全可以避免损失；如果清洗晾干不及时就有可能导致报废。

（4）仔细检查电路部分。

将所有被水侵蚀过的电器进行仔细检查、排水、烘干，用万用表检查各处线路是否有搭铁、短路等现象。确认正常后方可通电。

（5）及时检查相关机械零部件。

① 检查汽缸是否进水。

将火花塞（喷油嘴）全部拆下，用手转动曲轴，如果汽缸进了水则从火花塞螺孔处会有水流出。如用手转动曲轴时感到有阻力，说明发动机内部可能存在损坏，勿用工具强转，要查明原因、排除故障，以免扩大损坏。

② 查看或更换机油。

将机油尺抽出，查看润滑油的颜色。如果呈乳白色或有水珠，就要将润滑油全部放掉，清洗发动机后更换新的润滑油。

③ 润滑汽缸。

如果通过检查未发现机油有异常，可从火花塞孔处加入约 10~15mg 的机油，用手转动曲轴数次，使汽缸壁涂上一层油膜起到防锈、密封的作用，同时也有利于启动。

④ 检查变速器、主减速器及差速器。

如果上述部件进了水会使其内的齿轮油变质，造成齿轮磨损加剧。对于采用自动变速器的汽车还要检查其控制电脑是否进水。

⑤ 检查制动系统。

对于水位超过制动油泵的被淹汽车，应当更换全车制动液。因为当制动液里混入水时会使制动液变质，致使制动效能下降，甚至失灵。

⑥ 检查排气管。

如果排气管进了水要尽快排除，以免水中杂质堵塞三元催化转化器和损坏氧传感器。

（6）清洗、脱水、晾晒、消毒及美容内饰。

如果车内因潮湿而有霉味，除了在阴凉处打开车门，让车内水汽充分散发，消除车内潮气和异味外，还需要对车内进行大扫除，更换新的或晾晒后的地毯及座套。查看车门铰链部分、行李箱地毯之下、座位下的金属部分以及备用胎固定锁部位有没有生锈痕迹。

车内清洁不能只使用一种消毒剂和保护品，应当根据各部位的材质选用不同的清洁剂。多数美容装饰店会选用碱性较大的清洁剂，这种清洁剂虽然有增白、去污的功效，但有一定的后患，碱性过强的清洁剂会浸透绒布、皮椅、顶棚，最终出现板结、龟裂等。应选择 pH 值不超过 10 的清洗液，配合专用抽油机，在清洁的同时用循环水将脏东西和清洗剂带走，并将此部位内的水汽抽出。还有一种方法是采用高温蒸汽对车内的真皮座椅、车门内饰、仪表板、空调风口和地毯等进行消毒，同时清除车内的烟味、油味、霉味等各种异味。

（7）保养汽车。

如果整车被水浸泡，除了按照以上排水方法进行处理外，最好对全车进行一次二级保养，全面检查、清理进水部位，通过除锈、润滑、紧固等方式，恢复汽车性能。

（8）谨慎启动。

未排水前，严禁采用启动机或人工推车或拖车方式启动被淹汽车发动机。只有排水、润滑后才能启动。

6.3.2 水淹基本情况

1. 水的种类

汽车水淹损失评估中通常将水分为淡水和海水，本书只对淡水造成的损失进行评估。其中淡水的浑浊情况还应当进行认真了解，多数水淹损失中的水为雨水和山洪形成的泥水，但也有由于下水道倒灌而形成的浊水，其中有油、酸性物质和各种异物，油、酸性物质和各种异物对汽车的损伤各不相同，必须在现场查勘时仔细检查，并作明确记录。

2. 水淹高度

水淹高度是确定水淹损失程度的一个重要参数，水淹高度通常不以高度的计量单位米或厘米为单位,而以重要的具体位置作为参数,以轿车为例(参见图6-9),水淹高度通常分为以下六级。

图6-9 轿车水淹高度分级

1级:制动盘和制动毂下沿以上,乘员舱未进水。

2级:车身地板以上,乘员舱进水,而水面在驾驶员座椅坐垫以下。

3级:乘员舱进水,而水面在驾驶员座椅坐垫面以上,仪表工作台以下。

4级:乘员舱进水,仪表工作台中部。

5级:乘员舱进水,仪表工作台面以上,顶篷以下。

6级:水面超过车顶。

每级的损失程度差异较大,在后面的损失评估时在进行定性分析和定量分析。

3. 水淹时间

水淹时间(H)也是水淹损失程度的一个重要参数,水淹时间的长短对汽车的损伤的差异很大,在现场查勘时确定水淹时间是一项重要工作。水淹时间的计量单位常以小时为单位,通常分为以下六级。

1级:$H \leqslant 1h$。

2级:$1 < H \leqslant 4h$。

3级:$4 < H \leqslant 12h$。

4级:$12 < H \leqslant 24h$。

5级:$24 < H \leqslant 48h$。

6级:$H > 48h$。

每级的损失程度差异较大,在后面的损失评估时在进行定性分析和定量分析。

4. 汽车的配置情况

要对被淹汽车的配置情况进行认真记录,特别注意电子器件的配置情况,如ABS、ASR、SRS、PTS、AT、CVT、CCS、CD、GPS、TEMS等,对水灾可能造成的受损部件一定要做到心中有数。另外,要对如真皮座椅、高档音响、车载DVD及影视设备等配置是否为原车配置进行确认,如果不是原车配置,应当核实被保险人是否投保"新增设备险"。区分受损配置是否属于"保险标的"对于理赔结果差别悬殊。

6.3.3 水灾损失评估

汽车的种类繁多，各类别之间略有差异。本书以社会保有量较大的乘用车为例阐述汽车的水灾损失评估。

1. 水淹汽车的损坏形式

（1）静态进水损坏。

汽车在停放时被暴雨或洪水侵入甚至淹没属于静态进水。图 6-10 为停车场被淹，属于典型的静态进水。

图 6-10　汽车静态进水图

汽车在静态条件下（如车内浸水）会造成内饰、电路、空滤器、排气管等部位受损，有时汽缸内也会进水。此种情况即使不启动汽车也会造成内饰浸水，电路短路，空滤器、排气管和发动机浸水生锈等；电喷发动机因短路会造成无法着火；如强行启动，极有可能导致损坏。就机械部分而言，汽车被水泡过之后，进入发动机的水分在高温作用下会使内部的运动机件锈蚀加剧，当进气吸水过多时容易变形，严重时导致发动机报废。另外，汽车进水后，车的内饰容易发霉、变质，如不及时清理，天气炎热时会出现各种异味。

（2）动态进水损坏。

汽车在行驶过程中，发动机汽缸吸水而使汽车熄火；或在强行涉水未果、发动机熄火后被水淹没。图 6-11 属于典型的动态入水。

图 6-11　汽车动态进水图

动态条件下，由于发动机仍在运转，汽缸吸入水后会迫使其熄火。此种情况除了静态条件下可能造成的全部损失外，还有可能导致发动机直接损坏。

注意，同样是动态条件下的损坏，由于发动机转速不同、车速不等、进气管口安装位置有别、汽缸吸入水量不相等，所造成的损坏也有所不同。

如果高速时吸入水，有可能导致连杆折断、活塞破碎、缸体被连杆捣坏等故障。有时候因进水导致自然熄火，虽然被保险人没有继续使用，并将相关零部件进行了清洗，但个别车辆运行一段时间后又造成了折断的连杆捣毁缸体的恶性事故。原因在于当时的进水往往造成连杆轻微弯曲，为日后的故障留下隐患。动态进水造成故障的修理费用往往十分昂贵。

2. 汽车水灾险的理赔分类

从保险公司的业务划分来看，因暴雨造成的汽车损失主要分为以下五种。

（1）由于暴雨淹及车身而进水，导致金属部件生锈、电子电器件及内饰损坏。

（2）发动机进水后，驾驶人未经排水处理甚至直接就在水中激活发动机，导致内部机件损坏。

（3）水中漂移物或其他原因对车身、玻璃等发生擦撞、碰伤等损失，或因其他相关原因造成汽车损失。

（4）落水后，为抢救汽车，或者为了将事故车辆拖到修理厂而支付的施救、拖车等费用。

（5）汽车被水冲失所造成的全车损失。

3. 水淹后的损失评估

（1）水淹高度为 1 级时的损失评估。

水淹高度在汽车的制动盘和制动毂下沿以上，车身地板以下，乘员舱未进水，水淹高度定义为 1 级。

当汽车的水淹高度为 1 级时，有可能造成的受损零部件主要是制动盘和制动毂。损坏形式主要是生锈，生锈的程度主要取决于水淹时间的长短以及水质。通常情况下，无论制动盘和制动毂的生锈程度如何，所采用的补救措施主要是四轮的保养。

因此，当汽车的水淹高度为 1 级，被淹时间也为 1 级时，通常不计损失；被淹时间为 2 级或 2 级以上时，水淹时间对损失金额的影响也不大，损失率通常为 0.1%左右。

（2）水淹高度为 2 级时的损失评估。

水淹高度在地板以上，乘员舱进水，而水面在驾驶人座椅坐垫以下，水淹高度定义为 2 级。

当汽车的水淹高度为 2 级时，除造成 1 级水淹高度时所造成的损失以外，还可能造成以下损失：

① 车的四轮轴承进水；

② 全车悬架下部连接处引进水而生锈；

③ 配有 ABS 的汽车的轮速传感器的磁通量传感失准；

④ 地板进水后车身地板如果防腐层和油漆层本身有损伤就会造成锈蚀；

⑤ 少数汽车将一些控制模块置于地板上的凹槽内，会造成一些控制模块损毁（如果水淹时间长，被淹的控制模块有可能彻底失效）；

⑥ 汽车的损失率通常为 0.5%～2.5%。

（3）水淹高度为 3 级时的损失评估。

水淹高度在驾驶人座椅坐垫以上，仪表工作台以下，水淹高度定义为 3 级。

当汽车的水淹高度为 3 级时，除了造成 2 级水淹高度时所造成的损失以外，还可能造成以下损失：

① 座椅潮湿和污染；

② 部分内饰的潮湿和污染；

③ 真皮座椅和真皮内饰损伤严重。

一般来说，水淹时间超过 24 小时以后，还会造成：

① 桃木内饰板会分层开裂；

② 车门电动机进水；

③ 变速器、主减速器及差速器可能进水；

④ 部分控制模块被水淹；

⑤ 启动机被水淹；

⑥ 中高档车行李舱中 CD 换片机、音响功放被水淹；

⑦ 汽车的损失率通常为 1%～5%。

（4）水淹高度为 4 级时的损失评估。

水淹高度在仪表工作台中部，水淹高度定义为 4 级。

当汽车的水淹高度为 4 级时，除造成 3 级水淹高度时所造成的损失以外，还可能造成以下损失：

① 发动机进水；

② 仪表台中部分音响控制设备、CD 机、空调控制面板受损；

③ 蓄电池放电、进水；

④ 大部分座椅及内饰被水淹；

⑤ 音响的喇叭全损；

⑥ 各种继电器、保险丝盒可能进水；

⑦ 所有控制模块被水淹；

⑧ 汽车的损失率通常为 3.0%～15.0%。

（5）水淹高度为 5 级时的损失评估。

乘员舱进水，水淹高度在仪表工作台面以上，顶篷以下，水淹高度定义为 5 级。

当汽车的水淹高度为 5 级时，除造成 4 级水淹高度时所造成的损失以外，还可能造成以下损失：

① 全部电器装置被水泡；

② 发动机严重进水；

③ 离合器、变速箱、后桥可能进水；

④ 绝大部分内饰被泡；

⑤ 车架大部分被泡；
⑥ 汽车的损失率通常为 10%～30%。

(6) 水淹高度为 6 级时的损失评估。

水淹高度超过车顶，汽车被淹没顶部，水淹高度定义为 6 级。

① 当汽车的水淹高度为 6 级时，汽车所有的零部件都受到损失。
② 汽车的损失率通常为 25%～60%。

4. 涉水汽车免责条款

汽车因水淹造成的损失属于车损险的勘查、理赔范畴。如果被保险人只投保了第三者责任险，则无权获得赔偿；但即使被保险人投保了车损险，也并不是都可以获得赔付。

根据车损险条款，因暴雨（气象部门认定的每小时降雨量达 16mm 以上；或连续 12h 降雨量达 30mm 以上；或连续 24h 降雨量达 50mm 以上的为暴雨）造成的车损，保险公司会按照定损情况进行理赔。

车损险有免责条款，如在淹及排气筒或进气管的水中启动车辆，或被水淹后未经必要处理而启动车辆，致使发动机损坏，保险公司不负责赔偿。许多的保险公司制定这一条款的目的是防止有人通过人为故意损坏保险车辆的办法来获取保险保障。只有太平洋财产保险公司在机动车辆综合险条款中将"保险车辆遭受暴雨、洪水后在淹及排气筒的水中激活或被水淹及后因过失操作不当致使发动机损坏"明确列入了保险责任。

（1）如果汽车在行驶过程中进水，或被保险人在明知发动机进水的情况下发动汽车，从而造成发动机损坏，保险公司有可能不予赔偿。

（2）如果发动机排气管进水，而被保险人没有发动汽车，并及时通知修理厂及保险公司的，保险公司赔偿发动机的清洗费用及其他损失，理赔范围包括：拖车费；车内装饰，通常根据受淹损失程度及汽车价值理赔（限定在保险合同承保范围之内）；车内电器。此外，还有事故车辆更换机油、更换三滤、维护保养等费用。

（3）如果被保险人在不是暴雨的天气中，自行开车涉水而使汽车受损，不予赔偿。
（4）一些水中漂移物或其他原因发生擦撞碰伤的损失一般应当赔付。

6.4 机动车火灾损失评估

6.4.1 机动车起火的分类

机动车起火分自燃、引燃、碰撞起火、爆炸起火和雷击起火等五类。

1. 自燃

自燃是指机动车在没有外界火源的情况下，由于本车电器、线路和供油系统等车辆自身原因发生故障或所载货物自身原因起火燃烧的现象。

2. 引燃

引燃是指机动车在停放或者行驶过程中，因为外部物体起火燃烧，使车体乃至全车被火引着，导致部分燃烧或全面燃烧。

3. 碰撞起火

碰撞起火是指机动车在行驶过程中，因为发生意外事故而与固定物体或者移动物体相碰撞，假如机动车采用汽油发动机，碰撞程度又较为严重，引起部分机件的位移，挤裂了汽油管，喷射而出的汽油遇到运转的发动机所发出的电火花，导致起火燃烧。

4. 爆炸

爆炸起火就是因为车内、车外的爆炸物起爆所引发的机动车起火燃烧。爆炸包括车内安置的爆炸物爆炸引爆，车外爆炸物爆炸引爆，车内放置的打火机、香水、摩丝等被晒爆引爆，车载易爆物爆炸引爆等多种形式。

5. 雷击起火

雷击起火就是机动车在雷雨天气被雷击中而起火燃烧的现象。

本章节的机动车主要以汽车为代表，下面的内容以汽车为主。

6.4.2 汽车自燃的原因

汽车起火尽管原因复杂，但就其实质而言不外乎火源（着火点）、可燃物、氧气（或空气）三大因素。围绕这几点并结合汽车的结构基本可以分析出汽车起火的真实原因。

据消防部门和车险理赔专家的统计，自燃中存在"五多"现象：小轿车多，占40%以上；私家车多，约占55%；行驶状态发生火灾者多，约占70%；使用5年（或10万公里）以上者多，约占70%；火灾原因以漏油和导线短路居多，占60%以上。汽车自燃的主要原因如下。

1. 漏油

泄漏的汽油是最可怕的助燃物。漏油点大多集中在管件接头处。无论是行进还是停驶，汽车上都可能存在火源（高压电火花、蓄电池外部短路时产生的高温电弧、排气管排出的高温废气或喷出的积炭火星等），当泄漏的燃油遇到火花就会造成起火。

如长途大客车发生的自燃事故居高不下。这是因为在运行了十多万公里后，汽车很容易出现高压线漏电现象，瞬间电压可达10000V以上，足以引燃一定浓度的汽油蒸气。而且长途大客车一直都是在高速运转，检修时间很少甚至没有。

2. 漏电

发动机工作时，点火线圈的温度很高，使高压线绝缘层软化、老化、龟裂，导致高压漏电；高压线脱落引起跳火。由于高压漏电是对准某一特定部位持续进行，引发漏电处温度升高，引燃泄漏汽油。

低压线路搭铁也会引发汽车自燃。因搭铁处产生大量的热能，如与易燃物接触会导致自燃。

造成低压线搭铁的原因包括：导线老化；导线断路搭铁；触点式开关触点烧结。私家车主添加防盗器、高档音响、通信设备、电动天窗、空调等，未对整车线路布置进行分析及功率复核,导致个别线路用电负荷加大;维修整车线路或加接控制元件时,未对导线易松动处有效固定,使导线绝缘层磨损。

3. 接触电阻过大

线路接点不牢或触电式控制开关触点接触电阻过大等会使局部电阻过大,长时间通电时发热引燃可燃物。

4. 明火烘烤柴油油箱

冬季有时柴油机会出现供油不畅的现象。某些驾驶人在油箱外用明火烘烤极易引起火灾。

5. 车载易燃物引发火灾

当车上装载的易燃物因泄漏、松动摩擦而起火时,导致汽车起火。

6. 超载

汽车超载,发动机处于过度疲劳和过热状态,一旦超过疲劳极限就有可能发生自燃。超载时,钢板几乎被压平,可能引起机械摩擦而起火。

7. 停车位置不当

现代汽车一般装有三元催化反应器,该装置因位于排气管上而温度很高,且在大多数汽车上的位置较低。如果停车时恰巧将其停在麦秆等易燃物的附近则可能会引燃可燃物。

如果驾驶人在夏季将汽车长时间地停放在太阳下曝晒,会将车内习惯性放置在前窗玻璃下的一次性打火机晒爆,如果车内恰巧有火花(如吸烟、正在工作的电器设备产生的电火花等),就会引燃车内几乎没有阻燃功能的饰品,也可能将仪表盘打破,断路的导线引燃可燃物品。

6.4.3 汽车火险的查勘与定损

1. 勘察汽车火险现场时需要掌握的三大要素

(1) 火源在哪里(火花或电火花)。
(2) 易燃物是什么(汽油、柴油、润滑油、易燃物等)。
(3) 火源与易燃物的接触渠道中是否有足够的空气可供燃烧(火源与易燃物间)。

掌握以上三点,再通过勘察车身不同位置的烧损程度,首先找出起火点,进而分析起火原因,判断汽车起火的自燃、引燃属性,为下一步准确理赔奠定基础。

2. 与汽车自燃相关的几个问题

(1) 汽车上的主要易燃物。

汽车上的主要易燃物品有燃料、润滑油、导线、车身漆面、内饰、塑料制品、轮胎等,这些物品一旦遇火就会起到明显的助燃作用。

(2) 发动机熄火后的自燃。

熄火以后,有时汽车反而会自行起火燃烧,这种现象令人费解。其实,当发动机熄火以后,由于失去了风冷条件,车体内的温度反而会有所上升,有可能导致临近燃点的汽车上的某些物品起火燃烧。

（3）车厢内部是否会起火。

车厢内部会自行起火这种现象在理论上是存在的。但在实际当中几乎不可能发生。原因是车内没有明显的火源，再加之车里的内饰品大多带有一定的阻燃功能，因此一般不会自车内起火燃烧。

（4）暴晒的打火机与自燃。

有时候驾驶人会将一次性的打火机放置在仪表板处。如果汽车在烈日下曝晒则很有可能晒爆气体打火机。爆炸的打火机完全有可能打坏仪表盘，若火线被打断，有可能引起起火。

（5）防盗报警器与自燃。

私自安装的报警器由于始终通电，如果导线偶然断开或因电流过大而烧焦时就容易成为汽车上的自燃火源点。

（6）轮胎与自燃。

汽车起火后，由于风向的缘故，车身两侧以及车的前后安装的轮胎燃烧程度并不一致，一般来说，顺风向轮胎烧得重，顶风向轮胎不会烧。另外，由于地面的散热条件较好，而且地面与轮胎之间没有空气流通，所以，轮胎的接地点也不会燃烧。

（7）拆卸油管可能引起自燃。

对于装有电喷式发动机的汽车来说，电喷发动机熄火后，油管中仍然有一定的残余压力，如果马上用手拆油管会喷出汽油，引发起火。

（8）自燃与油箱爆炸。

在影视作品中，汽车燃烧往往会伴随着油箱的爆炸。这种场景是导演为了追求艺术方面的视觉冲击效果而设计出来的。在实际的汽车火灾现场极少发生油箱爆炸事件。伴随着汽车的燃烧，油箱中的汽油往往只会被烧光。这是因为在汽车起火燃烧的过程中，油箱内并无空气，燃烧着的火焰无法被引入到油箱内部。但是，车体燃烧所产生的高温会对油箱及其内部的汽油产生强烈的烘烤，导致油箱中的汽油挥发，从而产生较高的气压，将油箱盖顶开，汽油挥发而出，快速燃烧，直至烧光。

3．保险责任

在时间上或空间上失去控制的燃烧所造成的灾害主要是指外界火源以及其他保险事故造成的火灾导致保险车辆的损失，保险公司可以承担保险责任。

对于因本车电器、线路、供油系统等发生问题产生自身起火，造成保险车辆损失以及违反车辆安全操作原则，用有火焰的火（如喷灯、火把）烘烤车辆造成保险车辆损失的均属除外责任。在对因火灾造成保险车辆损失的查勘定损处理中定损人员应当严格掌握保险责任与除外责任的区分，研究、分析着火原因。

4．火险损失汽车的定损

（1）火灾对车辆损坏情况的分析。

① 整体燃烧。

整体燃烧是指发动机舱内线路、电器、发动机附件、仪表台、内装饰件、座椅烧损，机械件壳体烧融变形，车体金属（钣金件）件脱炭（材质内部结构发生变化），表面漆层大面积烧损。

② 局部烧损。

局部烧损是指机舱着火造成发动机前部线路、发动机附件、部分电器、塑料件烧损，轿壳或驾驶室着火造成仪表台、部分电器、装饰件烧损，货运车辆货箱内着火。

（2）火灾汽车的定损处理方法。

① 对明显烧损的件进行分类登记。

② 对机械件进行测试、分解检查，特别是转向、制动、传动部分的密封橡胶件。

③ 对金属件（特别是车架，前、后桥，壳体类）考虑是否因燃烧而退火、变形。

对于因火灾使保险车辆遭受损害的，分解检查的工作量很大且检查、维修工期较长，一般很难在短时期内拿出准确的估价单，只能是边检查边定损，反复进行。

（3）火灾汽车的定损。

汽车起火燃烧后，其损失评估的难度相对大些。

如果汽车的起火燃烧被及时扑灭了，可能会导致一些局部损失，损失范围也只是局限在过火部分的车体油漆、相关的导线及非金属管路、过火部分的汽车内饰。只要参照相关部件的市场价格并考虑相应的工时费即可确定出损失的金额。

如果汽车的起火燃烧持续了一段时间之后才被扑灭，虽然没有对整车造成毁灭破坏，但也可能造成比较严重的损失。凡被火"光顾"过的车身外壳、汽车轮胎、导线线束、相关管路、汽车内饰、仪器仪表、塑料制品、外露件的美化装饰都可能会报废，定损时要考虑相关需更换件的市场价格、工时费用。

如果起火燃烧程度严重，外壳、汽车轮胎、导线线束、相关管路、汽车内饰、仪器仪表、塑料制品、外露件的美化装饰等肯定会被完全烧毁。部分零部件（如控制电脑、传感器、铝合金铸造件等）可能会被烧化，失去任何使用价值。一些看似"坚固"的基础件（如发动机、变速器、离合器、车架、悬架、车轮轮毂、前桥、后桥等）在长时间的高温烘烤作用下会因温度升高而失去应有的精度，无法继续使用，此时，汽车离完全报废的距离已经很近了。

6.5 机动车辆盗抢损失评估

由于私家车的数量激增，而配套设施、管理等工作发展相对迟缓，车主的防范意识不强，盗抢机动车案件逐年增加。车窗玻璃被砸失财、后备箱遭撬盗、停放的车辆"不翼而飞"等案件屡有发生，尤其在岁末年初，机动车（本章节的机动车主要以汽车为代表）盗抢案件更是高发。

6.5.1 机动车盗抢险条款解读

1. 保险责任

（1）保险车辆被盗窃、抢劫、抢夺，经出险当地县级以上公安刑侦部门立案证明，满60天未查明下落的全车损失。

(2)保险车辆全车被盗窃、抢劫、抢夺后,受到损坏或车上零部件、附属设备丢失需要修复的合理费用。

(3)保险车辆在被抢劫、抢夺过程中,受到损坏需要修复的合理费用。

2. 责任免除

(1)非全车遭盗窃,仅车上零部件或附属设备被盗窃或损坏。

(2)保险车辆被盗窃未遂,造成保险车辆损失的。

(3)保险车辆被诈骗、罚没、扣押造成的损失。

(4)被保险人因民事、经济纠纷而导致保险车辆被抢劫、抢夺。

(5)租赁车辆与承租人同时失踪。

(6)全车被盗窃、抢劫、抢夺期间,保险车辆造成第三者人身伤亡或财产损失。

(7)被保险人及其家庭成员、被保险人允许的驾驶人的故意行为或违法行为造成的损失。

(8)被保险人未能向保险人提供出险地县级以上公安刑侦部门出具的盗抢案件证明、车辆已报停手续及机动车辆登记证书。

3. 保险金额

保险金额由投保人和保险人在投保时保险车辆的实际价值内协商确定。当保险车辆的实际价值高于购车发票金额时,大多以购车发票金额确定保险金额。

在车辆盗抢案高发地区,针对容易失窃的车型,部分保险公司在核定盗抢险基准费率的基础上可以根据车辆的风险高低在 50%~300%浮动。承保高风险车时,保险公司会直接增加保费,但还要根据用车人情况、车辆防盗装置、停放情况等而定。如果一辆装有电子防盗装置并有固定停车位的车辆,其盗抢险费率大概能下浮 30%左右;而一辆无防盗装置又经常停放在马路边的车辆,其盗抢险费率则可能上浮 100%。

4. 赔偿处理

(1)赔付的基本前提。

除另有约定外,投保机动车盗抢险的机动车必须拥有国家规定的车辆管理部门核发的正式牌号。

(2)出险通知。

被保险人知道保险车辆被盗窃、抢劫、抢夺后,应在 24 小时内向出险地公安刑侦部门报案,并通知保险人。

(3)提供单证。

被保险人索赔时,须提供保险单、《机动车行驶证》、《机动车登记证书》、机动车来历凭证、车辆购置税完税证明(车辆购置附加费缴费证明)或免税证明、车辆停驶手续以及出险当地县级以上公安刑侦部门出具的盗抢立案证明。

(4)全车损失。

在保险金额内计算赔偿,并实行 20%的免赔率。被保险人未能提供《机动车行驶证》、《机动车登记证书》、机动车来历凭证、车辆购置税完税证明(车辆购置附加费缴费证明)

或免税证明的,每缺少一项,增加1%的免赔率。部分损失,在保险金额内按实际修复费用计算赔偿。

(5) 部分损失。

保险车辆全车被盗窃、抢劫、抢夺过程中及其以后发生事故造成保险车辆或其附属设备丢失或损失需要修复的合理费用,在保险金额内按照实际修复费用计算赔偿。

(6) 失窃车找回。

保险车辆全车被盗窃、抢劫、抢夺后被找回的,保险人尚未支付赔款的,车辆应归还被保险人。若超过了3个月,保险人已支付赔款的,车辆应归还被保险人,被保险人应当将赔款返还给保险人;被保险人不同意收回车辆,车辆的所有权归保险人,被保险人应当协助保险人办理有关手续。

6.5.2 汽车被盗抢后的理赔

汽车被盗抢后,如果投保了盗抢险,可以在经济方面获得保险公司的部分赔付。无论是作为被保险人还是保险公司的查勘理赔人员,都需要在熟知盗抢险条款的基础上,了解保险公司关于盗抢险的理赔流程,以便有的放矢地去索赔、查勘、赔付。

1. 被保险人理赔流程

(1) 保险车辆被盗抢后,应当如实向公安机关和保险公司告知丢车日期、时间、地点、车内财物、行驶里程数及何时报的案。

(2) 如果60天未追回被盗抢的车辆,被保险人即可向保险公司索赔。索赔时须提供保险单、公安部门出具的案件证明、《机动车行驶证》、购车原始发票、购置费凭证、《机动车辆停驶证明》收据等必要单证。

(3) 获赔后,若保险车辆找回,保险公司可以将车辆折旧给被保险人并收回赔款。如被保险人不愿意,则保险车辆所有权归保险公司。

(4) 如被保险人自公安机关出具被盗抢证明之日起3个月内不提交上述单证,保险公司即视为被保险人自愿放弃权益。

2. 索赔时必带物件

(1) 出险通知书(由保险公司提供,被保险人填写,公车须由单位盖章,私车须由车主签字)。

(2) 保险单原件。

(3)《机动车行驶证》原件。

(4) 购车发票原件。

(5) 购置费缴费凭证和收据原件。

(6) 权益转让书(由保险公司提供,公车须由单位盖章,私车须由车主签字)。

(7) 机动车丢失证明原件(由公安局提供)。

(8) 汽车钥匙。

(9) 机动车停驶证明(由交通运输管理局提供)。

(10)车主证件(车主是单位的需提供营业执照或介绍信,车主是个人的需提供身份证)。

(11) 赔款结算单（由保险公司提供，公车须由单位盖章，私车须由车主签字）。

其中，《机动车丢失证明》、《机动车停驶证明》必须提供，否则不予赔偿。《机动车行驶证》、购置费凭证、购车发票、车钥匙，每少一项增加1%的免赔率。

6.6　机动车辆修复价格评估

事故车辆的修复最终都要依靠汽车修理厂。对于保险公司来说，目前原则上不允许向被保险人指定从事事故车辆修复的汽车修理厂，被保险人有自主选择汽车修理厂的权利。

但是，许多的被保险人并不清楚汽车修理厂的资质和经营范围，这就需要定损人员向他们推荐汽车修理厂。另外，不同资质的汽车修理厂能够提供的维修服务和达到的维修质量标准各不相同，所收取的服务费用也有差别。

因此，作为保险公司的定损人员应当了解汽车修理厂的资质标准、工时标准等。

6.6.1　汽车维修企业的资质及开业条件

1. 汽车整车维修企业

所谓汽车整车维修企业，是指有能力对所维修车型的整车、各个总成及主要零部件进行各级维护、修理及更换，使汽车的技术状况和运行性能完全（或接近完全）恢复到原车的技术要求，并符合相应国家标准和行业标准的规定的汽车维修企业。按照规模大小分为一类汽车整车维修企业和二类汽车整车维修企业。

汽车整车维修企业的技术负责人应具有汽车维修或相关专业的大专以上文化程度，或具有汽车维修或相关专业的中级以上专业技术职称，熟悉汽车维修业务，并掌握汽车维修及相关行业的法规及标准。汽车整车维修企业的检验人员的数量应当与其经营规模相适应，其中至少应有1名总检验员和1名进厂检验员。汽车整车维修企业的业务人员应当熟悉各类汽车维修检测作业，从事汽车维修工作3年以上，具备丰富的汽车技术状况诊断经验，熟练掌握汽车维修服务收费标准及相关政策法规。企业工种设置应当覆盖维修业务中涉及的各专业。维修人员的专业知识和业务技能应当达到行业主管部门规定的要求。

2. 汽车专项维修业户

汽车专项维修业户是指从事汽车发动机、车身、电气系统、自动变速器、车身清洁维护、涂漆、轮胎动平衡及修补、四轮定位检测调整、供油系统维护及油品更换、喷油泵和喷油器维修、曲轴修磨、汽缸镗磨、散热器（水箱）、空调维修、汽车装潢（篷布、坐垫及内装饰）、门窗玻璃安装等专项维修作业的业户（三类维修企业）。

汽车专项维修业户的技术负责人应当具有汽车维修或相关专业的大专以上文化程度，或具有汽车维修或相关专业的中级以上专业技术职称，熟悉汽车维修业务，并掌握汽车维修相关行业的法规及标准。

6.6.2 汽车维修工时费确定

维修事故车辆，除了零部件价格以外就是工时费。对于不同地区的同一款车来说，虽然各地采用的维修手法不尽相同，工时标准可能略有差异，但总体差异不大。差异较大的是各地的工时费标准。

在确定各项作业工时费之前，定损人员必须首先确定作业项目的内容。

1. 作业项目的确定

（1）更换项目的确定。

一般而言，需要更换的零部件可归纳为以下四种。

① 结构上无法修复的零部件。

某些结构件由于所用原材料的缘故，一旦发生碰撞后造成破损，就很难进行维修，只能进行更换。脆性材料的结构件一般都具有这一特性，如汽车灯具的严重损毁、汽车玻璃的破碎等。

② 工艺上不可修复后再使用的零部件。

某些结构件，如胶贴的各种饰条、胶贴的风挡玻璃饰条、胶贴的门饰条、翼子板饰条等，由于工艺设计就存在不可修复后再使用的特点，故这些零件一旦被损坏或被开启后就无法再用。对于这一点保险公司的定损人员往往会与汽车修理厂的业务人员在损失评估中产生争议。

③ 安全上不允许修理的零部件。

为了保证使用安全，汽车上的某些零部件一旦发生故障或造成损坏往往不允许修复后再用。这些为保证安全、不可修复后再用的零部件主要是指那些对汽车安全起着重要作用的零部件。如行驶系的车桥、悬架，转向系的所有零部件（如方向横拉杆的弯曲变形等），制动系的所有零部件，安全气囊传感器等。这些零部件在受到明显的机械损伤后，从安全的角度出发，基本上都不允许再使用。

④ 无修复价值的零件。

汽车发生事故后，从经济学的角度考虑存在着一些基本没有修复价值的零部件及修复价值接近或超过零部件原价值的零部件。

（2）拆装项目的确定。

有些零部件或总成并没有损伤，但是由于结构的原因，当维修人员更换、修复、检验其他部件时需要拆下该零部件或总成，并在完成相关作业后再重新装回。

拆装项目的确定要求定损人员对被评估汽车的结构非常清楚，对汽车修理工艺了如指掌。在对汽车拆装项目的确定有疑问时可以查阅相关的维修手册和零部件目录。

（3）修理项目的确定。

在现行的汽车损失评估以及绝大多数机动车保险条款中，事故车辆在零部件的修理方式上仍以修复为主。所以，在工艺上、安全上允许的且具有修复价值的零部件应当尽量以修复为主，而非更换。

(4) 待查项目的确定。

在机动车辆保险的查勘定损中经常会遇到一些事故发生后从车上拆下来的零件，定损人员用肉眼和经验一时无法判断是否受损、是否达到需更换的程度，甚至在车辆未修复前个别单独的零件用仪器都无法检测，如转向节、悬挂臂、副梁等，这些零件在定损中常被列为"待查项目"。然而，这些"待查项目"在进行完修理作业后大都变成了更换项目。"待查项目"到底有多少确实需要更换，又确实更换了多少，这里到底有多少的道德风险，这个问题始终困扰保险公司的定损人员。

减少"待查项目"中大量道德风险的方法及步骤如下。

① 尽量减少"待查项目"。

认真检验车辆上可能受损的零部件，尽量减少"待查项目"。如发电机在受碰撞后经常会造成散热叶轮、皮带轮变形，它们变形后旋转时很容易产生发电机轴弯的错觉。实际上，轴到底弯没弯、径向跳动量是多少只要做一个小小的试验即可：用一根细金属丝，将其一段固定在发电机机身上，另一端弯曲后指向发电机前端轴心，旋转发电机，观察金属丝一段与轴心的间隙变化，即发电机轴的径向跳动量，弯曲程度一目了然。用这种方法还可以解决空调压缩机、方向助力泵、水泵等类似问题。

② 拍照备查。

对于暂时无法确定损坏程度，确实需要待查的零件，定损人员要在其上做记号，并拍照备查，同时告知被保险人和承修的汽车修理厂。一旦对方在维修时进行了更换，应当拿出作出了记号的零件作证。

③ 参与验收。

车辆初步修理后，保险公司的定损人员必须参与对"待查项目"的检验、调试、确认等全过程。如转向节待查，汽车经过初步的车身修理后，安装上悬挂等零部件后做四轮定位检验，假如四轮定位检验不合格并超过调整极限，汽车修理厂会提出要求更换转向节，于是保险公司的定损人员一般也会同意更换转向节。至于更换转向节后四轮定位检验是否合格、是否是汽车车身校正不到位等其他原因，保险公司的定损人员往往不再深究。实际上，四轮定位完全可能是由车身校正不到位等其他原因引起的，无须更换转向节。

④ 取走损坏件。

如果"待查项目"确实损坏需要更换，保险公司的定损人员必须将做有记号的"待查项目"零件从汽车修理厂带回，以免汽车修理厂将原本完好的"待查项目"零件留待下一次修理时更换使用。

用上述方法解决"待查项目"的问题，汽车修理厂将无法获取额外利益，既遵循了财产保险的补偿原则，又最大限度地杜绝了"待查项目"中的道德风险。

2. 工时费确定

汽车修理的工时包括更换、拆装项目的工时，修理项目的具体操作工时和辅助作业的工时等。工时费的确定是根据损失项目的确定、对应损失项目的作业工时、单位工时价格来确定的。

损失项目的确定已经在上面的阐述中表明，单位工时的价格各地均有明确规定，而对

机动车辆保险与理赔

应损失项目的作业工时定额,汽车维修的主管部门则制定了详细的标准。表 6-1 和表 6-2 是 2006 年修订的山东省汽车维修部分作业项目的工时标准。

表 6-1 汽车整车修理工时

轿车		工时/h	客车		工时/h	货车	工时/h
微型	MT	330	微型		316	微型	296
	AT	362					
普通型	MT	440	小型	普通	466	轻型	394
	AT	476		TDI	486		
中级	MT	530	中型	普通	660	中型	502
	AT	562		TDI	690		
中高级	MT	616					
	AT	646					
高级	MT	696	大型	普通	812	重型	608
	AT	736		TDI	842		

表 6-2 轿车整车修理分项工时

序号	项目	工时/h 微型		普通型		中级		中高级		高级	
		MT	AT	MT	AT	MT	AT	MT	AT	MT	AT
	整车工时合计	330	362	440	476	530	562	616	646	696	736
1	发动机附离合器	70	70	90	90	100	100	120	120	130	130
2	变速器附传动轴	18	50	28	60	38	70	44	80	50	90
3	前悬挂(含前轮制动)	26	26	34	34	42	42	46	46	52	52
4	后桥后悬挂(含后轮制动)	20	20	28	28	36	36	40	40	46	46
5	制动转向	20	20	24	24	30	30	40	40	48	48
6	空调采暖	10	10	14	14	20	20	24	24	30	30
7	电器(不含发动机)	34	34	40	40	50	50	56	56	64	64
8	车身、车架	60	60	80	80	90	90	100	100	110	110
9	喷漆烤漆	60	60	90	90	110	110	130	130	150	150
10	竣工检测调试	12	12	12	12	14	14	16	16	16	16

(1)更换、拆装项目的工时费确定。

事故车辆修理中更换项目与拆装项目的工时绝大多数相似,有时甚至相同。所以,通常将更换与拆装作为同类工时处理。

确定汽车碰撞损失的更换、拆装项目工时标准时,定损人员可以先查阅生产厂家有无相应的工时定额,如果有,再根据当地的工时单价计算相应的工时费。在我国,汽车生产厂家几乎没有一家在销售汽车的同时向消费者告之汽车碰撞损失后的修理费用。汽车发生事故后往往是汽车所有者与汽车经销商和保险公司因价格差异较大而产生矛盾。

定损人员如果无法查到汽车生产厂家相应的工时定额,还可以查阅汽车维修主管部门制定的工时定额标准。

部分进口乘用车可从《MITCHELL 碰撞估价指南》中查到各项目换件和拆装所需要的工时。

(2) 修理件工时费确定。

汽车零件修理工时的确定与更换工时的确定非常复杂,原因主要有以下几点。

① 零件价格差异的影响。

一般来说,零件的价格决定着零件修理工时的上限,同一名称的零件在不同的汽车上差距甚远,从而造成同一名称的零件修理工时差距非常大。如同样是发动机盖,零件价格从 300~10000 元不等,从而造成其修理工时从 2~100h 不等。

② 地域差异的影响。

由于地域的差异,同一零件在甲地市场的价格便宜些,而在乙地市场的价格可能是稍贵一些;同样的损失程度,在乙地被认为应当修理,而在甲地则可能被认为不值得修理。

③ 修理工艺差异的影响。

由于修理工艺的不同也会导致汽车修理件工时的巨大差异。如汽车碰撞后导致的车门轻微凹陷,如果修理厂无拉拔设备,校正车门就必须拆下车门内饰板,而采用拉拔设备则无须增加这部分作业量,这样车门的校正工时差距就会很大。又如汽车的发动机缸盖因碰撞造成的发电机支架处断裂,按正常的修理工艺是可以采取氩弧焊工艺焊接的,但是,实际评估时定损人员会发现某地根本就没有氩弧焊设备,如果送到有氩弧焊设备的地方加工往往因时间、运费等原因又不现实。

由于上述客观原因的存在,造成汽车零件修理工时定额的制定相当困难,美国 Mitchell 国际公司在《MITCHELL 碰撞估价指南》对修理工时的描述也未作出明确规定。实际上,定损人员应当根据自己的理论知识和实践经验,结合评估基准点的实际情况与当地的《汽车维修工时定额与收费标准》较准确地确定修理工时。同时,汽车制造商也应当编制本企业所生产汽车的碰撞评估指南。

(3) 辅助件工时费确定。

修理作业中除了包括更换件工时、拆装件工时、修理工时外,还应当包括辅助作业工时。辅助件工时通常包括:

① 把待修汽车安放到修理设备上并进行故障诊断所需的工时;
② 用推拉、切割等方式拆卸撞坏的零部件所需的工时;
③ 相关零部件的矫正与调整所需要的工时;
④ 去除内漆层、沥青、油脂及类似物质所需要的工时;
⑤ 修理生锈或腐蚀的零部件所需要的工时;
⑥ 松动锈死或卡死的零部件所需要的工时;
⑦ 检查悬挂系统和转向系统的定位所需要的工时;
⑧ 拆去破碎的玻璃所需要的工时;
⑨ 更换防腐蚀材料所需要的工时;
⑩ 修理作业中当温度超过 60℃时,拆装主要计算机模块所需要的工时;
⑪ 拆卸安装车轮和轮罩所需要的工时。

虽然每项工时都不大,但对于较大的碰撞事故而言,各作业项累计后的工时通常是不能忽视的。

最后必须注意,将各类工时累加时,各损失项目在修理过程中有重叠作业项目的必须考虑将劳动时间适度核减。

3. 烤漆费用的确定

汽车修理烤漆收费的标准全国各地不尽相同,有按面积计费的,也有按幅计费的,但基本上都是按面积乘以漆种单价作为计价基础。

(1) 面积的计算方法。

烤漆面积的计算,有以下一种根据实践总结出来的计算方式:计算单位按平方米不足 $1m^2$ 的,按 $1m^2$ 计价,第 2 平方米按 $0.9\ m^2$ 计算,第 3 平方米按 $0.8m^2$ 计算,第 4 平方米按 $0.7m^2$ 计算,第 5 平方米按 $0.6m^2$ 计算,第 6 平方米以后,每平方米按 $0.5m^2$ 计算。

这一计算方式可以供业内人士参考。原因很简单:在价格因素中包括了作为漆料的原材料价格,更包括了辅助作业在内的各项操作项目的价格,如调漆、喷漆区域周边的防护作业、实施喷漆、烘烤等,许多项目的作业工作量与喷漆面积并非成正比增加。

如某车需烤漆 $8.8\ m^2$,烤漆面积的计算结果为:

$$烤漆面积 = 1 + 0.9 + 0.8 + 0.7 + 0.6 + 0.5 + 0.5 + 0.5 + 0.5 = 6\ (m^2)$$

(2) 漆种单价的确定。

① 确定漆种。

现代汽车的面漆有喷漆和磁漆。喷漆与磁漆的不同点在于其干燥和固化的方式。喷漆通过溶剂的挥发而干燥,磁漆和聚氨酯类漆的干燥则通过溶剂的挥发与油漆中分子的交联作用来实现,简单地说,喷漆的固化过程为物理变化,而磁漆的固化过程是物理和化学化的过程。

现场用蘸有硝基漆稀释剂(香蕉水)的白布摩擦漆膜,观察漆膜溶解程度。如果漆膜溶解,并在白布上留下印迹,则是喷漆,反之为磁漆。如果是磁漆再用砂纸在损伤部位的漆面轻轻打磨几下,鉴别是否漆了透明漆层,如果砂纸磨出白灰,就是透明漆层;如果砂纸磨出颜色,就是单级有色漆层。最后借光线的变化,用肉眼看一看颜色有无变化,如果有变化为变色漆。通过上述方法,可将汽车面漆分为四类,即硝基喷漆、单涂层烤漆(常为色漆)、双涂层烤漆(常为银粉漆或珠光漆)和变色烤漆。

② 确定漆种单价。

市场上所能购买的面漆大多为进口品牌和合资品牌,世界主要汽车面漆的生产厂家,(如美国的杜邦和 PPG、英国的 ICI、荷兰的新劲等)的单价都不一样,价格时常采用市场公众都能够接受的价格。

我们知道,单位面积的烤漆费用中包含材料费和工时费。在经济发达地区,材料费较低而工时费较高;而在经济相对落后地区,材料费较高而工时费较低。结合起来,每平方米的烤漆费用差别不大。

③ 汽车塑料件烤漆。

由于塑料与金属薄板的物理性能不同,因而在塑料上烤漆与在金属薄板表面烤漆也存在差异。由于其对塑料有很好的附着性能,多数硬塑料不需使用塑料底漆;而柔性塑料由于易膨胀、收缩和弯曲,故应当在漆层的底层喷涂塑料底漆,并在面层漆中加入柔软剂,否则就会产生开裂和"起皮"的现象。所以,在柔性塑料上烤漆的成本会比在金属薄板表面的烤漆费用略有增加,费用可考虑增加 5%~10%。

6.6.3 汽车的修复价值

对于事故车辆来说,如果损失轻微,当然可以通过维修达到复原。如果损失较重,一般也可以通过维修恢复其性能。但如果损失严重,就要考虑是否仍然具有修复价值。如果修复费用明显小于重置费用,完全有必要修复;如果修复费用接近于重置费用甚至大于重置费用,一般来说就没有修复的必要了。

1. 确立更换零配件的材料价格

汽配市场一个零配件有多种价格,如何采价也是困扰机动车辆评估业的一大难题,根据评估学及保险学的原理,评估的基准时点应当以出险时间为评估基准时,以出险地为评估基准地,以重置成本法为评估基本方法,这样我们就可以得到一种价格。专业机动车保险公估公司都有自己的采价和报价系统。如美国 Mitchell 国际公司、德国 DEKRA 公司,我国杭州的"机动车辆保险理赔参考资料调研中心"、北京的精友公司等。材料的采价和报价是一个系统工程,它是由一组、一群专业人员,或者是一个专业公司来完成的,如各种专业的汽配报价公司。

注意,由于我国不允许经销旧汽车配件,因此,在确定材料价格时不得使用旧汽车配件的价格。

2. 关于汽车的修复价值

从理论上讲,任何一辆损坏的汽车都是可以通过修理恢复到事故以前甚至和新车一样的状况。但是,这样往往是不经济的或没有意义的。

(1)汽车现值。

汽车均有一定的使用寿命,在事故发生前的价值被称为汽车现值或实际价值(有些保险合同对实际价值有特殊定义)。

虽然事故发生前的状况已不复存在,但是有经验的定损人员还是可以根据现场状况比较准确地评估被评估汽车的现值。汽车现值或实际价值还可以通过相关资料及查询后的信息对评估结果进行修正。

汽车现值不能等同于汽车的使用年限折旧后的价值,这是保险从业人员时常会犯的一个错误。根据车型的不同、新车销售价格的变化、目前该款车型在汽车市场上被推崇的程度、该车辆是否发生过重大损坏事故等因素,汽车现值有可能高于或低于汽车的年限折旧后的价值。

(2)推定全损。

虽然具体被评估的事故车辆肯定还有一定的价值,但当其修复价值已达到或超过现值时则可以被推定为全损。

(3)修复价值。

当被评估汽车达到全损或推定为全损时,则被评估汽车已无修复价值。

当碰撞造成损失较大时,必须对被评估汽车的修复价值进行评定,否则评估报告很容易引起保险索赔时的纠纷,因为其违反了财产保险的损失补偿原则。

3. 确定损失车辆的残值

在对保险车辆的损失进行评估时经常需要确定更换件的残值,保险条款一般规定汽车的残值按协商价归被保险人所有。当保险公司与被保险人或修理厂协商残值价格时,保险公司为了提高效率和减少赔付常常会作出一些让步。在实际操作中,残值大多数折给了汽车修理厂所有,在评估实务中,汽车残值的实际价值通常会高于评估单上的残值价值。

当事故造成的损失较大,更换件也较多,委托人为保险公司时,通常会要求确定残值,残值的确定通常有以下几步:

(1) 列出更换项目的清单;
(2) 将更换的旧件分类;
(3) 估定各类旧件的重量;
(4) 根据旧材料价格行情确定残值。

复 习 题

1. 汽车碰撞损坏分为哪几类?
2. 发动机、变速器拖底后,容易造成哪些损失?
3. 为什么修理工时费会存在差异?
4. 为什么要严禁在水中启动汽车?
5. 汽车被水浸泡后,容易造成哪些损失?
6. 为什么发动机进水会导致连杆弯曲,甚至捣坏汽缸壁?
7. 举例分析几种常见自燃现象产生的原因及查勘注意事项?
8. 汽车修复过程中,更换项目是如何确定的?
9. 烤漆费用是如何确定的?
10. 车辆的哪些被盗抢现象属于责任免除?

第 7 章

汽车消费贷款保证保险

7.1 汽车消费贷款的程序

消费贷款产生的根源在于"二战"以后，一是西方国家的生产力得到了极度迅速的发展，导致了产品供求之间的矛盾相对突出；二是各银行的资金相对充足而扩展到了消费领域，从而有了汽车消费贷款。随着我国经济的飞速发展、人民生活水平和质量的不断提高，汽车迅速进入百姓家庭。但对于一个普通家庭来说，一次性拿出一二十万来买车确实不容易。因此利用消费贷款购车，对于那些想买车但又难以一次性付清全部车款的人来说无疑是他们早圆汽车梦的最好方法，因而汽车消费贷款在中国悄然出现。

7.1.1 汽车消费贷款的基本概念

1. 汽车消费贷款

汽车消费贷款是银行和财务公司等金融机构为汽车的购车者发放的人民币担保贷款。

目前，汽车消费贷款常用的业务种类有以车供车贷款、住房抵押汽车消费贷款、有价证券质押汽车消费贷款。

以车供车贷款可以向保险公司购买履约保险，收到保险公司出具的履约保证保险承保确认书便可以到银行办理汽车消费贷款，凭银行出具的贷款通知书到汽车经销商处提取车辆。

住房抵押汽车消费贷款是指以已出契证的自有产权住房作抵押，提交有关申请资料，交齐首期款并办妥房产抵押登记手续便可以获得的汽车消费贷款。

有价证券质押汽车消费贷款是以银行开具的定期本、外币存单，银行承销的国库券或其他有价证券等作质押，可以申请的汽车消费贷款。

2. 汽车消费贷款的贷款人、借款人

汽车消费贷款的贷款人为经中国人民银行批准的商业银行。未经中国人民银行批准，其他任何单位和个人不得开办汽车消费贷款业务。

汽车消费贷款的借款人为在中国境内有固定住所的中国公民及企业、事业法人单位。汽车消费贷款的借贷双方应当签订书面贷款合同。

7.1.2 汽车消费贷款的程序

拟贷款购车的借款人可以通过两种途径来获得分期偿还贷款进行购车，一种途径是直接贷款，另一种途径是间接贷款。

直接贷款也称买者贷款，是消费者直接向银行申请贷款并从银行取得贷款。

间接贷款也称卖者贷款，是指借款者向某种商品的零售商提出借款申请并与其商定贷款条件，然后由零售商将已商定的贷款协议交由银行审批，银行批准后按照事先商定的条件向零售商发放贷款，由零售商再将贷款提供给消费者。

1. 借款人向银行申请汽车消费贷款的程序

（1）咨询。

客户到银行营业网点进行咨询，银行营业网点为客户推荐已与银行签订《汽车消费贷款合作协议书》的特约经销商。

（2）选购汽车。

借款人到经销商处选定拟购汽车，与经销商签订购车合同或协议。

（3）贷款申请。

借款人到银行营业网点提出贷款申请。

① 借款人为个人。

个人必须提供的资料包括：贷款申请书；有效身份证件；职业和收入证明以及家庭基本情况；购车协议或合同；担保所需的证明或文件；购车协议或合同；担保所需的证明或文件；贷款人规定的其他条件。

② 借款人为法人。

法人必须提供的资料包括：贷款申请书；企业法人营业执照或事业法人执照，法人代表证，法定代表人证明文件；中国人民银行颁发的《贷款证》；经会计（审计）师事务所审计的上一年度的财务报告及上一个月的资产负债表、损益表和现金流量表；抵押物、质押物清单和有处分权同意抵押、质押的证明，抵押物还须提交所有权或使用权证书、保险文件，质押物还须提供权利证明文件，保证人同意保证的文件；贷款人规定的其他条件。

借款人应当对所提供材料的真实性和合法性负完全责任。

（4）资信调查。

银行在受理借款申请后有权对借款人和保证人的资信情况进行调查，对不符合贷款条件的，银行在贷款申请受理后15个工作日内通知借款人；对符合借款条件的，银行将提出贷款额度、期限、利率等具体意见及时通知借款人办理贷款担保手续，签订《汽车消费贷款合同》。

（5）办理保险。

借款人在银行指定的保险公司预办抵押物保险，并在保险单中明确第一受益人为银行，保险期限不得短于贷款期限。

（6）银行向汽车经销商出具《汽车消费贷款通知书》，借款人同时将购车首期款支付给汽车经销商。

（7）汽车经销商在收到《汽车消费贷款通知书》及收款凭证后，协助借款人到相关部门办理缴费及领取牌照手续，并将购车发票、各种缴费凭证原件及《机动车行驶证》复印件直接移交到银行。

（8）借款人以所购汽车做抵押的，其保险单、购车发票等凭证在贷款期间由银行保管。在合同期内，银行有权对借款人的收入状况、抵押物状况进行监督，对保证人的信誉和代偿能力进行监督，借款人和保证人应当提供协助。

2. 借款人向汽车经销商申请汽车消费贷款的程序

（1）客户咨询与资格初审。

客户咨询时，汽车经销商须向客户提供汽车消费贷款购车须知、购车常识、汽车消费贷款实际操作问答、车辆价格明细表、消费贷款购车费用明细表、汽车分期付款销售计算表、客户个人资料明细表和客户登记表等。当客户决定采用消费贷款形式购车时，需要填写消费贷款购车初审、复审意见表，消费贷款申请表等。汽车经销商对客户的消费贷款购车进行初步的资格审查并签署意见。

（2）资格复审与银行初审。

汽车经销商对客户进行资格复审时，客户需要填写消费贷款购车资格审核调查表和银行的汽车消费贷款申请书。资格复审结束时，汽车经销商需要对消费贷款购车初审、复审意见表签署复审意见，并将经过复审客户的相关材料提交银行进行初审鉴定。

客户文件交银行初审后，汽车经销商需要在消费贷款购车资格调查表、汽车消费贷款申请书等文件上的审批栏内签署意见。

（3）签订购车合同书。

银行初审鉴定后，汽车经销商与客户签订购车合同书，通知客户交付首期购车款，并为客户办理银行户头和银行信用卡，客户填写车辆验收交接单。

（4）办理手续。

汽车经销商与客户办理抵押登记手续及各类保险、公证处接洽笔录等。办理保险时，需要填写机动车辆保险投保单、汽车分期付款售车信用保险或保证保险投保单及其问询表，需要为保险公司准备相关的客户文件。

（5）银行终审。

将填写的个人消费贷款保证合同、委托付款授权书、委托收款通知书、个人消费贷款借款合同等所有相关文件报银行终审。

（6）车辆申领牌照与交付使用。

上述程序履行完毕以后，银行将贷款划拨汽车经销商。汽车经销商协助为车辆申领牌照，并将车辆交由客户使用。汽车经销商应当留下购车发票、车辆合格证以及《机动车行驶证》复印件等。

机动车辆保险与理赔

7.2 汽车消费贷款保证保险实务

7.2.1 汽车消费贷款保证保险概述

汽车消费贷款保证保险是指以借款合同所确定的贷款本息为标的,投保人(即借款人)根据被保险人(即为投保人提供贷款的商业银行)的要求,请求保险人承担自己信用的一种保险。如果在规定的期限内,因投保人未按借款合同按期履行还款义务,致使被保险人受到经济损失,由保险人负责赔偿。保险人履行赔偿义务后,有权向投保人或提供连带担保责任的第三方担保人追偿。

汽车消费贷款保证保险的投保人是指与汽车经销商订立购车合同并与贷款银行订立汽车消费贷款合同的借款人。被保险人是与投保人订立汽车消费贷款合同的贷款银行。

7.2.2 汽车消费贷款保证保险承保实务

汽车消费贷款保证保险承保是保险人与投保人签订保险合同的过程,包括展业、受理投保、核保、缮制与签发保险单证等过程。

1. 展业

(1)调查与选择。

学习掌握汽车消费贷款保证保险的基本知识,进行市场调查与研究,选择合适的保险对象。

① 调查与分析本区域内银行、汽车生产商、汽车经销商和社会大众对消费信贷的态度,合理预测市场发展前景。

② 调查分析与预测个人和法人对汽车消费贷款的参与程度及当地的汽车年销售量等情况。

③ 了解银行、汽车经销商、购车人对保险的态度、需求及希望与保险公司合作的方式。

④ 调查分析实施消费贷款售车的车型、销售价格及变化趋势。

(2)签订合同协议。

同选定的银行、汽车经销商、公证机关、公安机关交通管理部门等签订合作协议,明确合作方式以及各方的职责、权利和义务。

(3)准备与宣传。

根据合作协议,向有关合作方及时提供汽车消费贷款保证保险的条款、费率规章、投保单及其他有关资料。对银行与经销商的相关业务人员进行培训,让他们掌握保证保险的有关规定,能够指导投保人正确填写投保单。

备齐保险条款与相关资料以后,保险人向银行、汽车生产商、汽车经销商和贷款购车人做好宣传。重点宣传保证保险的特点、优势及本公司的网络优势、技术优势、实力水平、信用优势和服务优势。

2. 受理投保

（1）指导填写投保单。

在接到投保请求后，保险人应当指导投保人正确填写投保单，具体应做到以下几点。

① 依法履行义务。

按照法律所要求的内容对条款及其含义进行告知，特别对条款中的责任免除事项、投保人的义务以及其他容易引起争议的部分应予以解释和说明。

保险人提示投保人履行如实告知义务，特别是对可能涉及保险人是否同意承保或承保时需要特别约定的情况应当详细询问。

② 告知所需提供的材料。

保险业务员在投保人提出投保申请时应当要求其按照保证保险条款的规定提供必要的证明材料。

（2）投保单初步审查。

保险业务员应当对填写完整的投保单和所附的资信证明材料进行初步审查，必要时要调查核实；对于审核无误的投保单，由业务负责人签署"拟同意承保"意见后交投保人。如果合同协议有明确规定，可直接交给银行或汽车经销商。

保险业务员对投保单初步审查的内容包括以下几个方面。

① 审核证明文件或材料是否齐全，是否符合银行指定的汽车消费贷款管理办法。

② 在审核时，对于存在疑点或证明材料有涂改、伪造等痕迹的，应当通过派出所、居委会或开户银行予以核实。必要时可以通过"消费贷款保证保险问询表"予以落实，并让消费贷款购车人确认后，附贴在投保单上。

3. 核保

保险人在承保时必须经过核保过程。汽车消费贷款保证保险的核保内容主要包括以下几个方面。

（1）对受理投保单时初步审查的有关内容进行复核。

（2）审核投保单的保险金额是否符合保险条款规定，投保人购车的首付款是否符合规定。

（3）审核贷款合同和购车合同是否合法并真实有效，银行与汽车经销商在办理消费贷款和购车手续时是否按照规定严格把关。

（4）审核投保人是否按照保险条款的规定为消费贷款所购的车辆办理了规定内容的保险。

（5）审核贷款协议是否明确按月、按季分期偿还贷款，不得接受一年一次的还款方式。

（6）审核投保人是否按照与银行签订的抵押、质押或保证意向书办理了有关抵押、质押或保证手续。

（7）审核投保人所购车辆的用途与还款来源。

如果核保后同意承保，应当将贷款合同、购车合同和相关证明材料复印一套留存。

4. 缮制、签发保险单证

（1）缮制保险单。

保险业务员根据核保意见缮制保险单证。缮制汽车消费贷款保证保险保单，保险期限应长于贷款期限，保险金额不得低于贷款金额。

（2）收取保费。

根据贷款金额、贷款期限等正确选择费率并计算保费。财务人员经复核保险单无误后，向投保人核收保费，并在保险单"会计"处和保费收据的"收款人"处签章，在保费收据上加盖财务专用章。投保人应当一次交清保证保险的保费。

（3）签发保险单证。

汽车消费贷款保证保险不单独出具保险证，但为明示需要，应在车辆基本险与附加险的保险证上标注"保证保险"字样。保费收取后，保险业务员在保险单证上加盖公章，将保险单正本交被保险人。复核人员按照规定程序和内容对保险单证进行复核并签章。

（4）归档管理。

保险单副本一联交投保人，一联交财务，剩下一联连同保费收据业务联、复印的贷款合同、购车合同及有关证明材料等资料整理归档。

5. 保险合同的变更、终止、解除

（1）保险合同的变更。

① 变更事项。

变更事项包括变更保险期限、购车人的住址和电话、购车单位的联系地址、银行账户及联系电话、变更其他不影响车辆还款和抵押物登记的事项。

② 变更申请。

购车人在保险期限内发生变更事项，应当及时提出申请。

③ 办理批改。

在办理批改时，应当注意审核批改事项是否会产生意外风险，从而决定是否接受批改申请。

（2）保险合同的终止。

遇有下列情况之一，汽车消费贷款保证保险的合同终止：

① 贷款购车人提前偿还所欠贷款；

② 贷款所购车辆因发生车损险、盗抢险或自燃损失险等机动车辆保险责任范围内的全损事故获得保险赔偿，并且赔款足以偿还贷款的；

③ 因履行保证保险赔偿责任；

④ 保证保险期满。

（3）保险合同的解除。

下列情形之一发生时，保险合同将被解除：

① 投保人违反《保险法》或《中华人民共和国担保法》等法律、法规，保险人可以发出书面通知解除合同；

② 被保险人违反国家相关法律、法规和消费贷款规定的，保险人有权解除合同；

③ 投保人根据国家相关的法律、法规，提出解除合同；

④ 投保人未按期足额缴纳机动车辆保险保费，且被保险人未履行代缴义务的，保险人有权解除合同；

⑤ 法律、法规规定的其他解除合同的事由。

（4）办理收退费。

① 经保险人的同意延长保险期限的，根据延长后的实际期限选定费率，补收保费。

② 投保人提前清偿贷款，按照实际还款时间按月计算保费，多收部分退还投保人。

③ 贷款所购车辆因发生车损险、盗抢险或自燃损失险等机动车辆保险责任范围内的全损事故获得保险赔偿，并且已优先清偿贷款的，保证保险合同终止，并退还从清偿贷款之日至保证保险合同期满的全部保险。

7.2.3 汽车消费贷款保证保险理赔实务

汽车消费贷款保证保险理赔工作过程是从接受被保险人的出险报案开始，通过现场调查，确定保险责任和抵押物处理，直至给付赔款的整个过程。

1. 接受报案

保险车辆出险后，被保险人一般是先以口头或电话等方式向保险人报案，然后再补交书面的出险通知。

（1）报案记录。

在接到报案时，接报案人员应当详细询问并记录报案人的姓名及联系方式、被保险人名称、投保人情况、厂牌车型、牌照号码、保险单号、出险险别、出险日期、出险原因和估计损失金额等情况并迅速通知保险业务员。同时应当指导报案人填写出险通知书。若是电话报案则要求报案人事后补填出险通知书。

（2）单证查核。

保险业务员根据报案记录尽快查阅承保记录，将符合理赔的案件登入"保证保险报案登记簿"。保险业务员在接受报案的同时需向被保险人提供"索赔申请书"和"索赔须知"，并指导其详细填写"索赔申请书"，向被保险人收取原始单证并查核。同时，保险业务员应当尽快查抄出汽车消费贷款保证保险单与批单、机动车辆保险的保险单与批单，并在所抄单证上注明抄单时间和出险内容。

被保险人需提供的原始单证主要包括：

① 汽车消费贷款保证保险保险单和机动车辆保险单正本；

② "汽车消费贷款合同"（副本）；

③ "抵押合同"、"质押合同"或"保证合同"；

④ 被保险人签发的"逾期款项催收通知书"；

⑤ 未按期付款损失清单。

2. 调查与确定保险责任

保险业务员接到报案后应当利用多种途径进行调查、了解和取证。调查工作必须双人进行，应着重第一手材料的调查，所有的调查结果应当作出书面记录。

调查方式与重点包括:
(1) 对已经掌握的书面材料进行分析,确认被保险人提供的书面材料是否全面、真实;
(2) 向被保险人取证,了解投保人逾期未还款的具体原因,被保险人催收还款的工作情况;
(3) 向个人投保人的工作单位或所在居委会(村委会)调查,了解投保人的收入变动情况,向法人投保人的上级单位或行政主管部门了解其经营情况;
(4) 向有关单位和个人调查抵押物的当前情况;
(5) 通过其他的途径调查,并结合以上调查结果,明确是否存在条款所载明的责任免除事项,投保人、被保险人是否有违反条款规定义务的行为。

保险业务员在调查结束后应当写出调查报告,全面详细地记录调查结果并给出分析。

保险业务员应当根据调查报告和收集的有关资料,依照保险条款和有关规定进行全面分析,确定是否属于保险责任。形成处理意见后应当报地市级车险部门审定,拒赔案件应当逐级上报省级公司审定。

3. 立案

对于经过审定属于保险责任范围的案件,保险业务员应当进行立案登记。对于不属于保险责任范围的案件,应当在"出险通知书"和"机动车辆保险报案、立案登记簿"上签注"因……不予立案",并向被保险人作出书面通知和必要的解释。

4. 赔偿处理

保险事故发生后,保险人应当及时通知被保险人做好抵押物处理的准备工作。

(1) 抵押物的评估。

保险人应当与被保险人、投保人(抵押人)共同对抵押物进行估价,或共同委托第三人进行估价。所估价值有各方的同意后,签订"估价协议书"。"估价协议书"所确定的金额为处理抵押物的最低金额。

(2) 抵押物的处分。

被保险人按照"估价协议书"的规定处理抵押物,所得价款优先用于偿还欠款。

被保险人不能处分抵押物的,应当对投保人提起诉讼,抵押物的抵押权转归保险人,保险人应当会同被保险人办理抵押权转移的各项手续。

(3) 赔款理算。

理算人员根据保险条款的规定,依据调查报告、估价协议等有关资料进行赔款理算,具体如下:

① 抵押物已由被保险人处分的:

赔款=(保险金额-已偿贷款-抵押物的处分金额)×80%

② 抵押物抵押权转归保险人的:

赔款=(保险金额-已偿贷款)×80%

③ 抵押物灭失且不属于机动车辆保险赔款责任,同时投保人未提供新的抵押物的,保险费按照以下计算:

赔款=(保险金额-已偿贷款)×80%

上述公式中,"已偿贷款"不包括投保人已经偿还的贷款利息;"抵押物的处分金额"是指抵押物处分后,被保险人实际得到的金额,即扣除处分抵押物所需的费用及其他相关费用后的余额。

投保人以其所购车辆作为贷款抵押物,因逾期未还款车辆以抵押合同被处分后,投保人为其投保的机动车辆保险的保险责任即行终止,被保险人应当按照保险合同的规定为投保人办理机动车辆未了责任期保费的退费手续。

贷款所购车辆发生车损险、盗抢险或自燃损失险等机动车辆保险责任范围内的全损事故后,机动车辆保险的被保险人得到的赔款应优先用于偿还汽车消费贷款。此时,机动车辆保险的理赔人员应当书面通知贷款银行向保险公司提出"优先偿还贷款申请",并书面通知机动车辆保险的被保险人,要按照合同的规定将赔款优先用于偿还贷款。优先偿还的范围仅限于所欠的贷款本金。优先偿还贷款后的赔款余额应当交机动车辆保险的被保险人。

赔款优先清偿贷款后,保证保险合同即行终止。保险人应当按照规定为投保人办理保证保险未了责任期保费的退费手续。

(4) 缮制赔款计算书。

计算完赔款以后要缮制赔款计算书。赔款计算书应当分险别、项目计算,并列明计算公式。赔款计算应当尽量用计算机出单,做到项目齐全、计算准确。手工缮制的,应当确保字迹工整、清晰,不得涂改。业务负责人审核无误后,在赔款计算书上签署意见和日期,然后送交核赔人员。

5. 核赔

在汽车消费贷款保证保险理赔工作中,核赔的主要内容包括单证的审核、保险责任的审核和赔付计算的审核。

(1) 单证的审核。

① 被保险人提供的单证、证明及相关材料是否齐全、有效,有无涂改、伪造等。
② 经办人员是否规范填写有关单证,必备的单证是否齐全等。
③ 相关签章是否齐全。

(2) 保险责任的审核。

按照汽车消费贷款保证保险条款中保险责任与责任免除的内容审核其保险事故是属于保险责任,还是责任免除。属于保险责任的予以赔偿。

(3) 赔付计算的审核。

审核赔付计算是否准确。属于本公司核赔权限的,审核完成后,核赔人员签字并报领导审批。属于上级公司核赔的,核赔人员提出核赔意见,经领导签字后报上级公司核赔。在完成各种核赔和审批手续后,转入赔付结案程序。

6. 赔付结案

保险业务员根据核赔的审批金额,填发"赔款通知书"及赔款收据,被保险人在收到"赔款通知书"后,在赔款收据上签章,财会部门即可支付赔款。

在被保险人领取赔款时,保险业务员应当在保险单正本、副本上加盖"……年……月……日出险,赔款已付"字样的印章;并按照赔案编号,输入"汽车消费贷款保证保险赔案结案登记",同时在"汽车消费贷款保证保险报案、立案登记簿"备注栏注明赔款编号与日期。

(1) 单据清分。

赔付结案时应进行理赔单据的清分。一联赔款收据交被保险人,一联赔款收据连同一联赔款计算书送会计部门做付款凭证,一联赔款收据和一联赔款计算书或赔案审批表连同全案的其他材料作为赔案案卷一并归档。

(2) 理赔案卷管理。

理赔案卷要按照一案一卷整理、装订、登记、保管。赔款案卷应当单证齐全、编排有序、目录清楚、装订整齐,照片与原始单证应当粘贴整齐并附必要的说明。

一般的汽车消费贷款保证保险的理赔案卷单证包括赔款计算书、赔案审批表、出险通知书、索赔申请书、汽车消费贷款保证保险的保险单及批单的抄件、抵押合同、调查报告、估价协议书、权益转让书以及其他有关的证明与材料等。

复 习 题

1. 简述借款人直接向银行申请汽车消费贷款的程序。
2. 汽车消费贷款保证保险是如何进行理赔的?

第 8 章

机动车辆保险理赔案例精选

案例一 车辆在水中强行启动，导致发动机损坏，应否拒赔

【案情简介】 2011年6月，北京地区多日连降大到暴雨。美国某国际公司驻京代表处代表因公务回国，由司机谢某驾车送他到机场。在行驶至一立交桥底时，前方因发生交通事故导致道路阻塞。此时暴雨刚下过不久，雨水汇集在桥底部，没过了谢某的汽车底盘。为及时赶上班机，并尽快脱离困境，谢某打着发动机想将车开到地势较高的路面。岂料此时积水已漫过汽车排气管。发动机启动后，活塞的巨大吸力将雨水从排气管倒吸进汽缸，导致曲轴连杆折断。该车已投保了车损险，于是被保险人向保险公司就发动机的损坏提出了索赔申请。

【案例评析】 《机动车辆保险条款》第1条第1款第4项所列的"暴雨"责任，属于自然灾害。只有该自然灾害直接造成保险车辆的泡损、淹没、灭失等损失时，保险人才依照保险合同承担"暴雨"的保险责任。本案例中保险车辆的损失虽然是在暴雨过后的积水中产生，但完全是由于驾驶人在积水中处理不当、强行启动所致，属于人为造成的损失，且损失本来完全可以避免，因此，该车辆的损失原因已不是自然灾害，与暴雨无直接的、必然的联系。根据保险的近因原则，造成本案例中保险车辆损失的近因不是暴雨，因此不属于保险合同中所列的"暴雨"责任，而是属于责任免除中所列的"其他不属于保险责任范围内的损失和费用"。对于该项损失，保险人不负赔偿责任。并且，在2000年7月开始实施的《机动车辆保险条款》中，已明确将"保险车辆在淹及排气筒的水中启动或被水淹后操作不当致使发动机损坏"列为责任免除。

案例二 他人驾车撞伤自己是否属于第三者责任

【案情简介】 农民赵某于2009年8月购置一台小四轮拖拉机，并在保险公司购买了一份拖拉机定额保险单。同年10月，赵某将拖拉机借给同村村民韩某（韩某持有有效驾驶证）。韩某驾驶借来的拖拉机在自己的责任田中耕地时，不慎将拖拉机开进了3米深的土崖，并恰巧撞伤路经此处的赵某的妻子王某，造成王某腿部骨折，其花费治疗费用2万余元。事故处理完毕，赵某持保险单、医疗单位凭证向保险公司提出索赔。

【案例评析】　《机动车辆保险条款》第 2 条规定："被保险人或其允许的合格驾驶人在行驶保险车辆过程中，发生意外事故，致使第三者遭受人身伤亡或财产的直接损毁，依法应当由被保险人支付的赔偿金额，保险人按照《道路交通事故处理办法》和保险合同的规定给予赔偿。但因事故产生的善后工作，保险人不负责处理。"因此，判断某一事故是否构成第三者责任险的保险责任，必须严格对照第三者责任险的定义和构成要件：保险车辆是否由被保险人或其允许的合格驾驶人使用，是否在使用过程中发生了意外事故；是否对第三者造成了损害结果；被保险人事后应当依法承担赔偿责任。本案例的主要问题是被保险人赵某的妻子王某是否属于事故的"第三者"。根据保险原理和保险条款的规定，在通常情况下，有以下几种人可能排除在"第三者"的范围之外：被保险人、本车发生事故时的驾驶人及其家庭成员、被保险人的家庭成员。本案例中的伤者王某属于被保险人的家庭成员，而且对于王某的伤害责任应当由韩某来承担，被保险人赵某在法律上对其妻已无赔偿责任。所以，对于王某花费的治疗费用，保险公司不负责赔偿。

案例三　单位所有车辆的驾驶人将车辆私自借出致第三者损害，应否赔偿

【案情简介】　某贸易公司将一辆自用的桑塔纳轿车向保险公司投保了车损险和第三者责任险。该车平时由本单位司机王某驾驶，并负责日常的保养和维护。一日，王某的亲戚李某向其借车出去郊游，王某碍于情面，便在未征得单位同意的情况下把车子借给李某，并叮嘱李某一定要注意安全。不想李某在驾车出行过程中发生了交通事故，将一过路行人撞成重伤，车辆也被交警部门暂扣。王某得知后，知道无法向单位隐瞒，便向领导交代了实情。单位领导急于将车辆从交警部门取回，便急忙派人向保险公司报案希望保险公司能够对受害者承担赔偿责任，以利于事故快速处理。

【案例评析】　现行的《机动车辆保险条款》对保险车辆使用有着明确的限定，即车辆使用人仅限于被保险人本人和其允许的合格驾驶人，只有在上述人员驾驶车辆发生事故的情况下，保险人才承担赔偿责任，无论是车损险还是第三者责任险都是如此。之所以这样规定，主要是考虑如果对车辆使用人员不加以限制，则既不利于被保险人对保险车辆进行妥善的使用与保管，也不利于对保险标的的风险进行有效的控制。所以，对于车辆使用人作出限定是非常必要的。

在本案例中，作为被保险人的某贸易公司并没用对外单位人员李某使用本单位的车辆作出许可，车辆是由驾驶人王某私自借出的，所以李某不是被保险人允许的保险车辆的使用人员。因此，对李某驾车造成的第三者损害，不构成第三者责任险的保险责任，保险人对该起事故不负赔偿责任。

案例四　车辆被犯罪分子利用，发生第三者损失，应否赔偿

【案情简介】　2008 年 12 月，某运输公司将其用于营运的解放牌货车及挂车向当地某保险公司投保了车损险、第三者责任险及盗抢险，保险期限为 1 年。2009 年 3 月 31 日运输公司司机范某驾驶该车去邻省运货，在该省某市停车休息期间，被犯罪分子用药物麻醉，车辆及随身携带的现金均被盗走。时隔半月，该运输公司接到某市交警大队的电报，称该车在该市境内发生重大交通事故，重伤第三者 3 人，车辆倾覆，损失数万元。4 月 17 日，

该交警大队出具责任认定书,认定该车负事故的全部责任,并要求运输公司承担对第三者的赔偿责任。

【案例评析】 犯罪分子不是被保险人允许的合格驾驶人。因此,车辆被犯罪分子利用,发生第三者损失不属于第三者责任范围。对第三者的赔偿责任,应当完全由犯罪分子承担,被保险人对第三者无任何赔偿责任。但公安机关破获案件后,经常由于犯罪分子无力承担造成的损失,便将肇事车辆扣押,要求被保险人或保险公司适当补偿受害人的经济损失,这一做法是没有法律依据的。最高人民法院针对这一问题已于1999年6月25日对河南省高级人民法院作出批复,并公布全国。批复规定:"使用盗窃的机动车辆肇事,造成被害人物质损失的,肇事人应当依法承担损害赔偿责任,被盗机动车辆的所有人不承担损害赔偿责任。"据此规定对于保险车辆被盗抢期间发生的第三者任何损失,被保险人无须承担赔偿责任,保险人亦无须承担赔偿责任。由于一事一复,最高人民法院的回复中没有明确被抢车辆肇事造成的第三者人员伤亡的责任承担问题。但根据该批复的精神,应当可以推知:使用盗抢车辆肇事,造成他人人身伤亡的,被盗抢车辆的所有人不承担损害赔偿责任,损害赔偿责任依法应当由肇事者本人承担。

案例五 事故受害人遗留未出生胎儿,是否属于被抚养人

【案情简介】 王某将其自用的捷达轿车投保了第三者责任险。在保险期限内王某驾车发生保险事故,造成开车人李某死亡,被保险人王某对该起事故负全部责任,依《道路交通事故处理办法》补偿被抚养人生活费。经查,死者李某的妻子已怀孕,并向王某提出了向未出生胎儿支付被抚养人生活费的请求。而王某在向保险公司提出索赔请求时,亦将第三者的遗腹子的被抚养人生活费列入了索赔请求。

【案例评析】 未出生胎儿没有取得法律上承认的人的权利和义务。根据《中华人民共和国民法通则》的规定,人自出生之日起享有权利和义务。按照字面理解,遗腹子并非受害人在事故前实际抚养的人口,不算《道路交通事故处理办法》中提到的被抚养人。但在《中华人民共和国婚姻法》、《中华人民共和国继承法》中规定要保留胎儿的权利。所以,在认定抚养人的问题上同样需要适当照顾胎儿的权利。通常情况下,可暂不赔偿遗腹子的生活费,留待胎儿出生后,根据出生个数和成活情况,按照有关规定予以赔付;也可与被保险人协商,定额赔付后一次结案,其余补偿由被保险人自己承担。

案例六 肇事逃离现场后主动报警自首,应否拒赔

【案情简介】 王某将其自用的车辆向当地保险公司投保了车损险和第三者责任险。在保险期限内,王某驾车在相邻某市的乡村公路上不慎将一骑车人撞死。王某害怕被当地的群众报复,遂弃车逃亡。当天下午回到本市后,王某立即通过长途电话向当地交警部门投案自首,主动坦白了肇事前后经过和逃离现场的动机。公安机关在立案后对王某仅作普通交通事故处理,并认定王某负事故的全部责任,对其与受害方的损害赔款进行了调查。事后,王某持有关证明向保险公司索赔,保险公司则以"肇事后逃逸"为由向其发出了拒赔通知书。

【案例评析】 我国《道路交通安全法》对"逃逸者"有专门解释:"发生交通事故后,为逃避责任,不向公安机关报案而逃离现场的交通事故当事人。"该解释表明事故当事人逃逸的主观目的是为了逃避追究法律责任,因此不能将任何肇事后逃离现场的行为都简单地认定为逃逸。本案例中驾驶人王某的行为在主观方面并未构成逃逸,公安机关也未作逃逸案件处理,因此,保险人应当将本案例作为普通理赔案处理,而不能引用责任免除条款中关于"逃逸"的规定予以拒赔。

案例七 出险后,施救人员的伤亡费用应如何处理

【案情简介】 某运输公司司机王某驾驶解放牌货车在山路上行驶,忽遇路面滑坡,车辆顺势滑至坡下20余米处,所幸王某没有受伤。王某小心翼翼地下车,发现车子还有可能继续下滑,就从工具箱中取出千斤顶,想把车子的前部顶起来以防止其继续下滑,就在王某操作千斤顶时,车辆忽然下滑,王某躲闪不及,被车辆压住,导致腰椎骨折。事故发生后,运输公司迅速向保险公司报案,并提出索赔请求。保险公司业务员查抄保险单后发现该车只投保了车损险,遂告知运输公司对王某的伤残费用不负赔偿责任。而运输公司则认为王某是在对车辆施救过程中受的伤,其伤残费用属于"施救费",应在车损险的保险金额内,并申请在车辆修复金额之外单独计算予以赔偿。

【案例评析】 《保险法》第57条第2款对保险施救费用作出专门规定:"保险事故发生后,被保险人为防止或者减少保险标的的损失所支付的必要的、合理的费用,由保险人承担;保险人所承担的费用数额在保险标的损失赔偿金额以外另行计算,最高不超过保险金额的数额。"《机动车辆保险条款》也对施救费用问题作了与《保险法》内容相同的规定。根据法律的规定,施救、保护的支出主要是金钱的支出或物的支出,即用金钱购买施救设备或劳务,或者使用已有的物品(如灭火器等)进行施救,其实质是一种财产的支出。

本案例中的车辆驾驶人的伤残是在施救保险车辆的过程中发生,但其在施救的过程中并无直接的支出,而且其伤残与施救行为没有必然的联系,而是属于在施救过程中发生的另一起意外事故。另外,《保险法》将施救费的支出限定在必要的、合理的代价。因此,司机王某的伤残治疗费用不属于"施救费用",根据法律和合同的规定,保险公司无须承担其伤残治疗费用。

案例八 保险车辆在停车场中被盗,保险人可否对停车场代位求偿

【案情简介】 车主王某将其自有的桑塔纳小轿车停放于停车场,并交付了10元的停车费。在停车场出具的某停车票上印着:"所交费用为停车占地费。"待王某去取车时发现车辆已经丢失,遂要求停车场予以赔偿。停车场以"只负责提供停车场地,不负责保管"为由拒绝赔偿。由于王某去取车时发现车辆已经丢失,便向保险公司提出了索赔申请,并将停车场诉至人民法院。保险公司赔偿了王某的损失后,即向停车场行使代位求偿权。

【案例评析】 本案例中,保险人是否能够享有对停车场的代位求偿权,关键是看停车场对于停放其中的车辆丢失是否负有赔偿责任。《中华人民共和国宪法》第10条规定:"城市的土地属于国家所有。"可见,停车场的管理部门对停车场土地享有的使用权及收益权是通过对国有土地使用权的经营获得收益,其经营的实质是对停放车辆进行保管而非仅仅提

供停放场所。因此，停车场与停车人之间实际上形成了一个有偿的保管合同。根据《合同法》的规定，作为有偿保管人的停车场有返还保管物的义务，如果因保管不善造成保管物损毁、灭失，保管人应当承担损害赔偿责任。基于此项权利产生的停车费用的性质应当属于管理费。停车场在停车票上印有"所交费用为停车占地费"的字样并以此为由拒绝赔偿，实际上是以格式合同、通知、声明、店堂告示等方式作出对消费者不公平、不合理的规定，或者以此减轻、免除其损害消费者合法权益应当承担的民事责任。依照《中华人民共和国消费者权益保护法》的相关规定，此种规定无效。所以，停车场对保管车辆应当承担损坏及丢失的赔偿责任。保险公司在对被保险人的赔偿权取得权益转让后应当积极向停车场进行追偿。

案例九　营运车辆改为非营运车辆未办批改手续，应否赔偿

【案情简介】　王某于2007年购买了一辆夏利小轿车，从事个体出租营运，并一直在当地某保险公司投保。2009年，王某感到出租营运太辛苦，便停止了营运，另外找了一份工作，将夏利轿车改为自己上下班私用，但并未通知保险公司办理批改手续。一日，王某在上班途中发生交通事故，将一过路人撞成重伤，经交警认定，王某负事故的全部责任。王某想到自己在保险公司投保了第三者责任险，便持保险单向保险公司报案并提出索赔申请。保险公司了解情况后，以王某改变保险车辆的使用性质未办批改手续为由，拒绝了王某的赔偿请求。

【案例评析】　按照《机动车辆保险条款》的相关规定，在保险合同有效期内，如保险车辆变更用途，被保险人应当事先书面通知保险人并申请办理批改手续，否则保险人有权拒绝赔偿和解除合同。之所以作出这样的规定，主要是因为车辆用途的变更可能会使其风险特征和危险程度发生变化，直接影响保险人决定是否继续承保或使用何种费率继续承保。如果被保险人不及时通知保险人办理批改手续，则属于违约行为，应当承担相应的违约责任。但需要注意的一点是：变更用途多发生在非营运车辆改为营运车辆，对于营运车辆改为非营运车辆，在一般情况下，不会导致车辆危险程度的增加。因此，在保险车辆用途由营运改为非营运的情况下，保险人不应当以被保险人违反合同义务为由拒绝承担赔偿责任，而应当按照合同的规定予以赔偿。

案例十　对方主动承担事故赔偿责任，本方是否有权再向保险公司索赔

【案情简介】　刘某将其购买的两轮摩托车向当地的保险公司投保了第三者责任险。在保险期限内，刘某驾车载着一个朋友外出办事，在公路上与一辆大货车相撞，造成摩托车损坏，刘某和朋友受轻伤。交警认定，大货车司机负事故的主要责任，刘某负事故的次要责任。在进行事故损害赔偿的调解过程中，由于事故的损失不是很大，大货车的司机表示愿意承担刘某的摩托车损失及人身伤害的全部赔偿金额，并及时将赔款交到了刘某的手中。但刘某想到自己已经将车辆投保，应该再从保险公司得到一份赔偿，于是又向该保险公司就自己和朋友的人身伤害治疗费用提出了赔偿请求。

【案例评析】　在本案例中，被保险人可能对车上人员责任险产生了两方面的误解：一是认为自己投保了车上人员责任险，而且自己对本次事故的对方当事人作出了足够的补偿；

二是可能将责任保险与人身意外伤害保险混淆在一起。这就需要保险人对责任保险的补偿特点及其与人身意外伤害的区别作出正确的判定。

依据《保险法》的相关规定，责任保险的保险标的是被保险人对第三者依法应付的赔偿责任，其补偿方式属于损害填补。即只有当被保险人对第三者负有法律上的赔偿责任并且对第三者有赔偿支出时才有可能从保险人处获得赔偿，而且该保险应当在被保险人的实际支出范围以内，且不能高于其所投保的赔偿限额。而人身意外伤害险保险标的是人的生命和身体，其赔偿方式多数为定额给付，即不论被保险人或第三者对人身的伤害是否负有责任，被保险人或受益人都有权依照保险合同获得赔偿，且该赔偿是以损害程度确定金额的，不以被保险人实际支出的医药费等为准。

在本案例中，被保险人及其车上人员虽然由于意外事故受到了伤害，并且被保险人对该起事故负有次要责任，但其所遭受的一切损失已从对方当事人那里得到充分补偿。因此，他不能再从保险人那里得到其并没有实际支出的损害填补，保险人也无须承担赔偿。

案例十一　未受伤第三者的误工费，是否应赔偿

【案情简介】　王某于2009年购买了一辆捷达牌轿车，并在当地的保险公司投保了车损险、第三者责任险以及盗抢险等附加险。一天早晨，王某驾车去单位上班，由于时间较紧，所以车子开得很快，结果在强行超越一辆正常行驶的出租车时，由于操作不当与出租车相撞，致使出租车的前部损坏，出租车司机张某没有受伤。事故发生后，王某及时向交警部门和保险公司报了案。交警了解情况后，认定王某负事故的全部责任，并对车辆进行了损失核定，初步估计修理出租车需要3天的时间。出租车司机张某考虑到这3天无法营运，损失将近千元，当面向王某和保险公司提出3天的误工费的赔偿请求。保险公司的理赔人员当即告诉张某，只有在第三者受伤的情况下，保险公司才负责赔偿误工费，由于张某没有受伤，保险公司对张某的误工损失不予赔偿。

【案例评析】　本案例所反映的问题的实质是对未受伤者的误工损失应当如何理解和定性，以利于保险公司根据法律的规定和保险合同的约定正确处理该项费用。根据《机动车辆保险条款》的相关规定，保险人在第三者责任险项下只负责承担两种责任：一是对第三者的财产直接损毁的赔偿责任，二是对第三者人身伤亡的赔偿责任。对于后者，《道路交通事故处理办法》规定了较为详细、明确的赔偿范围和赔偿标准，其中包括事故受害人因人身伤亡而造成的误工费用。因此，误工费属于人身伤害损害赔偿的范围之内。

对于本案例中出租司机张某的误工损失，则应当认定为一种间接的财产损失，即预期的可得利益的减少。而被保险人对第三者的间接财产损失赔偿责任不属于第三者责任险的保障范围，而是属于责任免除条款中"停驶、停业"的间接损失。因此，虽然本案例中第三者出租车司机张某可以向被保险人请求赔偿其因停驶造成的误工费用，但保险公司对该项费用不负赔偿责任。

案例十二　被保险人无责的代位求偿案件，赔偿时是否应当扣免赔

【案情简介】　从事油料运输的个体运输户刘某将其自购的油罐车于当地某保险公司投保了车损险和第三者责任险。在保险期限内，刘某在运输过程中与一大货车相撞，造成油

罐车罐体泄露起火，两车均被烧毁。交警部门认定，大货车方的驾驶人应负该起事故的全部责任，并由大货车方承担刘某在事故中的全部损失。但在事故的调解结束后，大货车的车主明确表示，自己既无可供赔偿的财产也没有参加保险，因此无力对刘某进行赔偿。刘某在向对方索赔无果的情况下，将对方起诉至人民法院，并向保险公司提出了索赔请求。保险公司在对案情进行充分了解后，表示赔偿刘某车辆的损失，但要扣除20%的免赔额。刘某对此提出异议，认为自己在事故中并无责任，保险公司扣免赔的做法是没有依据的。双方并由此产生纠纷。

【案例评析】　根据《机动车辆保险条款》的相关规定，车损险和第三者责任险在符合赔偿规定的金额内实行绝对免赔率，免赔率主要根据驾驶人在事故中所负责任的大小来确定，对于驾驶人在事故中无责任的情形，条款并没有规定实行免赔。因此，对于驾驶人无责的保险事故实行免赔，在保险合同中并没有明确的依据。

驾驶人无责而造成保险标的的损害主要是由于两种原因：一是由于自然灾害，二是由于第三方的责任造成。对于后果，保险人在向被保险人支付赔款后，则取得向第三方的代位求偿问题引起。其中有两种观点较具有代表性：一种观点认为，被保险人在保险人向第三方的代位求偿过程中有协助求偿的义务，如保险人向被保险人全额支付赔款会使被保险人怠于履行协助业务，不利于保护保险人的利益；另一种观点认为，保险标的损失是由第三方负责全额赔偿，保险人的赔偿实际上是代替第三方向被保险人承担赔偿责任，既然第三方负有事故的全部责任，则应当全部实行免赔。这两种观点实际上是对保险人代位求偿权的理解的偏差。代位求偿案件的事故应属于保险责任范围之内，对于此种案件，被保险人有权直接向保险人请求赔偿，前提是不放弃对第三方的索赔权。保险人只有在向被保险人支付赔款后，才在其赔偿限额内取得对第三方求偿的权利。如果被保险人在取得赔款前放弃对第三方的索赔权，保险人可以不承担赔偿责任，如果被保险人在取得赔款后怠于履行协助求偿义务，则保险人只可以取得事后补救的手段，即向被保险人追索赔款，但不能在事先以防止被保险人不履行协助求偿义务为由限制被保险人获得保险赔偿的权利。

综上所述，本案例中保险人对驾驶人无责的事故实行20%的免赔，在法律上和现行《机动车辆保险条款》中均没有明确的依据，因此该做法是错误的，保险人应当严格按照保险合同的规定向被保险人履行赔偿义务。

案例十三　保险人是否应当作为被保险人和第三者诉讼的第三人

【案情简介】　张某将自用的捷达牌轿车向保险公司投保了车损险和第三者责任险。在保险期限内，张某驾车发生交通事故，将一骑车人撞成重伤。交警部门认定，张某负事故的主要责任。在对事故双方当事人进行损害赔偿调解时，双方就赔偿项目和数额无法达成协议，于是交警部门出具了"调解终结书"，宣告调解不成。受害人随即向人民法院提起诉讼，要求张某赔偿自己的损失。法院了解到张某已将肇事车辆投保，遂通知保险公司以无独立请求权第三人的身份参加该诉讼。

【案例评析】　在第三者责任险案件中，经常有被保险人与第三者发生诉讼，人民法院将保险人追加为无独立请求权第三人的情况，给保险公司的理赔工作造成很大的被动。事实上，人民法院的这种做法是没有充分法律依据的。根据《中华人民共和国民事诉讼法》

第 56 条的规定，对当事人双方的诉讼标的，第三人认为有独立请求权的，有权提起诉讼。对当事人双方的诉讼标的，第三人虽然没有独立请求权，但案件处理结果同他有法律上的利害关系的，可以申请参加诉讼，或者有人民法院通知他参加诉讼……人民法院追加保险人为无独立请求权第三人，主要是认为保险人同案件的处理结果有法律上的利害关系。

实际上，对于被保险人与第三者之间的诉讼，保险人并不与其处理结果有绝对的、确定的利害关系。首先，保险人和被保险人之间、保险人和第三者之间的法律关系性质是不同的，前者为保险合同关系，后者为侵权责任关系，原、被告之间的诉讼为侵权纠纷诉讼，并不涉及合同纠纷。其次，即使法院判决被保险人赔偿第三者的损失，也可能因为保险合同规定的责任免除、被保险人违反义务或被保险人放弃保险金请求权等事由，导致保险人无须承担保险责任。再次，人民法院对原、被告之间的诉讼处理结果是保险人确定保险责任的前提条件，只有在判决结果生效后才涉及理赔问题，如无人民法院的生效判决，则理赔根本无从谈起。因此，人民法院首先应做出的是对原、被告之间的实体权利争议的判决，然后保险人根据该判决，依照保险合同进行理赔操作。

综上所述，人民法院追加保险人为第三人的做法并没有充分的法律依据。对于这种处理，保险人应当及时对该诉讼程序提出异议，而无须对有关实体权利进行答辩。

此外，在此类诉讼中，有的人民法院将保险人与被保险人列为共同被告，同样是没有法律依据的。因为保险人并没有与被保险人共同实施侵权行为，也无须和被保险人一同对第三者的损失承担连带责任。对此，保险人应当及时向人民法院提出异议，以维护自身的合法权益。

案例十四　非车辆所有权人投保，车辆所有权人是否有权索赔

【案情简介】　刘某拥有一部桑塔纳小轿车，因自己要到国外工作半年的时间便将车子暂交给朋友李某保管使用。李某怕自己使用车子出事，便将该车向保险公司投保了车损险、第三者责任险和盗抢险，保险期限为 1 年，保险单上载明的被保险认为李某本人。李某在使用保险车辆期间，没有发生任何事故。半年后，刘某从国外回来，李某便将保险车辆连同保险单一起交给了刘某，但没有通知保险公司办理批改手续。一个月后，刘某驾驶该车发生交通事故，造成一行人重伤，刘某负事故的全部责任。刘某立即向保险公司报案，并提出索赔申请。保险公司以刘某不是被保险人为由，拒绝了刘某的请求。于是刘某又急忙找到了李某，通知李某再次向保险公司提出了索赔请求。

【案例评析】　在本案例中，保险公司拒绝刘某索赔请求的处理是正确的。虽然刘某是保险车辆的所有权人，对车辆具有法律上承认的利益，但该车并非由刘某投保，刘某也不是保险单上载明的被保险人。根据《保险法》的相关规定，刘某不具有保险金的请求权。至于刘某又通过原被保险人李某再次索赔，保险人也无须承担赔偿责任。因为李某在投保时，对该保险车辆具有占有和使用的权利，也就是其对该车具有法律上承认的利益，李某是基于对自己的利益的保护实施了投保行为。如李某在其保管使用该车期间发生保险事故，保险人应当负赔款责任。而李某在将保险车辆交付车主后对该车已经丧失了可保利益，且未通过保险人办理批改手续，因此，原保险合同已经失效，李某基于该车所需要保护的利益已经丧失。对于刘某造成的他人损害，应当由其本人自行承担赔款责任。

案例十五　被保险人向第三方求偿的诉讼费，保险人是否负责赔偿

【案情简介】　刘某将其自用的桑塔纳轿车向当地某保险公司投保了车损险和第三者责任险。在保险期限内，刘某驾车与一辆解放牌大货车相撞，造成桑塔纳轿车严重损坏。交警部门认定，由大货车司机张某负事故的全部责任，并赔偿刘某的全部损失，大货车司机张某拒不履行赔偿义务，刘某遂向人民法院起诉，要求张某赔偿车辆损失费5300余元。在法院受理该项诉讼后，刘某持法院的受理通知、保险单和事故责任认定书等证明资料向己方的承保公司提出索赔，除了要求赔偿保险车辆的损失外，对自己起诉时向法院交付的诉讼费也提出了赔偿要求。

【案例评析】　有关被保险人因起诉第三方而支出的诉讼费承担问题，无论是《保险法》还是《机动车辆保险条款》都没有作出规定。但从《保险法》中对保险人的代位求偿权规定的本意来看，该笔费用应当由保险人来承担。《保险法》第45条至第47条关于代位求偿权的规定中，只是要求被保险人不能放弃对第三方索赔的权利，并在保险人追偿的过程中履行协助义务。也就是说，按照《保险法》的相关规定，起诉第三方是由保险人进行的工作，则由此支出的相关诉讼费用理所应当由保险人承担。而在《机动车辆保险条款》中，为了确保被保险人不放弃对第三方的索赔权，规定了被保险人对第三方提起诉讼的义务，而最终参与诉讼、行使代位求偿权的工作仍然由保险人完成，相应的费用支出也应当由保险人承担。而且根据判决结果，在保险人胜诉或与第三方达成调解协议的情况下，诉讼费的全部或部分将由第三方承担，即保险人的诉讼费支出可以得到全部或部分冲减。

案例十六　被保险人放弃索赔权利，第三者可否向保险公司直接索赔

【案情简介】　某保险公司承保当地皇冠牌小轿车一部。2009年3月21日，被保险人卢某驾驶该车发生交通事故，与行驶中强行并线的一外省车辆相撞。在等待交警部门处理的过程中，双方对事故原因及各自应负的责任意见不一并发生口角。交警赶赴现场后，判定卢某负事故的全部责任，赔偿对方损失。卢某心中不服，拒不执行判决。对方向卢某索赔未果，遂直接向承保公司请求赔偿。承保公司受理赔款后，接到卢某的书面通知，告知保险人，自己放弃对该起事故的索赔权利。

【案例评析】　本案例表面上的问题是，责任保险的被保险人放弃索赔权利的行为是否对受害人有效；实质问题则是，责任保险的第三者（事故受害人）是否享有对保险人的直接请求权。《保险法》第65条规定："保险人对责任保险的被保险人给第三者造成的损害，可以依据法律的规定或者合同的约定，直接向该第三者赔偿保险金。"依据此条规定，只有在两种情况下，第三者才享有对保险人的直接请求权：一是法律明文规定第三者享有直接请求权；二是保险合同中明确约定保险人可直接向第三者给付保险金。满足上述两条件之一即可。但目前我国法律并未对该问题作出明确规定，机动车辆保险合同中一般也不对该问题作出特别约定。因此，本案例中保险人并不承担直接向受害的第三者给付保险金的法律义务。被保险人声明放弃对该事故的索赔权，事实上就是未向保险公司提出索赔，因此保险公司可以对第三者的请求不予接受和处理。受害者只能向直接侵害其人身和权益的致害人提出赔偿请求，而无权直接向保险公司提出索赔。

机动车辆保险与理赔

案例十七 点火照亮引起火灾，应否赔偿

【案情简介】 某单位于2008年购置了一辆公务小客车，一直在当地某保险公司参加保险，并由其驾驶人陈某负责其日常维护保养。由于陈某精心维护，谨慎驾驶，几年来从未出现大的事故，对于车辆经常出现的小故障，陈某凭着对该车情况的熟悉，一般都能自己动手解决。2009年5月，陈某外出时车辆抛锚，因当时天色已晚，陈某急于赶路，便下车打开机器盖检查。他隐隐嗅到一股燃油味，但看不清来自何处，遂从兜儿中摸出打火机点火照亮。突然，一股火苗从发动机下部窜起，迅速蔓延至全车。陈某虽奋力抢救，车辆最终被全部烧毁。事故经当地消防中队认定，系车辆供油管道渗漏，与外来火源起火引起。该单位向保险公司提出索赔要求，被保险公司拒绝了。

【案例评析】 目前国内行驶的许多车辆的前部机器盖内都没有装置照明设备，给驾驶人在昏暗的光线下检修增添了障碍，尤其是在户外发生故障时，检修起来就更加困难。本案例中陈某怀疑车辆供油系统渗漏，为防止出现更大事故，给予强行检修。但他忽略了应远避火源的原则，反而用明火照亮，这是引起火灾的主要原因。无疑，陈某对起火负有严重过失责任。但严重过失并不是保险的除外责任。本起事故应当属于保险责任中的"火灾"，保险公司应当按照保险合同的规定予以赔偿。

在《机动车辆保险条款》中，被保险人及驾驶人的故意行为所导致的保险事故和损失被列为保险人的责任免除。但是"故意"行为与被保险人的"过失"是两种完全不同的心理状态。故意是行为人可以预见到自己的行为会造成某种后果，而追求或放任该结果发生；过失则是指行为人能够或应当预见到其行为会造成某种后果，但由于疏忽大意没有预见到或虽已预见到却因过于自信而未能避免。被保险人及驾驶人的故意行为由于存在着极大的道德风险，不属于不可预见的风险，因此绝大多数的险种都将其从承保风险中剔除。而在大多数保险车辆发生的意外事故中，被保险人或驾驶人都或多或少地存在着诸如违章、处理措施不当之类的过失，除某些过失属于违反被保险人义务或因风险较大而被列为责任免除的情形外，其他状况下由于被保险人或驾驶人的过失而引发的保险事故，保险人均应当依据保险合同的规定予以赔偿。

案例十八 清除飘落在保险车辆上的油漆颗粒产生的费用，应否赔偿

【案情简介】 王某拥有一辆黑色的日本进口小客车，购车时由保险业务员介绍，在当地某保险公司投保车损险及第三者责任险等。2009年4月，王某因公赴外地出差，临走前将车停放与楼下停车场中。七天后，王某返回家中，发现汽车全车落满了细小的银色颗粒。王某向附近的居委会询问，得知在其走后的第二天有一安装金属门窗的施工队对停车场附近的门窗进行喷漆处理。恰巧那天有中级风力，大风将喷洒在空中的油漆粉粒吹落在王某停放的汽车上。第二天施工队便离开，去向不明。同时，遭受损失的还有另外两辆汽车，因车主未参加任何保险，均自行处理。为清除油漆颗粒，王某必须对全车进行重新喷漆，费用昂贵，遂向保险公司提出赔偿请求。

【案例评析】 确定是否赔偿保险车辆的某一损失，首先应当确定该项损失是否是由保险合同所载明的保险事故造成。机动车辆保险责任属载明责任，即保险公司承担条款载明

196

的事故造成的损失,条款列明事故以外的损失则属于被保险人自行承担的风险。在本案例中,油漆颗粒由于其本身的化学性质有极强的附着力,凝固后更与附着体紧密地结合在一起,清理起来较为困难,费用较高。但油漆的黏附不属于机动车辆保险的列明责任,保险公司对该项损失不负有赔偿义务。

在保险理论中,保险条款中的责任承担范围一般分为指定险和一切险两种形式。指定险只承担条款中列明的保险责任,对于列明责任以外的风险一律不予承担。一切险则只在保险单上列明除外责任,对于除外责任以外的风险全部予以承担。但这两种规定形式的单独使用都存在着不可避免的局限性,因此,为使保险人的风险承担范围更加明确,我国现行《机动车辆保险条款》综合采用了两种形式,既列明承保责任,又列明责任免除,保险人只承担保险合同列明的,凡是未列明的,一律不予承担。责任免除条款中"其他不属于保险责任范围内的损失和费用"的规定更加突出地强调了保险合同对非条款列明责任的绝对排除。因此,对于在保险条款中未列明的责任,保险理赔人员应当根据保险理论和保险合同的规定予以拒赔,做到有理有据,充分维护被保险人的正当利益。

案例十九 保险标的转让未通知保险公司的理赔

【案情简介】 2009年1月5日,某汽车出租公司(以下简称出租车公司)将其桑塔纳轿车向当地某保险公司(以下简称保险公司)投保了机动车辆损失险、第三者责任险和附加盗抢险,被保险人为该出租车公司,保险期限自2009年1月6日零时起至2010年1月5日24时止。合同签订后,出租车公司如期交付了保费。2009年5月2日,出租车公司将一辆桑塔纳轿车过户给郭某所有,同时郭某与出租车公司约定,其每年向出租车公司缴纳管理费和各种税费,车辆以出租车公司的名义向保险公司投保,保费由郭某个人交付。

2009年10月10日,郭某驾车营运时在某地遭到歹徒劫持,并将车抢走。事故发生后,出租车公司向保险公司提出索赔,保险公司以保险标的转让没有通知保险公司办理批改为由拒赔。郭某不服,遂起诉至人民法院。

【案例评析】 本案例争议的焦点是:在保险合同有效期内,保险标的依法转让,如果被保险人没有通知保险公司办理批改,发生保险事故时,保险公司是否承担赔偿责任。《保险法》第49条第1款规定:"保险标的转让的,被保险人或者受让人应当及时通知保险人,但货物运输保险合同和另有约定的合同除外。"从该条规定来看,除货物运输保险合同和另有约定的合同外,其他保险标的的转让应当通知保险人。在机动车辆保险合同中,投保人与保险人一般都在被保险人的义务中约定"在保险合同有效期内,保险车辆转卖或增加危险程度,被保险人应当事先通知保险人并申请办理批改"。本案例中的保险标的即机动车的转让虽然被保险人没有通知保险人并办理批改手续,但被保险人的这一做法只是违反了保险合同中双方约定的义务,并且其违反的这一义务也没有使标的物的危险程度增加。《保险法》第49条第3款、第4款规定:"因保险标的转让导致危险程度显著增加的,保险人自收到前款规定的通知之日起30日内,可以按照合同约定增加保险费或者解除合同。保险人解除合同的,应当将已收取的保险费,按照合同约定扣除自保险责任开始之日起至合同解除之日止应收的部分后,退还投保人被保险人、受让人未履行本条第2款规定的通知义务的,因转让导致保险标的的危险程度显著增加而发生的保险事故,保险人不承担赔偿保险金的责任。"从该条规定来看，被保险人具有危险程度增加的通知义务，如果被保险人未履行该义务，保险人对因危险程度增加而发生的保险事故不承担赔偿责任。本案例中，保险标的从出租车公司转让给郭某，郭某因由使用人变为所有人而增加了对标的物的管理注意程度，可见，其危险程度不但没有增加，反而有所减少。

在本案例中，投保人出租车公司在投保时，因其是标的物的所有人而具有保险利益，在保险事故发生时，虽然其不再是标的物的所有人，但他又因是标的物的管理人而同样对保险标的具有保险利益。反之，若本案例中的出租车公司将保险标的转让给郭某后就不再与其发生任何法律关系，那么，在事故发生时，因出租车公司对保险标的不具有保险利益，保险公司可以此为由拒绝承担保险责任。

法院认为，出租车公司与保险公司签订的保险合同合法有效。在保险合同的有效期内，出租车公司将保险车辆转让给郭某，虽然没有通知保险公司，但该车仍由出租车公司管理，保险事故发生时，出租车公司对该车具有保险利益，保险公司应当承担赔偿责任。

在保险合同的履行过程中会出现各种情况，法律是实践性和预见性的结合，不可能涵盖所有的事件和行为。因此，作为保险人在处理案件过程中，如果遇到法律规定不是非常明确的情况，应当运用法律的基本原则并充分考虑当事人之间的权利义务关系正确处理保险合同纠纷。

作为被保险人和投保人，应当充分履行合同的约定和法律的规定。否则，发生保险事故时，如果其对保险标的不具有保险利益，保险公司可以此为抗辩主张免责，被保险人也就丧失了获得赔偿的权利。毕竟，实践中像本案例中保险标的转让后被保险人在事故发生时仍具有保险利益的情形不是很多。

案例二十　车辆转让未办理保险批改的理赔

【案情简介】　2008年4月8日，某棉麻公司为其拥有的车辆在一家保险公司购买了车损险、第三者责任险、盗抢险，保险期限自2008年4月25日起至2009年4月24日止。棉麻公司及时交付了保费。2008年10月25日，棉麻公司将该车转让给个体户林某，并同时在车辆管理所办理了过户手续。11月14日，驾驶人廖某驾驶该车与另一辆货车相撞，经汽车修理厂进行维修评估，两辆事故车的修理费分别为3.8万元和4.5万元。根据交警大队出具的道路交通事故责任认定书，廖某应当对交通事故负全部责任。2009年5月，棉麻公司和林某一起向保险公司提出索赔申请，并于同年6月10日向保险公司出具了该车在车管所过户的证明。保险公司以保险车辆已过户转让但未申请办理保险批改手续为由，向被保险人发出拒赔通知书，双方为此引起诉讼。

【案例评析】　本案例争议的焦点是：在保险合同的有效期内，保险标的转让后未办理保险批改手续，如受损，保险公司该不该赔？

首先，财产保险标的转让应当办理保险批改手续，否则，自保险标的转让之日起，保险合同无效。根据《保险法》的相关规定，保险标的转让应当通知保险人，经保险人同意继续承保后，依法变更合同。同时，本案例中的保险合同也约定，在保险合同的有效期内，保险车辆转卖、转让、赠送他人、变更用途或增加危险程度，被保险人应当事先书面通知保险人并申请办理批改，否则，保险人有权解除保险合同或者有权拒绝赔偿。本案例中的保险车辆依法过户转让，但双方未去保险公司办理变更合同主体的手续，车辆买卖双方违反了《保险法》和保险合同的约定。因此，该保险合同自车辆转让之日起无效。

其次，财产保险的保险利益必须在保险合同订立到损失发生时的全过程中都存在。根据《保险法》的相关规定，投保人对保险标的应当具有保险利益。投保人对保险标的不具有保险利益的，保险合同无效。该规定将投保人对保险标的具有保险利益作为保险合同生效的必要条件，但对保险利益的存续期间未做规定。一般情况下，财产保险的保险利益必须在保险合同订立到损失发生时的全过程中都存在。否则，保险合同无效。本案例中的投保人（被保险人）在投保时具有保险利益，在保险合同的有效期内将保险车辆过户转让，车辆所有权发生转移。保险事故发生时，被保险人对保险车辆不再具有保险利益。因此，该车辆保险合同自转让之日起因被保险人丧失保险利益而无效。

法院认为，投保人与保险人之间签订的保险合同合法有效。在保险合同的有效期内，被保险人棉麻公司将保险车辆在车管所办理过户手续转让给了林某，该事实已由被保险人提供的车辆过户手续证明。由于车辆转让后未向保险公司申请办理保险批改手续，本案例中的保险合同从保险车辆过户转让之日起无效。棉麻公司和林某要求保险公司赔偿损失的请求，理由不充分，故驳回诉讼请求。

投保人、被保险人和受益人要提高法律意识。保险合同是当事人双方设立、变更、终止民事权利义务关系签订的协议。合同一经签订，双方当事人必须依据合同的约定履行义务，否则，将承担相应的民事法律责任。有的被保险人购买保险之后，认为自己买了保险，出险后保险公司必须赔，既不去认真了解保险条款的内容，也不去认真履行保险合同约定的义务。但不履行义务也就丧失了权利。保险客户在投保时应当认真阅读保险条款的内容，并严格按照合同的约定履行义务。

参 考 文 献

[1] 李景芝，赵长利．汽车保险与理赔［M］．北京：国防工业出版社，2007．
[2] 梁军，焦新龙．汽车保险与理赔［M］．北京：人民交通出版社，2005．
[3] 曾娟．机动车辆保险与理赔［M］．北京：电子工业出版社，2005．
[4] 王永盛．车险理赔查勘与定损［M］．北京：机械工业出版社，2006．
[5] 党晓旭．机动车辆保险与理赔实务［M］．北京：电子工业出版社，2008．
[6] 陈立辉．车险理赔面面谈［M］．北京：机械工业出版社，2006．
[7] 王云鹏．车辆保险与理赔［M］．北京：机械工业出版社，2003．
[8] 李景芝，赵长利．汽车保险与理赔［M］．北京：机械工业出版社，2009．
[9] 龙玉国．汽车保险创新和发展［M］．上海：复旦大学出版社，2005．